Hans Rauscher **1945: Die Wiedergeburt Österreichs**

Hans Rauscher

1945: Die Wiedergeburt Österreichs

Die dramatischen Tage vom Kriegsende bis zum Anfang der Republik

Mitarbeit: *Markus Juen*

BÖHLAU VERLAG WIEN · KÖLN · WEIMAR

Dieses Buch ist die erweiterte Fassung einer Serie in der Tageszeitung KURIER.

An der Bild- und Text-Dokumentation arbeiteten Markus Juen und Michael Winkler mit.

Unser besonderer Dank gilt folgenden Personen und Institutionen, ohne deren Rat und Mithilfe das vorliegende Buch nicht hätte realisiert werden können:

Institut für Zeitgeschichte/Wien:
Univ.-Prof. Gerhard Jagschitz, Mag. Michaela Gaunerstorfer, Dr. Florian Freund.

Wiener Stadt- und Landesarchiv:
Univ.-Prof. Dr. Peter Csendes, Dr. Gerda Barth.

Heeresgeschichliches Museum/Wien:
Doz. Dr. Manfried Rauchensteiner, Dr. Brigitte Holl.

Ludwig-Boltzmann-Institut für Kriegsfolgenforschung/Graz, Wien:
Univ.-Prof. Dr. Stefan Karner.

Weiters danken wir folgenden Zeitzeugen, die sich zu persönlichen Mitteilungen bereit erklärt haben:
Paul Angerer, Anton Benya, Rabelt Bercenger, Jewgenij Chaldej, Mag. Erwin Chvojka, Johannes Eidlitz, Dr. Franz Endler, Hans Fürnberg, Herbert Fux, Dr. Erwin Hirnschall, Karl Hirt, Georg Koger, Dr. Karl König, Dr. Karl Pischl, Ing. Johannes Rauscher, Mella Rauscher, Dr. Ludwig Steiner, Paul Werner, Dr. Hermann Withalm, Bibiane Zeller, Alois Zehentner, Dr. Helmut Zilk.

Umschlagfoto: Die Geburtsstunde der Republik Österreich. Staatskanzler Karl Renner verkündet am 27. April 1945 die Unabhängigkeit Österreichs.
Verlag Christian Brandstätter, Wien.

Die Deutsche Bibliothek – CIP-Einheitsaufnahme

1945: Die Wiedergeburt Österreichs / Hans Rauscher.
Mitarbeit: Markus Juen. – Wien ; Köln ; Weimar : Böhlau, 1995
ISBN 3-205-98409-9
NE: Rauscher, Hans; Juen, Markus; Neunzehnhundertfünfundvierzig: Die Wiedergeburt Österreichs

Gedruckt auf umweltfreundlichem, chlor- und säurefreiem Papier.

Satz & Repro: Zehetner Ges.m.b.H., A-2105 Oberrohrbach
Druck: Holzhausen, A-1070 Wien

Inhalt

Vorwort „Wie im Traum erlebt“

Am 6. April 1945, dem ersten Tag der Schlacht um Wien, schrieb die Wienerin Berta Nikl in ihr Tagebuch (Original im Wiener Stadt- und Landesarchiv): „Die Russen sind in der Inzersdorferstraße und am Matzleinsdorferplatz, wie man von den Leuten hört. Radio haben wir keines mehr, weil kein Strom mehr ist. Die Artillerie beschießt jetzt ununterbrochen.

Es bellt die Flak, und es krachen die Bomben. Vom Süden her hört man den Donner der schweren Geschütze, die immer näher rücken. Die Mörser und Haubitzen schweigen kaum eine Minute. Die Granaten schlagen ringsherum ein, und die Maschinengewehre rattern, dazu das unaufhörliche Dröhnen der Panzerschlacht.

Es ist einem alles so eigen. Man geht wie in einem furchtbar schweren Traum und hat immer das Gefühl, man müsse doch erwachen und erkennen, dies alles ist gar nicht wirklich so. Es ist, als ob man selber gar nicht da wäre und irgendwo anders leben würde und alles wie im Traum erlebte. Es ist ein eigener Zustand. Die Nerven sind ungeheuer angespannt. Aber wir haben jetzt keine Furcht, und wenn einer Angst hat, wird er getröstet“.

„ Die Mörser und Haubitzen schweigen kaum eine Minute ... Man geht wie in einem furchtbar schweren Traum und hat immer das Gefühl, man müsse erwachen und erkennen, daß dies alles nicht wirklich ist.“

Zeitzeugin Berta Nikl während der Schlacht um Wien

Wie ein „furchtbar schwerer Traum“, aber doch „getröstet“ – es ist besonders eindringlich und berührend, was sich eine Wienerin da am Höhepunkt der Bedrängnis von der Seele geschrieben hat. Berta Nikls Tagebuch-Eintragung gibt konzentriert jene zwiespältige Stimmung wieder, die in diesen kritischen Tagen in der österreichischen Hauptstadt – die damals zu einer Provinzstadt des Hitlerschen Großdeutschland herabgestuft worden war – geherrscht haben muß. Im Bewußtsein der heranrückenden Roten Armee die fast unerträgliche Ambivalenz zwischen der Hoffnung – nicht so sehr auf „Befreiung“, sondern darauf, daß der Krieg endlich ein Ende hat – und der Furcht vor dem Einmarsch des Feindes. Die allermeisten wußten und hofften, daß etwas nun sein Ende fand, nämlich die nationalsozialistische Herrschaft in Österreich, sie konnten sich aber in den wenigsten Fällen vorstellen, was nur wenige Tage und Wochen später auf fast wunderbare Weise folgen sollte, nämlich die glückliche Wiedergeburt eines selbständigen, demokratischen und diesmal lebensfähigen Österreich.

Dieses Buch will, 50 Jahre später, diese Tage zwischen Zusammenbruch und Neubeginn möglichst plastisch wiedererstehen lassen. Was unsere Großeltern und Eltern und viele noch als Kinder erlebt haben, soll durch Zeitzeugnisse noch einmal vor unseren Augen erstehen.

Wir haben dabei eine bestimmte Darstellungsweise gewählt: Tag für Tag werden die dramatischen letzten Zuckungen des alten Regimes und die ersten Gehversuche der neuen Republik geschildert – vom 26. März, als die Hauptmasse der geschlagenen deutschen „Heeresgruppe Süd“ vor der sowjetischen Offensive über die österreich-ungarische Grenze zurückflutete – dieses Anfangskapitel gibt zugleich auch eine Zusammenfassung der Gesamtsituation; bis zum 29. April, als die soeben gebildete Regierung Renner die Wiedererrichtung der Republik in einer Art Volksfest vor dem Parlament feierte.

Eine Art Tagebuch, zusammengestellt aus Zeitzeugnissen, Memoirenwerken, (Bild-)Dokumenten und historischen Darstellungen.

Mit dem 29. April endet dieses „Tagebuch“, ein letztes Kapitel stellt aber die wichtigsten Ereignisse und die Stimmungen der folgenden Monate bis Weihnachten dieses Jahres 1945 in geraffter Form dar.

An dieser Stelle eine kleine persönliche Anmerkung: im März/April 1945 war ich nicht einmal ein halbes Jahr alt. Am Arm meiner Mutter, die aus dem umkämpften Wien floh, nicht wußte, wo sich mein Vater im Moment aufhielt und von einem freundlichen russischen Soldaten den Rat erhielt, mich immer als Schutz vor weniger freundlichen Rotarmisten mitzuschleppen. Ich war dabei, aber ich bekam nichts mit.

Als Journalist habe ich mich dann – aus zeitgeschichtlichem Interesse – viel mit der Zeit des Krieges und des Nationalsozialismus auseinandergesetzt und dabei oft von älteren Lesern zu hören bekommen: „Wer das nicht erlebt hat, kann das nicht beurteilen“.

Darauf ist zu antworten, daß dann alle historische Forschung und Beurteilung unmöglich ist. Niemand war bei Cäsar oder Kaiser Joseph II. dabei, und doch ist es selbstverständlich möglich, ein fundiertes Urteil abzugeben.

Aber etwas ist schon dran an diesem Spruch: „Sie

haben das nicht erlebt“. Wir Jüngeren haben keinen Krieg erlebt und keine Not. Wer von den Jüngeren kann sich heute noch vorstellen, daß an den selben Schauplätzen, an denen wir heute in Frieden und Wohlstand unseren Geschäften nachgehen oder unsere Freizeit genießen, die Bomben niederhagelten oder erbittert von Haus zu Haus gekämpft wurde? Wer kann sich die Gefühle der Menschen vergegenwärtigen, die stumm oder weinend vor den brennenden Symbolen der nationalen Identität, dem Stephansdom, der Oper, standen? Wer kann aber auch die Gedanken jener nachvollziehen, die sich – aus welchen Motiven immer – für das NS-Regime engagiert hatten und nun eine, ihre Welt zusammenbrechen sahen?

Das können nur die wirklich sagen, die es erlebt haben. Das kann oft keine Entschuldigung sein, aber wenigstens eine Erklärung. In diesem Buch sprechen daher vor allem die Menschen selbst.

Ihr Zeugnis ist sozusagen die Seele dieses Buches. Das Buch basiert auf einer Serie, die zum 50. Jahrestag des Kriegsendes und der Wiedergeburt Österreichs im KURIER erschienen ist. Auf dem begrenzten Raum einer Tageszeitung ist es gar nicht möglich, die Fülle des Materials adäquat zu verwenden. Als der Böhlau Verlag daher an mich herangetreten ist, daraus ein Buch zu machen, ergab sich die Gelegenheit, sehr viel mehr an (Foto-)Dokumenten und Zeitzeugenaussagen dem Leser zu präsentieren.

Meine Mitarbeiter und ich haben aus vielen Quellen geschöpft: persönliche Gespräche mit Zeitzeugen, solchen, die später prominente Politiker, Schauspieler und andere Persönlichkeiten des öffentlichen Lebens wurden, wie auch einfachen Bürgern.

Dazu wurden uns Tagebücher, Briefe und sonstige Aufzeichnungen zur Verfügung gestellt, die zum Teil ungeheuer dramatisch und spannend sind, wie etwa ein Brief des verstorbenen Oskar Werner, in dem er seine lebensgefährliche Flucht zwischen den Linien der vorrückenden Russen und der deutschen Wehrmacht im Südwesten von Wien schildert.

Wir hatten aber auch Gelegenheit, in jene Originalaufzeichnungen Einsicht zu nehmen, die das Wiener Stadt- und Landesarchiv schon vor 20 Jahren zusammengetragen hat. Diese Berichte von Wiener Bürgern wurden im Jahre 1975 für die Historikerkommission „Wien 1945“ zusammengetragen und erscheinen hier erstmals im Druck.

Diese unmittelbaren Eindrücke mußten aber in einen historischen Zusammenhang gestellt und gewertet werden – sowohl aus dem heutigen Wissen heraus, als auch unter dem Blickwinkel der damaligen Zeitgenossen. Hierfür waren die bekannten Forschungsarbeiten und Darstellungen so renommierter Zeithistoriker und Autoren wie Gerhard Botz, Gerhard Jagschitz, Hugo Portisch, Manfried Rauchensteiner, Erika Weinzierl und anderen von großem Wert. Es gelang uns aber auch in Gesprächen mit Zeitgenossen wie etwa Johannes Eidlitz (Widerstandskämpfer und Mitbegründer der ÖVP), die damals politisch aktiv waren, den einen oder anderen neuen Akzent, das eine oder andere neue illustrative Detail herauszuarbeiten.

Die Arbeit, zuerst an der KURIER-Serie und dann an diesem Buch, war aus diesem Grund sehr spannend. Meine Mitarbeiter und ich haben dabei neue Einblicke in dieses Land, seine jüngste Geschichte und in das Denken und Tun seiner Bürger in hochdramatischer Zeit gewinnen können. Ich hoffe, daß wir dies auch dem Leser vermitteln konnten.

Hans Rauscher

Kinder in den Trümmern von Wien.
Historisches Museum der Stadt Wien/Josef Strof

1945

Der Anfang: Faszination der inszenierten NS-Ideologie – Sonnwendfeier im Olympiastadion in Berlin, 21. 6. 1938.
Bildarchiv der ÖNB

Das Ende: Linz, das Hitler zu seinem Alterssitz ausbauen wollte, steht nach Luftangriffen in Flammen. Linzer Stadtarchiv

26. März 1945

„... Gott danken, daß wir uns wieder derfangen haben“

Die meisten sehnten einfach das Kriegsende herbei

Bereits am 25. März war die lange erwartete Offensive der Sowjets mit rund 20 Schützendivisionen in Richtung Preßburg losgebrochen. Sie war Teil der „Wiener Angriffsoperation“, die am 16. März begonnen hatte.
Der Krieg war verloren. Das wußten viele, ahnten fast alle, einige wollten es jedoch immer noch nicht wahrhaben. Es war ein Ende und ein Anfang. Die geschwächten Truppen der „Heeresgruppe Süd“ strömten über die ungarische Grenze zurück.

Kudrnowsky

Vor den Trümmern: Jedes dritte Wiener Gebäude war zerstört oder beschädigt, auch der Stephansdom. Dr. Karl König

Dieses Buch beschreibt diese entscheidenden Tage von Ende März bis Ende April: Wien wurde nach heftigen Kämpfen Mitte April von den sowjetischen Truppen erobert/befreit. Der Rest Österreichs blieb noch wochenlang unter der

Der „Dreckstaat“ Österreich: Der Anschluß an Deutschland wurde durch systematische Herabwürdigung des „Systems“ vorbereitet – NS-Plakat von 1930. Bildarchiv der ÖBN

Herrschaft der Nazis. Erst am 28. April marschierten die Amerikaner über die Tiroler Grenze.

Das wirkliche Kriegsende kam erst mit der deutschen Kapitulation am 8. Mai (nachdem der Urheber all dessen, der „Führer“ Adolf Hitler, am 30. April Selbstmord begangen hatte). Da arbeitete man in Wien schon an der Wiedererrichtung Österreichs, das sieben Jahre zuvor, im März 1938, im „Anschluß“ an Nazi-Deutschland untergegangen war. Dazwischen lagen Tage des Schreckens, des Irrsinns, aber auch des Überlebens und des Neubeginns. Dieses Buch schildert, Tag für Tag, diese Zeit bis zur Verkündigung des neuen Österreich: an Hand von neuen historischen Forschungen, Augenzeugen und vielen (Bild-)Dokumenten.

Für die einen war es die beste aller Zeiten, für die anderen die schlechteste aller Zeiten. Antonie Bruha wurde von den Russen aus dem Konzentrationslager befreit: „Vor dem Krematorium häuften sich die Leichen der verhungerten und ermordeten Frauen . . . Wir sollten in das Lager zurückgehen, sagte uns ein russischer Major, als wir im Wald auf seine Abteilung stießen. Wir könnten dort warten, bis uns die neue österreichische Regierung in die Heimat zurückhole. Österreichische Regierung, hatte der Offizier gesagt, es gab wieder ein Österreich, unsere Heimat war frei, es gab keine Ostmark mehr, keine Gestapo jagte die Menschen, keine SS oder SA konnte nach Belieben verhaften und töten, man konnte wieder frei sprechen und frei atmen.“

Zeitzeugin Hella Altmann befand sich im April 1945 in einem Keller gegenüber dem umkämpften Wiener Nordbahnhof: „Granaten der SS setzten das Haus in Brand. Am nächsten Tag hatten wir die erste Begegnung mit einem Sowjetsoldaten. Er erklärte uns der Moskauer Deklaration entsprechend: ‚Wir kommen nicht als Besatzungsmacht in euer Land, sondern als Befreier.‘ In diesem Augenblick kam eine Frau und bat mich, daß der mit uns sprechende Sowjetsoldat auf einen seiner Kameraden einwirken solle, der in der Nähe einem jungen Mädchen Gewalt anzutun versuchte. So war die Situation damals. Der eine kam als Befreier, der andere als Krieger, der seine Macht zu nützen versuchte.“

Die Masse der Österreicher sehnte das Kriegsende herbei, sah aber keine Möglichkeit, aktiv etwas zu unternehmen. Nur eine kleine Zahl von Widerständlern versuchte es – und bezahlte es zum Teil mit dem Leben. Die Bürger in den zerbombten Häusern, die angstvoll auf den näherkommenden Geschützdonner lauschten, die Hunderttausenden Bonzen, Aktivisten und Mitläufer des Regimes, aber auch die Hunderttausenden geschundenen Häftlinge in den Konzentrationslagern und Gefängnissen – sie alle blickten mit einer Mischung aus Angst, Ungewißheit und Hoffnung auf das, was kommen sollte.

Was bedeutete die „Moskauer Deklaration“, von der der russische Soldat sprach? Obwohl es damals fast niemand in Österreich wußte, führten Stalins Soldaten sozusagen im Marschgepäck den Grundsatzbeschluß zur Wiedererrichtung Österreichs mit. Denn bereits am 30. Oktober 1943 hatten die drei alliierten Mächte Großbritannien, Sowjetunion und die Vereinigten Staaten die sogenannte „Moskauer Deklaration“ veröffentlicht, in der das Ziel der Unabhängigkeit Österreichs festgeschrieben wurde.

Das war eigentlich mehr, als Österreich erwarten konnte und was seiner doch zum Teil unrühmlichen Rolle im nationalsozialistischen Deutschland entsprochen hätte. Es wurde zur Grundlage der Wiedererstehung eines „Staates, den keiner wollte“ (zumindest wenige Jahre zuvor).

In das Chaos hinein gründeten drei Parteien, deren Vertreter bis dahin im Konzentrationsla-

Das Wiedererstehen der Republik: Kanzler Renner, Körner, Figl und andere am 29. April auf dem Weg ins Parlament.
Institut für Zeitgeschichte, Wien

ger, im Gefängnis oder im Untergrund vegetierten, sich selbst und den Staat neu. Sozialdemokraten, Christdemokraten und die kommunistischen Nicht-Demokraten riefen, vertreten durch den „Staatskanzler" Karl Renner, einen 75jährigen, fast vergessenen sozialdemokratischen Altpolitiker, am 27. April 1945 die Unabhängigkeit Österreichs aus – die Geburtsstunde der Republik.
Das war in Wien, und die Regierung war eine von Gnaden der Sowjets (wenn sie auch beachtliche Eigenständigkeit bewies). Der Einflußbereich dieser Regierung beschränkte sich auf die Hauptstadt und das Umland. In Graz, Linz, Salzburg und Innsbruck herrschten noch die Nazis.
Doch das künftige Schicksal dieses Staates, der ziemlich genau sieben Jahre zuvor, Mitte März 1938, durch den „Anschluß" an Hitlerdeutschland zugrunde gegangen war, war den Österreichern zu diesem Zeitpunkt ein Rätsel oder zweitrangig. Die allermeisten waren damit beschäftigt, ihre nackte Existenz zu retten. Wo heute Touristen am Michaelerplatz die Hofburg bewundern, lagen im April die Leichen deutscher Soldaten zu Füßen der siegreichen Rotarmisten.
Wo heute – im „Bermuda-Dreieck" von Wien – Nacht für Nacht Tausende unternehmungslustige junge Leute von Lokal zu Lokal ziehen, war in den Apriltagen 1945 Hauptkampflinie zwischen Roter Armee und Deutscher Wehrmacht. An der Stelle, wo heute am Stephansplatz im „Hollein-Haus" die Yuppies der Stadt feiern, loderten die Flammen zum Himmel.
Stephansdom – ausgebrannt. Oper – ausgebrannt. Burgtheater – ausgebrannt. Parlament – ausgebrannt. Wo heute der Kanzler am Ballhausplatz sein Arbeitszimmer hat, klaffte ein gewaltiges Bombenloch. Auch Wiener Neustadt, St. Pölten, Salzburg, Graz, Innsbruck hatten schwer unter Bomben gelitten. Dort, wo heute in Wien das umstrittene Hrdlicka-„Mahnmal gegen Krieg und Faschismus" steht, liegen noch immer rund 200 Menschen, die unter dem einstürzenden „Philipphof" lebendig begraben wurden.
Der damals achtjährige Franz Endler, heute Chef

„Es gab wieder ein Österreich, keine SS, keine SA konnte nach Belieben verhaften und töten, man konnte wieder frei atmen."

Befreiter KZ-Häftling Antonie Bruha

„Nur für Arier“: der alltägliche Antisemitismus wurde Staatsdoktrin. Bildarchiv der ÖNB

des Kulturressorts im KURIER, hat eine besonders eindringliche Erinnerung an die Schrecken der Bombenangriffe: „Der generelle Eindruck war, daß wir zwischen dem Keller im eigenen Wohnhaus und dem Keller bei den Großeltern, einmal Flakbunker im Augarten und dann im Keller bei einem Onkel hin- und hergependelt sind. Man hat natürlich ein unfaßbares Gehör bekommen dafür, ob die Bomben, die abgeworfen wurden, aufs eigene Haus gehen oder weiter weg im Bezirk. Das Schlimmste war dieses entsetzliche Surren, wo man geglaubt hat, jetzt ist es ein Treffer. Es war aber der Nebenkeller, und man konnte nicht hinüber zu denen. Das Haus war zusammengebrochen, und man hat stundenlang zuhören müssen, wie sie schreien. Das ist auch für einen Achtjährigen etwas, was man nicht vergißt.

„Für uns 12jährige war das Parlament eine Schwatzbude gewesen“

Zeitzeuge Kurt Hammer

Im Flakturm, im Augarten, war es während eines Angriffs derart beängstigend eng und grauenhaft, es hat derart gedröhnt, daß wir dort nie mehr hineingingen, auch wenn es anderswo nicht so sicher war.“

Massenhafte Plünderungen und Vergewaltigungen, letzte Blutbäder der Nazis unter hilflosen Opfern, Hungersnot begleiteten den auszuckenden Krieg. Mancherorts lebten die Menschen jedoch fast wieder unberührt vom Schrecken.

Der Zwiespalt zwischen den letzten fanatischen Anhängern des Regimes und jenen, die sich endlich ein Ende erhofften –, hauptsächlich des Krieges, wohl auch der NS-Herrschaft – kommt in den Erinnerungen des heutigen Ministerialrats Dr. Karl Pischl zum Ausdruck. Es war zwar 1945 erst fünf Jahre alt, hat aber nach eigener Aussage viel mitbekommen und später aus dem Gedächtnis und Erzählungen anderer aufgezeichnet. Seine Aufzeichnungen stellte er für dieses Buch zur Verfügung: „Rund um die Flakkaserne Auhof wurden fieberhaft Bunker betoniert. Bis zum letzten Tag vor der Befreiung. Das Lager wurde aber dann von der Luftwaffe nicht verteidigt. Dort, wo jetzt der Baumarkt steht [in Hadersdorf-Weidlingau, Anm.], kann ich mich erinnern, wurde noch am letzten Tag an einem Bunker betoniert. Schließlich wurde an der Straßenkreuzung, wo sich das Wiental und die Linzer Straße treffen, eine Straßensperre errichtet.

... Die deutsche Herrschaft zerfiel langsam. Ich erinnere mich, daß ich mit meinem Vater vor der Bäckerei stand, in der er arbeitete. Es kam die Frau Czajka vorbei und grüßte: ‚Heil Hitler, Herr Pischl!‘ Man lachte sie bereits aus. Dann kam ein alter Mann nach Hause. Er war bereits in Pension gewesen und mußte wieder als Eisenbahner Dienst tun. Freudestrahlend erzählte er, es habe bei ihm am Bahnhof das Blocktelephon geläutet und er habe mit einem Russen gesprochen. Die Russen seien schon ganz nah.

... Die russischen Tiefflieger wurden immer mehr. Sie warfen auch Flugblätter ab. Endlich gelang es uns doch, ein Flugblatt zu erwischen. Mein Vater und einige Männer, denen man vertrauen konnte, stiegen damit die Dachbodenstiegen ganz hinauf. Mein Vater verlas das Flugblatt: ‚Österreicher! Die Rote Armee hat die Grenzen eures Landes überschritten. Wir kommen nicht als Eroberer, sondern um euch von den deutschen Faschisten zu befreien. Österreicher in deutscher Uniform, kommt zu uns und bringt eure Waffen mit!‘ Es herrschte eine Andacht und Stille bei der Verlesung, wie ich sie nicht einmal je bei der Verlesung des Evangeliums in der Kirche erlebt habe.“

Doch die meisten erwarteten wohl eher mit Bangen die Ankunft der Russen. Der österreichische Diplomat und Patriot Josef Schöner, von den Nazis „kaltgestellt“, schrieb am 25. März in sein Tagebuch: „Es ist ein eigenartiger und tröstender Gegensatz, aus all der Zerstörung den Frühling mit Macht hervorbrechen zu sehen. Im Kino läuft eine alte Wochenschau aus dem Januar, die Bilder aus Budapest zeigt. Zwischen zerstörten Häusern stehen deutsche Geschütze, Zivilisten karren Ziegel für die Barrikaden – der Sprecher redet von der heldenhaften Verteidigung, die den Russen den Einbruch verwehre. Die Wirkung auf die Zuschauer ist außergewöhnlich – eine Unruhe geht durch den finsteren Raum. Eine Stimme ruft in den Saal: ‚So wird es uns auch gehen‘“ (Josef

Wo heute junge Leute von Lokal zu Lokal ziehen, nichts als Zerstörung: der Hohe Markt in Wien. Dr. Karl König

Schöner: „Wiener Tagebuch 1944/45“ – Böhlau Verlag 1992).
Erwartet wurde das Ende der deutschen bzw. der NS-Herrschaft, was dann kommen sollte, darüber herrschten kaum konkrete Vorstellungen. Der steirische Alt-Landtagspräsident Franz Wegart vom nationalen Flügel der steirischen ÖVP, damals 27 Jahre alt, wurde noch am 4. Mai verwundet und schlug sich nach Graz durch: „Von Politik wollte ich damals nichts hören.“ Demokratie war ein fremdes, unbekanntes Wesen. „Für uns 12jährige war das Parlament nur die berühmte Schwatzbude gewesen“, erinnert sich der steirische Ärztekammerfunktionär Kurt Hammer. Die antidemokratische, autoritäre Mentalität saß tief im Denken. Und doch enstand aus der Katastrophe des Nationalsozialismus die „Erfolgsstory“ der Zweiten Republik. Am 29. April, an dem Kanzler Renner einer Menschenmenge vor dem Parlament die Republik verkündet hatte (unser Titelbild), schrieb Josef Schöner in sein Tagebuch: „Ich höre nur Musik aus der Ferne, und als über das frische Grün des Volksgartens auf einmal das alte ‚O du mein Österreich‘ herüberklingt, muß ich die Hände falten und Gott danken, daß wir uns doch wieder derfangen haben.“

Die Befreier, die auch Besetzer – und Schlimmeres – waren. Sowjetische Soldaten auf Patrouille in Baden. Bildarchiv der ÖNB

„Wir haben nie mehr von ihm gehört“

Der Preis des anfänglichen Jubels

Die Sowjets nähern sich sehr schnell der Reichsgrenze und damit Österreich. Sie beginnen an diesem Tag damit, Verkehrslinien und Nachschubwege bis 50 Kilometer innerhalb Österreichs zu bombardieren, um das spätere Vordringen von Bodentruppen zu erleichtern. Generalmajor Ulrich Bormann stellt entlang der „Reichsschutzstellung“ Alarmeinheiten auf.

Das Deutsche Reich wurde rapide kleiner. Die Amerikaner standen in Frankfurt, die Russen in Danzig, Wien blickte angstvoll nach Ungarn. Der Wehrmachtsbericht vom 27. 3. 1945 meldet: „Im ungarischen Kampfraum verlagerten sich die harten Abwehrkämpfe an die untere Raab.“
Im Berliner Führerbunker, unter 3 Meter Beton, hatte Hitler kurz zuvor sein Volk wegen in seinen Augen erwiesener Minderwertigkeit zum Tode verurteilt: „Wenn der Krieg verlorengeht, wird auch das Volk verloren sein“, sagte er am 19. März zu seinem Rüstungsminister Albert Speer. „Es ist nicht notwendig, auf die Grundlagen, die das deutsche Volk zu seinem primitivsten Weiterleben braucht, Rücksicht zu nehmen. Im Gegenteil, es ist besser, selbst diese Dinge zu zerstören. Denn das Volk hat sich als das schwächere erwiesen, und dem stärkeren Ostvolk gehört ausschließlich die Zukunft. Was nach diesem Kampf übrigbleibt, sind ohnehin nur die Minderwertigen, denn die Guten sind gefallen.“
Dieser „Nero-Befehl“ Hitlers – Zerstörung aller Infrastruktur – wurde nicht oder nur teilweise ausgeführt. Aber nun zählte für den „Führer“ also auch das deutsche Volk zu den „Minderwertigen“. Diejenigen, die Hitler in seinem Rassenwahn ursprünglich dazu rechnete, also Juden, Zigeuner, slawische „Untermenschen“ usw., waren längst zu Millionen umgebracht worden.
Diffus, aber doch war das auch in die Köpfe der „Volksgenossen“ gedrungen. Der damals 16jährige Wiener Robert Blauensteiner schrieb in sein Tagebuch, daß ihm bei einem Besuch bei einer

Bomben auf Wien – Exponate aus der aktuellen Ausstellung im Heeresgeschichtlichen Museum. Sokol

Tante in der Leopoldstadt die Erinnerung an die dort früher wohnenden Juden aufgestiegen sei. Und er erzählt eine seltsame Geschichte über „Simon, den Juden“, der in den dreißiger Jahren die Hakenkreuzfahne, Propagandaschriften usw. des „Franz-Onkels“, eines illegalen Nazi, in den Stellagen seines Geschäfts versteckte: „Wer kam schon auf die absurde Idee, bei einem Juden Nazi-Material zu suchen.“ Aber, so zieht Blauensteiner ein ungelenkes Fazit: „Undank ist der Welt Lohn: Simon der Jude hatte keinen Vorteil seiner Vorgangsweise. Eines Tages nach Kriegsbeginn verschwand er wie Tausende seiner

„35.300 haben ihr Leben im Kampf gegen den Nationalsozialismus gegeben.“

Erika Weinzierl, Vorstand des Instituts für Zeitgeschichte

Bis ganz zuletzt wurde der tägliche Betrieb irgendwie aufrechterhalten: Notverkaufslokale für ausgebombte Händler.
Institut für Zeitgeschichte, Wien

Glaubensbrüder. Wir haben nie wieder von ihm gehört“ („Wien 1945“, Eigenverlag, Purkersdorf 1995).

Nie wieder etwas gehört hat man von rund 65.000 österreichischen Juden, die ermordet wurden.

Von insgesamt etwa 185.000 wurden rund 128.000 schon vorher vertrieben, nur rund 2.000 österreichische Bürger jüdischer Abstammung lebten bei Kriegsende noch im Lande.

Die große Mehrheit derer, denen die Flucht gelang, gelangten schließlich in die USA, die zum größten Exilland der NS-verfolgten Österreicher wurden. Zwischen März 1938 und November 1941 flüchteten insgesamt rund 30.000 Österreicher, die meisten davon Juden, vor dem NS-Regime in die Vereinigten Staaten. Bei einer Präsentation eines zweibändigen Werkes („Österreicher im Exil. USA 1938–45“, herausgegeben vom Dokumentationsarchiv des österreichischen Widerstandes, erschienen im Bundesverlag, Wien 1995), meinte der seinerzeit in die USA geflüchtete Filmschauspieler Leon Askin: „Aus dem Emigrant wird ein Immigrant und ein Exilant.“ Den Begriff „Emigrant“ habe er immer für falsch gehalten, denn das bedeute „Auswanderer, aber wir sind Vertriebene und Verbannte“.

Ehe die Flucht gelang, waren aber viele Hürden zu überwinden, der NS-Unrechtsstaat verlangte „Steuerunbedenklichkeitsbescheinigungen und Ausreisebewilligungen“, was darauf hinauslief, den Flüchtlingen jenen Rest von Vermögen abzupressen, der ihnen nicht schon durch die „Arisierungen“, den „wilden“ und den „ordnungsgemäßen“, geraubt worden war.

Die Historikerin Irene Etzersdorfer hat in einem neuen Buch („Arisiert, eine Spurensicherung im gesellschaftlichen Untergrund der Republik“ – Kremayr & Scheriau, Wien 1995) die bisher noch unbeantwortete Frage gestellt: „Hier hat ein ungeheurer, nur teilweise kontrollierter Vermögenstransfer stattgefunden. Wie groß ist jener Teil der volkswirtschaftlichen Basis unserer Republik, der auf ehemaligem ‚arisiertem‘ Vermögen basiert?“

Nach der Befreiung konnten die Verbrechen nicht mehr übersehen werden: befreite Häftlinge im KZ Ebensee, Oberösterreich.
Bildarchiv der ÖNB

Von den anderen, die das Regime als Todfeinde betrachtete, fanden insgesamt etwa 35.300 den Tod. 2.700 wurden als aktive Widerstandskämpfer zum Tode verurteilt und hingerichtet, 16.493 in KZs ermordet. 9.687 kamen in Gestapo-Gefängnissen zu Tode, 6.240 gingen in den Gefängnissen der von der Deutschen Wehrmacht besetzten Länder zugrunde.
Aber auch die, die Hitler zugejubelt hatten – und die, die sich einfach fügen mußten –, zahlten einen bitteren Preis: 171.000 Österreicher in der Deutschen Wehrmacht sind gefallen, 76.000 auf Dauer vermißt, rund 26.000 starben durch Bomben.
Es war der Preis des Jubels. Der „Anschluß“ Österreichs im März 1938 war zum Teil durch militärische Drohung erzwungen, zum Teil aber von innen durch einen Volksaufstand der zahlreichen österreichischen Nazis herbeigeführt worden. Die meisten Historiker gehen davon aus, daß sich 1938 die Bevölkerung Österreichs zu einem Drittel aus Anhängern des Nationalsozialismus zusammensetzte, ihm ein Drittel feindlich und das letzte Drittel indifferent gegenüberstand. Beim „Anschluß“ hatte die NSDAP etwa 200.000 Mitglieder, das steigerte sich dann bis 690.000.
Die meisten wollten nicht glauben, daß Hitler den Krieg bedeutete. Und die wenigsten wußten, wie der österreichische Patriot und Diplomat Josef Schöner, daß die Hitler-Herrschaft nur durch Krieg zu beenden war: „Ich habe heute vor sechs Jahren den endlichen Ausbruch der Katastrophe eigentlich begrüßt, denn ich sah schon damals im Kriege die einzige Möglichkeit unserer Befreiung. Hitler konnte sich nur selber stürzen und tat es, indem er sich in den Krieg stürzte“ (Schöner: „Wiener Tagebuch 1944/45“, Böhlau Verlag).

Der Franz-Onkel und der Endsieg

28. März 1945

Das letzte Aufgebot und letzte Greueltaten

Angelobung des „Volkssturms" Ende März vor dem Wiener Rathaus – des „Führers letztes Aufgebot" aus halben Kindern und alten Männern: schlecht bewaffnet und ausgebildet gegen russische Panzer. Heeresgeschichtliches Museum, Wien

Der „Volkssturm" wird aufgeboten – im Burgenland werden 200 jüdische Zwangsarbeiter ermordet.
Bereits seit dem 25. März ergießt sich ein Strom von Flüchtlingen, deutschen und ungarischen, und deutschen Splitterverbänden von Ungarn nach Österreich. Die „Reichsschutzstellung" an der Grenze erweist sich als Phantom: General Krause, der am Abend des 28. die Stellungen der Ortsverteidiger entlang der Reichsgrenze inspiziert, fand diese verlassen.

„Des Führers letztes Aufgebot ... zum Reichsfamilienheldentod."

Spottvers über den „Volkssturm"

Der 28. März 1945 ist ein warmer, fast wolkenloser Frühlingstag, die Temperaturen erreichen in Wien 20 Grad. Der Wehrmachtsbericht von diesem Tag: „In einer großen Abwehrschlacht in Nordwestungarn verhinderten unsere Truppen auch gestern den angestrebten Durchbruch der mit starken Kräften angreifenden Bolschewisten; der vorgedrungene Gegner wurde an der mittleren Raab aufgefangen."

Wer eine Landkarte besaß, konnte sich ungefähr ausrechnen, wann die Sowjets österreichisches Gebiet erreichen würden (tatsächlich am nächsten Tag). Dennoch fehlte es nicht an Gläubigen für den „Endsieg". Der damals 16jährige Zeitzeuge Robert Blauensteiner („Wien 1945") berichtet von einem „Franz-Onkel", schon in der Ersten Republik ein illegaler Nazi: „Franz-Onkel war am Vormittag da und erzählte uns wahre Wunderdinge, die wir kaum glauben konnten: Frische junge Soldaten mit neuen Waffen, Hunderten Panzern und Kanonen ziehen freudig in den Krieg nach Osten. Wir werfen zuerst einmal die Russen in Ungarn über die Donau und erobern Budapest zurück. Und dann bringen wir dem Führer zu seinem Geburtstag am 20. April wieder die Ölquelle von Rumänien. Dann können die neuen Wunderflugzeuge die Ami-Bomber vom Himmel wegfegen und wir die Russen dann endgültig aus Europa hinausjagen!' All das schildert Franz-Onkel mit beredten Worten und Gesten, aber wir bleiben skeptisch."
Blauensteiner selbst ging kaum mehr aus dem Haus, um nicht aufgegriffen und zum „Volkssturm" eingezogen zu werden. Dieses letzte Aufgebot setzte sich aus den 16- bis 60jährigen zusammen, die irgendwie wehrtauglich waren. In Zivilkleidern, ausgerüstet mit primitiv gearbeiteten Gewehren und „Panzerfäusten", in Schnellsiederkursen ausgebildet, wurden sie in den Kampf

Arbeit an der „Reichsschutzstellung" im Burgenland, die ein Phantom blieb. ORF-Fotodienst, Österreich II

„Verkleidete Zivilisten, die zwar schießen, nicht aber rauchen dürfen."

Zeitzeuge Leopold Banny über 15jährige Flakhelfer

Fanatisierte Hitlerjungen kämpften manchmal bis zuletzt: Kapitulation der „Tiroler Standschützen" Ende April 1945.
Heeresgeschichtliches Museum, Wien

Laa/Thaya 1945. Eine Fahrzeugkolonne der Deutschen Wehrmacht passiert eine vorbereitete Straßensperre. Globus, Wien

geschickt. Die meisten leisteten nicht lange Widerstand, aber nicht wenige fanatisierte Hitlerjungen kämpften in fehlgeleiteter Tapferkeit mit großer Zähigkeit. Gefangengenommene Volkssturmmänner wurden nicht selten erschossen, weil sie keine regulären Uniformen hatten.
Über diese letzte Perversität des Nazi-Regimes kursierte auch ein Spottgedicht mit dem Titel:

„Des Führers letztes Aufgebot“:
„Leg weg das Strickzeug, liebe Olga
und hör auch du her, Klaus, mein Sohn;
wir kämpfen nicht mehr an der Wolga,
wir fechten an der Neiße schon.
Nach Rache und Vergeltung lechz ich,
drum auf zum Volkssturm, lieber Klaus!
Du bist erst zwölf, ich
sechsundsechzig,
doch sehn wir fast wie Männer aus.
So wollen wir den Feind erwarten,
des Führers letztes Aufgebot,
durch Panzerschreck im Schrebergarten
zum Reichsfamilienheldentod.“

Hitlerjungen leisteten schon länger als „Flakhelfer“ wichtige Dienste. Diese waren, wie es der ehemalige Flakhelfer Leopold Banny in seinem Buch „Dröhnender Himmel, Brennendes Land“ (Bundesverlag, Wien 1988) beschreibt, „verkleidete Zivilisten, die zwar schießen, aber nicht rauchen durften“.
Zum Wissensstand der Jugendlichen über die NS-Verbrechen schreibt Banny: „Bekannt war, daß Juden irgendwohin, vermutlich nach Polen, gebracht wurden, wenn sie nicht, wie man annahm, durchwegs ausgewandert waren.“
Aber wer etwas bemerken wollte, konnte erfahren, was mit Juden geschah: etwa im Burgenland, wo in diesen Tagen 200 ungarische Juden bei Rechnitz erschossen wurden. Die Unglücklichen waren von Budapest heraufgetrieben und beim Bau der „Reichsschutzstellung“ als Zwangsarbeiter eingesetzt worden. In der Nacht des 25. März feierten SS-Angehörige, Wehrmacht und Parteibonzen im Schloß von Rechnitz ein Gelage.
Als Höhepunkt der Festivität massakrierte man die rund 200 Juden, die schon zu schwach für Schanzarbeiten waren – und kehrte dann zur Feier zurück. Das Massengrab ist bis heute nicht gefunden.

29. März 1945

Die Russen stehen an der Grenze

Österreich gilt in Moskau als ein Sonderfall

Inszeniertes Bild vom Einmarsch in Kirchschlag: Das Haus hat der Fotograf „selbst angezündet". Jewgenij Chaldej, Falter Verlag

Der erste russische Soldat überschreitet die Grenze beim burgenländischen Ort Klostermarienberg.

Die russischen Truppen rollen an diesem Tag entlang der Rabnitz bis knapp vor Dörfl im Burgenland. „Die friedliche Bevölkerung hat nichts zu befürchten", steht auf Flugblättern zu lesen.

Laut Eintragungen im Kriegstagebuch der „Heeresgruppe Süd" der Deutschen Wehrmacht soll der Übertritt der sowjetischen Truppen bei Klostermarienberg am 29. 3. um 11.05 Uhr erfolgt sein.

Die militärische Bedeutung dieses Vorstoßes war gering, die symbolische um so größer. Ohne viel

Deklaration über Österreich

Vom 19. bis zum 30. Oktober 1943 tagte in Moskau eine Konferenz der Aussenminister G. HULL – Vereinigte Staaten von Amerika, A. EDEN – Grossbritannien und W. M. MOLOTOW – Sowjetunion. In völliger Einmütigkeit wurden die Massnahmen besprochen, die ergriffen werden sollen, um den Krieg gegen Deutschland und seine Trabanten in Europa abzukürzen. Zu diesem Zweck wurden, unter Mitwirkung der Kriegssachverständigen der Generalstäbe der drei Mächte, Beschlüsse gefasst über bereits in Vorbereitung befindliche Kriegsoperationen. Die Konferenz veröffentlichte u. a. folgendes Dokument:

Die Regierungen Grossbritanniens, der Sowjetunion und der Vereinigten Staaten von Amerika kamen darin überein, dass Österreich, das erste freie Land, das der Hitlerschen Aggression zum Opfer gefallen ist, von der deutschen Herrschaft befreit werden muss.

Sie betrachten den Anschluss, der Österreich am 15. März 1938 von Deutschland aufgezwungen worden ist, als null und nichtig.

Sie betrachten sich in keiner Weise gebunden durch irgendwelche Veränderungen, die nach diesem Zeitpunkt in Österreich vorgenommen wurden. Sie geben ihrem Wunsch Ausdruck, ein freies und unabhängiges Österreich wiederhergestellt zu sehen und dadurch dem österreichischen Volk selbst, ebenso wie anderen benachbarten Staaten, vor denen ähnliche Probleme stehen werden, die Möglichkeit zu geben, diejenige politische und wirtschaftliche Sicherheit zu finden, die die einzige Grundlage eines dauerhaften Friedens ist.

Österreich wird jedoch darauf aufmerksam gemacht, dass es für die Beteiligung am Kriege auf seiten Hitlerdeutschlands die Verantwortung trägt, der es nicht entgehen kann, und dass bei der endgültigen Regelung unvermeidlich sein eigener Beitrag zu seiner Befreiung berücksichtigt werden wird.

Die Moskauer Deklaration, die Österreichs Sonderbehandlung durch die Alliierten festlegte. Wr. Stadt- und Landesbibliothek

„... ein freies und unabhängiges Österreich wiederhergestellt zu sehen."

Moskauer Deklaration der Alliierten vom 30. Oktober 1943

Mühe hatte die 3. Ukrainische Front die von den Deutschen mit viel Propaganda, aber wenig Mitteln erbauten „Reichsschutzstellung" durchstoßen.

Das Bild auf dieser Seite zeigt den Einmarsch der Sowjets am Karfreitag, dem 30. März, in Kirchschlag in der Buckligen Welt. Es ist inszeniert: Jewgeni Chaldej, der berühmte Armeefotograf, ließ die Soldaten über die Hakenkreuzfahne marschieren, die er im Haus im Hintergrund gefunden hatte. Das Haus – es gehörte dem Tierarzt, einem Nazi –, „habe ich selbst angezündet" (Chaldej).

Die Sowjets verfolgten nach Meinung des Historikers Manfried Rauchensteiner in Österreich nur begrenzte militärische Ziele und stellten nach deren Erreichen die Operationen ein. Die Eroberung von Wien war ein solches Ziel – aber nur als Vorbedingung für den höchsten Preis: „Je näher Wien – desto näher Berlin", lautete die Parole, die im März 1945 an die 1,5 Millionen sowjetischen Soldaten in Ungarn ausgegeben wurde.

Die Westalliierten waren an Wien nicht so interessiert. Ihnen ging es darum, die – fiktive – „Alpenfestung" in Bayern/Tirol zu knacken. Ostösterreich und große Teile der Steiermark blieben zunächst den sowjetischen Eroberern überlassen. Das hätte für die Zivilbevölkerung einen Horror wie im eroberten Ostpreußen bedeuten können. Die sowjetischen Truppen hatten dort ihren Rachegefühlen über von der deutschen Wehrmacht niedergebrannte russische Dörfer und hingeschlachtete Zivilisten schrecklichen Lauf gelassen. Aufgepeitscht auch durch Publizistik: „Die Soldaten, die jetzt deutsche Städte stürmen, werden nicht vergessen, wie die Mütter Leningrads auf Schlitten ihre toten Kinder zogen. Für die Qualen Leningrads hat Berlin noch nicht bezahlt" (Armeezeitung „Roter Stern").

Aber Österreich war auch in den Augen der Sowjets ein Sonderfall. Bereits am 30. Oktober 1943 hatten die alliierten Mächte die Moskauer Deklaration veröffentlicht, in der das Ziel der Unabhängigkeit Österreichs festgeschrieben wurde: „Die Regierungen Großbritanniens, der Sowjetunion und der Vereinigten Staaten von Amerika kamen darin überein, daß Österreich, das erste freie Land, das der Hitlerschen Aggression zum Opfer gefallen ist, von deutscher Herrschaft befreit werden muß. Sie betrachten den Anschluß, der Österreich am 15. März 1938 aufgezwungen worden ist, als null und nichtig ... Sie geben ihrem Wunsch Ausdruck, ein freies und unabhängiges Österreich wiederhergestellt zu sehen."

Die Moskauer Deklaration enthielt freilich noch einen starken Passus, der Österreich „für die Beteiligung am Kriege auf seiten Hitlerdeutschlands eine Verantwortung" zumißt, „der es nicht entgehen kann", und „daß bei der endgültigen Regelung unvermeidlich sein eigener Beitrag zu seiner Befreiung berücksichtigt werden wird."

Dennoch – Österreich galt als Opfer mit Anspruch auf bessere Behandlung.

Marschall Tolbuchin, der Kommandant der 3. Ukrainischen Front, berief sich daher auch später beim Übertritt seiner Truppen auf österreichisches Gebiet auf eben diese Erklärung: „... Die Rote Armee hat den Boden Österreichs betreten, nicht um österreichisches Gebiet zu erobern. Ihr Ziel ist ausschließlich die Zerschlagung der feindlichen deutsch-faschistischen Truppen und die Befreiung Österreichs von deutscher Abhängigkeit ... Die friedliche Bevölkerung Österreichs hat nichts zu befürchten." Das konnten die Ostösterreicher auf Flugblättern lesen, das wurde auch den sowjetischen Soldaten eingebleut. Trotzdem ist genug Schreckliches geschehen, aber im Vergleich zu Berlin hatte Wien noch Glück.

Der Zeitzeuge Otto Lukaschick brachte in seinen Aufzeichnungen, die er 20 Jahre später der Historikerkommision „Wien 1945" übermittelte, die Stimmung vor dem endgültigen Auftauchen der Russen zu Papier: „Eng schlossen wir uns zusammen in den Monaten der Endphase des Krieges, als wir an Hand der Landkarte und sonstigen verzweifelten Maßnahmen des OKH von unserem Stützpunkt aus [so nannte man Lazarette auch in der Fachsprache], den langsamen, später schneller vor sich hingehenden Niedersturz des angeblichen unbesiegbaren 1000jährigen Reiches beobachten konnten.

Die Mühen unserer Arbeit wurden reichlich belohnt durch die täglichen Wehrmachtsberichte, die wir fast ausschließlich vom ‚Schwarzsender' bezogen. Im Rundfunk für das deutsche Volk versuchte man immer wieder den breiten Massen das Märchen vom Endsieg einzusuggerieren. Durch den Einsatz, allein schon durch die Ankündigung der neuesten Wunderwaffen versuchte man dem Volk glaubhaft zu machen, daß endlich die ersehnte Wendung im Kriegsgeschehen eintreten werde, doch man hatte sich an derartige Bluffs schon gewöhnt."

Die näherrückende Bedrohung verschärfte noch die Gefühle gegenüber den Regimevertretern: „Ende März war die Lage für mich in Wien auch gespannt, denn mit Riesenschritten rückten die russischen Armeen über die österreichische Grenze vor. Im ganzen Stadtgebiet waren Evakuierungsmaßnahmen zu erkennen, doch es war unmöglich, in einer solch kurzen Zeitspanne den größten Teil der Wiener Bevölkerung in die nähere und weitere Umgebung zu verschicken, da einerseits durch die täglichen Luftangriffe bedingt, nur eine beschränkte Anzahl von Fahrgelegenheiten zur Verfügung standen, anderseits unsere österreichischen Dörfer schon überschwemmt waren mit evakuierten Frauen und Kindern aus Nazideutschland, die sich dort sehr gütlich taten, obgleich in aller Munde die beliebte Redensart vom bequemen Ostmärker und der verhungerten Ostmark zu hören war" (Lukaschick).

In den letzten Wochen, als die Parteifunktionäre noch immer vom Durchhalten und vom Endsieg sprachen, begann in Wien an manchen Stellen bereits die Auflehnung. „Parteifunktionäre wurden beschimpft, bespuckt und mit Steinen beworfen, Arbeiterbezirke konnten sie manchmal nur mit entsicherter Pistole betreten" (Gerhard Jagschitz in: „NS-Herrschaft in Österreich", Verlag für Gesellschaftskritik, Wien 1988).

Soldaten der „Heeresgruppe Süd" leisteten wenig Widerstand.
Globus, Wien

„In der Endphase des Krieges beobachteten wir an Hand der Landkarte den langsamen, später schneller vor sich gehenden Niedersturz des angeblich unbesiegbaren 1.000jährigen Reiches"

Zeitzeuge Otto Lukaschick

Standgerichte in Wien eingeführt

30. März 1945

Mit Widerstandskämpfern wird kurzer Prozeß gemacht

Einführung des Standrechts im „Reichsverteidigungsbezirk Wien" durch den Reichsstatthalter Baldur von Schirach.
Der „Völkische Beobachter" meldet erstmals „Kämpfe im Vorfeld des Gaues Wien". Der rasche Vorstoß der russischen 6. Garde-Armee macht die „Reichsschutzstellung" entlang der österreichischen Grenze unbrauchbar.

Am 30. März fällt Danzig, die Hauptstadt Westpreußens. Am 19. März gibt Hitler seinen berüchtigten „Nero"-Befehl aus, er befiehlt darin die Zerstörung aller militärischen Verkehrs-, Nachrichten-, Industrie- und Versorgungsanlagen. Städte werden 1944/45 ohne Rücksichtnahme auf die Zivilbevölkerung „bis zur letzten Kugel" verteidigt. Wien droht das Schicksal Budapests, das am 11. Februar zerstört in russische Hände fällt.
Am Karfreitag, dem 30. März 1945, kämpfen sich die russischen Verbände im Burgenland weiter vor. Sie nehmen Oberpullendorf praktisch kampflos ein. Das nächste Ziel der voranrückenden Truppen ist Wiener Neustadt.

„Die ‚Volksseele kocht' absolut nicht, sondern ist zermürbt, müde und voll Angst vor dem Kommenden. Das Motto? Wenn nur schon alles erst vorüber wäre!"

Aus dem Tagebuch des Diplomaten und österreichischen Patrioten Josef Schöner (Böhlau Verlag).

Wiener Stadt- und Landesbibliothek

Dort erhielt am 31. März der damals 30jährige Hauptmann der Infanterie Rudolf Kirchschläger von SS-General Sepp Dietrich den Befehl, die Russen aufzuhalten. Kirchschläger rückte mit 1200 blutjungen Fahnenjunkern der Wiener Neustädter Kriegsschule gegen die Sowjets vor – Ergebnis: 200 Gefallene, 800 Verwundete, darunter auch Kirchschläger selbst. Der spätere Außenminister und Bundespräsident Kirchschläger sprach später nicht gern über diese Katastrophe, denn nach den Verlusten zu urteilen, muß er mit seiner Truppe keineswegs nur einen hinhaltenden Widerstand geleistet haben.

Unterdessen war fast der gesamte Bezirk Oberpullendorf bis hinein nach Niederösterreich von den Russen erobert. Es kam zu ersten Übergriffen sowjetischer Truppen auf österreichischem Gebiet. Die Kampftruppen verhielten sich gegenüber der Zivilbevölkerung zumeist korrekt, der Schrecken kam mit den nachrückenden Truppen der Etappe.

In Wien, ebenso wie in Graz, fanden an diesem Karfreitag wieder Luftangriffe statt. In Ostösterreich waren es ungefähr 500 Flugzeuge, die ihre Bombenlast hauptsächlich auf Verkehrsanlagen und Züge abwarfen. Doch meldet die „Kleine Wiener Kriegszeitung", daß bei „Terrorangriffen am 12., 15., 16., 21. und 22. März 671 Frauen und Kinder und 374 Männer der Wiener Bevölkerung gefallen sind".

Am 30. März 1945 erließ auch der Verteidigungskommissar für den Reichsbezirk Wien, Baldur von Schirach, eine Anordnung, mit der „die Standgerichtsbarkeit mit sofortiger Wirksamkeit im Reichsgau Wien eingeführt wird."

Wörtlich hieß es darin: „Die Härte des Ringens um den Bestand des Reiches erfordert von jedem Deutschen Kampfentschlossenheit und Hingabe bis zum Äußersten... Wer versucht, sich seinen Pflichten gegen die Allgemeinheit zu entziehen, muß sofort mit der notwendigen Härte zur Rechenschaft gezogen werden."

Mit Widerstandskämpfern und „Reichsfeinden" wurde in den letzten Tagen des „Dritten Reiches" kurzer Prozeß gemacht. Die Wiener Justizpressestelle teilte an diesem Tag mit, daß soeben wieder zwei Frauen und vier Männer geköpft worden seien.

In der „Gaustadt Wien" finden noch immer Konzerte und Ausstellungen statt. So gibt es im Musikvereinssaal das traditionelle Karfreitagskonzert, gegeben wird das „Deutsche Requiem" von Johannes Brahms, Solistin ist Irmgard Seefried.

Posten der Feldgendarmerie und der Waffen SS vor einer Straßensperre in der Rotenturmstraße. Globus, Wien

Durch die Täler des Voralpenlandes wälzt sich ein endloser Flüchtlingsstrom. Maria Pöstinger, eine Zeitzeugin, beschreibt in dem Buch „Österreich im April 45" von Franz Danimann die Situation im Gölsental in diesen Tagen: „Der Krieg geht seinem Ende zu; er ist für das NS-Regime verloren. Die Front rückt täglich näher. Durch das Gölsental ziehen Kolonnen von Flüchtlingen, meist Siebenbürger und Volksdeutsche aus dem Banat. Alles will nach Westen, egal, wie und wohin. Dazwischen wanken Elendsgestalten aus den Konzentrationslagern, von brutalen Aufsehern weitergetrieben. Wer nicht weiter kann, wird im Straßengraben erschossen."

„... erfordert Kampfentschlossenheit und Hingabe bis zum Äußersten ..."

Baldur v. Schirach, Reichsstatthalter von Wien

540 Liberator-Bomber über Linz

31. März 1945

Die Luftangriffe dauerten bis ganz zuletzt an

540 Liberators und Flying Fortresses greifen Linz an. Das Verbot, Wien mit Kraftfahrzeugen oder Pferdefuhrwerken zu verlassen, wird proklamiert. Am Abend dringen die ersten russischen Panzer in Mattersburg ein. In Wien werden die Lebensmittelrationen für die letzten April-Wochen bekanntgegeben. Als letzte große ungarische Stadt fällt Sopron in die Hände der Sowjets.

Luftangriffe sollte es bis in die letzten Tage des Krieges in Österreich geben. Zeitzeuge Herbert Moritz, später Unterrichtsminister, erinnert sich: „Am gleichen Tag, an dem wir von der Bildung der Regierung Renner erfuhren (Ende April – Anm. d. Red.), wurde Salzburg noch einmal schwer bombardiert". Über drei Stunden dauert am 25. 4. 45 ein US-amerikanischer Luftangriff auf die Städte Linz und Wels und fordert Hunderte Tote.

US-Bomber vom Typ B-24 („Liberator") überfliegen die Alpen zu einem von insgesamt 29 Angriffen auf das Rüstungszentrum Wr. Neustadt.
KURIER-Archiv

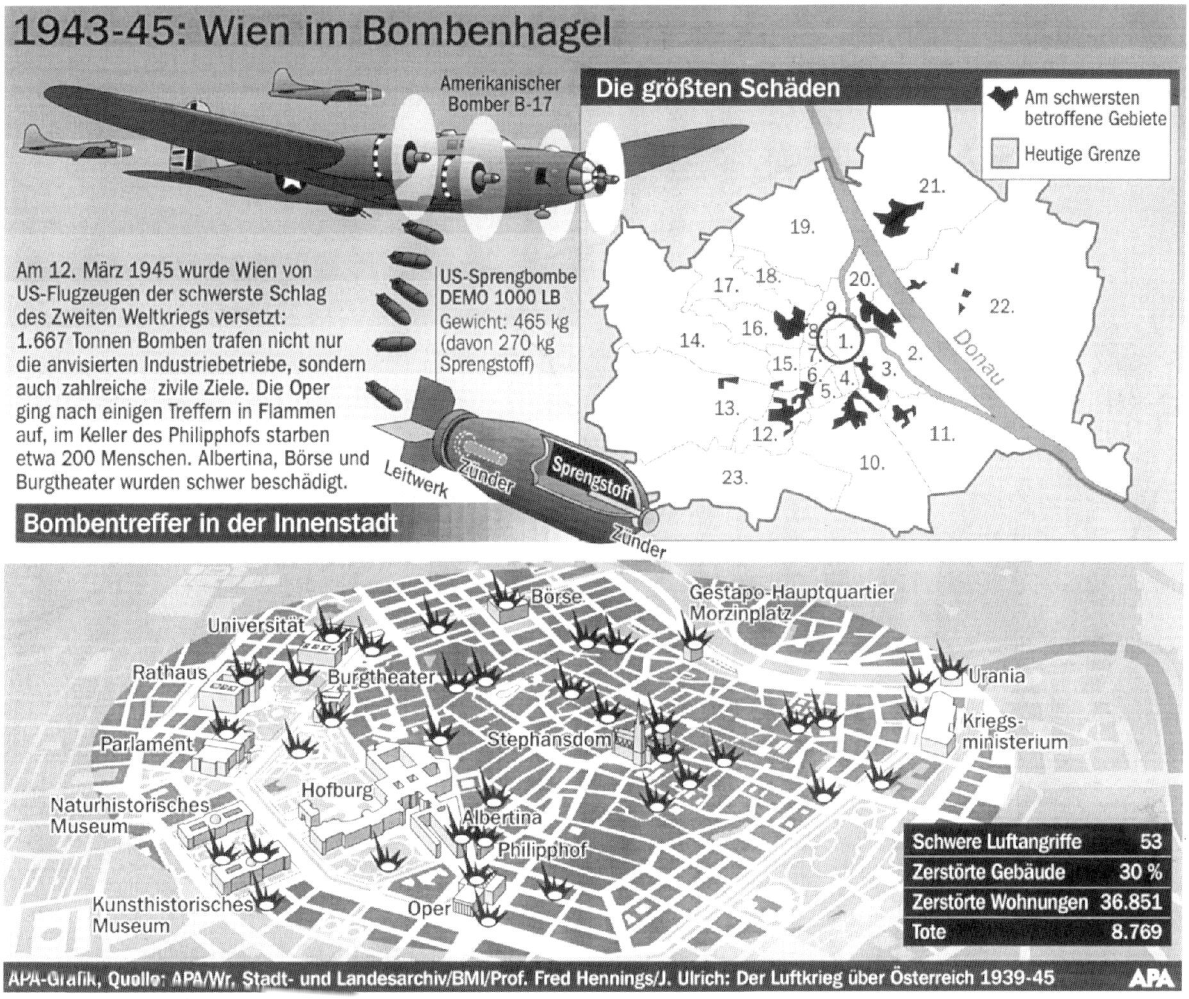

„Ich kam einmal zu spät zum Bunker und konnte nicht mehr hinein. Da weiß man, was Angst ist."

Helmut Zilk, Altbürgermeister von Wien

Bis Mitte 1943 hatte Österreich als „Reichsluftschutzkeller" gegolten. In – nicht untypischer – Realitätsverkennung erwarteten weite Kreise der Bevölkerung, daß nur Deutschland, nicht aber Österreich bombardiert werde – „Bomben auf Berlin, Rosen auf Wien".

Als aber die US-Luftwaffe von Italien aus starten konnte, lagen auch Österreich und Süddeutschland in ihrer Reichweite. Der erste Luftangriff auf österreichisches Gebiet erfolgte am 13. 8. 1943 auf die Flugzeugwerke in Wiener Neustadt. Insgesamt fielen auf Österreich im 2. Weltkrieg über 70.000 Spreng- und Brandbomben. Es wurde 151mal Fliegeralarm ausgelöst, davon 101mal in Wien. Die schwersten Luftangriffe auf Wien erfolgten am 10. 9. 1944, am 7. 2. 1945 sowie am 12. 3., als die Oper, die Stephanskirche, der Heinrichshof und das Kunsthistorische Museum schwer beschädigt wurden.

In Wien wurden bei insgesamt 53 Luftangriffen 28% der Gebäude beschädigt oder zerstört, insgesamt gab es dabei 8769 Tote zu beklagen. Insgesamt dürften etwa in Österreich 26.000 „Reichsbürger" (die Zahl der getöteten Zwangsarbeiter usw. ist unbekannt) dem Bombenkrieg zum Opfer gefallen sein.

Der „strategische Bombenkrieg" war auf der Casablanca-Konferenz der alliierten Stabschefs im Jänner 1943 beschlossen worden. Ziel war, „die Militärmaschine, Industrie und Wirtschaft Deutschlands konsequent zu zerstören sowie das deutsche Volk zu demoralisieren bis zu einem Punkt, an dem seine Widerstandskraft gebrochen ist." Das gelang nur bedingt: Die Produktion funktionierte erstaunlich lange, und die Menschen machten einfach weiter.

Dem britischen Premier Churchill kamen zum Schluß Bedenken: „Die Zerstörung von Dresden hinterläßt einen ernsten Zweifel an der Art und Weise des alliierten Bombenkrieges", schrieb er am 28. März an den britischen RAF-Luftmarschall.

Luftkrieg über Österreich 1943–1945, Niederösterreich–Schwechat. Angriff einer Boeing B-17 der 15. US-Luftflotte auf die Ölraffinerie. Über Österreich wurden Zehntausende Einsätze geflogen, dabei wurden nur wenige hundert Feindflugzeuge abgeschossen.

USAF 59806 A.C.

„Verschüttet": Wer Glück hatte, konnte unter den Trümmern seines Hauses hervorgezogen werden. Institut für Zeitgeschichte, Wien

Der Befehlshaber der für den Süden des deutschen Reiches zuständigen 15. US-Luftflotte hatte schon am 20. Februar erklärt, seine Einheit würde keine Bombardements nur zur Brechung der Moral des Feindes durchführen und nicht gegen Bevölkerungszentren eingesetzt werden.

Aber Wien war sowohl militärstrategisches Ziel wie auch Bevölkerungszentrum und im Flak-Feuer, in Rauch und durch Wolken ging aus 8.000 Meter Höhe vieles nicht ins Ziel. In einem der schwersten Luftangriffe auf Wien am 12. März 1945 wurden durch 1.080 (!) US-Bomber zahlreiche kulturelle Bauten zerstört oder schwer beschädigt (siehe Graphik).

Burgschauspielerin Bibiane Zeller erinnert sich: „Wir waren sehr leichtsinnig, wir sind oft nicht in den Keller gegangen. Natürlich war es verboten, während eines Luftangriffes in der Wohnung zu bleiben. Wenn wir dann doch in den Keller gegangen sind, sind wir oft tagelang unten gewesen. Wir sind gesessen in eiskalten Kellern, manchmal hat einer einen Ofen mitgehabt." Auch der damals 17jährige Helmut Zilk gehörte zu den Betroffenen: „Alle Türen und Fenster unseres Hauses waren weggefegt. Wir sind immer geflüchtet in den Arenbergpark-Bunker im 3. Bezirk. Ich bin einmal zu spät gekommen und konnte nicht mehr hinein. In der Situation weiß man, was Angst ist."

In Wien gab es am 31. 3. 1945 gegen 11 Uhr den

Der Hohe Markt in Wien aus einer anderen Perspektive. Dr. Erwin Chvojka

Der Bahnhof Wels nach einem Angriff der 15. US-Luftflotte. ÖBB-Eisenbahnmuseum Wien

täglichen Fliegeralarm. An diesem Karsamstag blieb es aber über der Stadt ruhig, kein Flugzeug erschien. Dafür erlebten Linz, viele andere Orte in Ober- und Niederösterreich sowie Villach schlimme Bombenangriffe. Linz etwa wurde von 540 viermotorigen „Liberators" und „Flying Fortresses" angegriffen.

In Wien ahnte man, daß die Russen nicht mehr allzuweit sein konnten. Die Zeitzeugin Nellie Kleemann übermittelte im Jahr 1975 der Historikerkommission „Wien 1945" (erstmals hier veröffentlicht) ihre Erlebnisse: „Niemals werde ich die Auferstehungsfeier des Jahres 1945 vergessen. Vor dem kleinen Gotteshaus auf dem Rodauner Kirchenhügel sah man gegen Süden den Horizont blutrot gefärbt und hörte das dumpfe Donnern der Geschütze. Selten wurde mit derartiger Andacht gebetet. Wußte doch jeder von uns, daß die kommenden Tage entscheidend sein würden. Brachten sie Leben oder Tod für so viele von uns."

Für die Bombenopfer hatte übrigens der „Reichsführer SS", Heinrich Himmler, einen „Trost" parat: Die Städte und Gemeinden könnten danach „ohne die Bausünden des 19. und 20. Jahrhunderts, wo regellos und liberalistisch gebaut wurde, im Sinne echter nationalsozialistischer Architektur neu errichtet werden".

„Ein Grollen wie fernes Gewitter“

1. April 1945

Noch vor dem Angriff suchen die Sowjets nach Karl Renner

„Die Russen kamen vom Süden und auch vom Norden, das hat man gespürt.“

Helmut Zilk, Altbürgermeister

Die Russen erreichen am Ostersonntag Gloggnitz und sperren damit den Semmering für den deutschen Nachschub. Das letzte Spiel der Frühjahrsmeisterschaft wird ausgetragen, die Mannschaft des WAC schlägt die Austria 6:0. Vom russischen Oberkommando kommt der endgültige Befehl an die dritte ukrainische Front Marschall Tolbuchins, Wien zu erobern.

Im deutschen Wehrmachtsbericht vom 1. April werden schwere Kämpfe bei Breslau und aus der Danziger Bucht gemeldet. Im Westen sind die Alliierten schon bis Münster und Kassel vorgestoßen. Neben vielen deutschen Städten wurden auch Linz und Villach, in der Nacht auch Graz bombardiert.

Die Russen erreichen nun auch die Stadtgrenze von Wr. Neustadt. Gegen Mittag am 1. April schließlich kommt die sowjetische 103. Garde-Schützendivision bis Gloggnitz und sperrt damit die Bahn- und Straßenverbindungen über den Semmering.

Ein bedeutsames Datum, ein bedeutsamer Ort: Die Übergriffe der Russen, aber nicht nur sie, veranlassen Dr. Karl Renner, den ersten Kanzler der Ersten Republik, der dort in seinem Familienhaus im „inneren Exil“ lebte, erstmals Kontakt mit den Sowjettruppen aufzunehmen. Der völlig in Vergessenheit geratene sozialdemokratische Altpolitiker hat sich bereits einen Plan zurechtgelegt, „unsere Heimat wiederherzustellen, wie sie früher war“.

Vermessenheit? Die weiteren Ereignisse bestätigten ihn. Zunächst marschiert er einmal mit einem tschechischen Fremdarbeiter, der ein paar Brokken Russisch konnte, zum Ortskommandanten. Und dieser Fremdarbeiter Anton Zamprach bestätigte gegenüber Hugo Portisch, daß Renner ihm schon damals gesagt habe: „Ich möchte die Republik wieder aufbauen, und dazu brauche ich die Russen.“

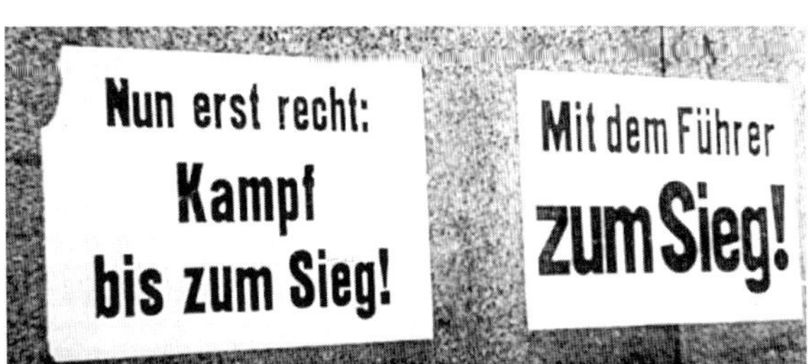

Durchhalteappelle werden überall im „Reichsgau“ affichiert.
Institut für Zeitgeschichte, Wien

Was Renner nicht wußte – auch die Sowjets waren auf der Suche nach ihm, denn Stalin hatte Ende März Auftrag gegeben, den „alten Fuchs“ aufzustöbern, um ihn mit der Bildung einer Regierung zu beauftragen. Doch davon später.

Dieser Ostersonntag des Jahres 1945 brachte für St. Pölten schwere Luftangriffe mit Hunderten von Toten. An diesem Tag zogen einhundertdreißig US-Flugzeuge in achtzehn Wellen fünfeinhalb Stunden lang über St. Pölten hinweg und verwandelten mit sechshundert bis zu tausend Kilogramm schweren Bomben vor allem das Bahnhofsgelände in ein Trümmerfeld. Der Angriff wurde dann am Ostermontag fortgesetzt. Am Ende gab es mehr als fünfhundert Todesopfer. In Wien herrscht strahlendes Wetter, warme Frühlingsluft und Temperaturen bis 20 Grad. Der Lainzer Tiergarten wird an diesem Tag von der Gemeindeverwaltung zu den üblichen Besuchsterminen bis zum 30. September 1945 geöffnet.

Ein renommierter Verlag in Graz liefert die ersten Exemplare jener „Ostmark“-Trilogie aus, mit der der Autor Anton Steininger – etwas verspätet – den illegalen Nationalsozialisten in Österreich vor 1938 ein Denkmal setzen wollte.

Im Großen Musikvereinssaal dirigiert Clemens Krauss die 4. Philharmonische Akademie. Die Zeitungsüberschrift ist nicht mehr sehr optimistisch und lautet an diesem Tag: „Vormarsch im Westen verlangsamt“.

Nur im Süden vernimmt man ein leises, dumpfes Grollen. Viele Wiener halten das noch für Schießübungen oder für Sprengungen zur Errichtung von Verteidigungsanlagen.

Der ehemalige Bürgermeister der Stadt Wien,

Helmut Zilk, erinnert sich im Gespräch mit dem KURIER: „Anfang April hat man erstmals gehört ein dumpfes Grollen, wie ein Gewitter, ganz ein fernes Gewitter. Da hat man gewußt, das sind Kanonen, weit, weit entfernt. Das Geräusch ist dann nähergekommen. Dann hat man in der Nacht plötzlich gesehen, rosarot am Himmel, im Osten und im Südosten, auch im Norden sind sie gekommen. Das hat man gespürt, und das hat auch eine besondere Stimmung gemacht."

Damals war es bereits möglich, der Maschinerie des in den letzten Zügen liegenden totalitären Staates zu entkommen, wie Helmut Zilk berichtet: „Glückhafterweise, weil ich einen Vater hatte, der mir Vorbild und prägender Vater gewesen ist, habe ich im Gegensatz zu meinen Alterskameraden der Verlockung und dem Druck widerstanden, freiwillig in die SS einzutreten. Wir waren damals in der Lehrerbildungsanstalt im vorletzten Jahrgang, die haben geworben und alle meine Kameraden haben unter Druck unterschrieben. Mein Vater hat mich davor gewarnt. Ich habe ein starkes Verhältnis, fast neurotisch, zu ihm. Er hat mich damals mit dem Entzug jeder väterlichen Zuneigung bedroht. Ich hatte vor meinem Vater mehr Angst als vor der SS. Ich war der einzige, der damals nicht unterschrieben hat, habe mit meinem Vater mit dem Schlimmsten gerechnet, aber es hat sich erstaunlicherweise nichts getan. Die sind alle vorzeitig einberufen worden. Dann war ich bei der normalen Musterung. Dort hatte ich das Glück, einen Arzt zu haben, der offenbar aus den Gründen eines geistigen und seelischen Widerstandes, den Großteil der jungen Leute, die mit mir bei der Musterung waren, zeitlich untauglich geschrieben hat. Dann kam der Volkssturm, wir mußten uns melden. Die Turbulenzen waren dann schon sehr groß. Durch Wien sind die Trecks der Füchtlinge gezogen, sie wurden durch die Bahnhöfe geschleußt. Auch die Juden haben wir gesehen, bei der Hauptzollamtbrücke im 3. Bezirk. Wir sind dann aufgerufen worden, uns zu stellen. Das Stellkommando war in meiner Schule. Alles war chaotisch, Hunderte Leute, Stimmengewirr. Die Parteileute haben es abgestempelt. Wir mußten in den Gängen warten auf St. Nimmerlein – auf Uniformstücke oder Armbinden oder Panzerfäuste. Während die Leute dort verwirrt gewartet haben, hat mein Vater zu mir gesagt: ‚Du bist da in die Schule gegangen. Du mußt doch wissen, ob es einen Hinterausgang gibt', und ich wußte es in der Tat, daß es ebenerdig nach hinten einen Gang gegeben hat, da kamen dann zwei Türen, und wir waren hinten im Hof. Da waren wir auf der Straße, und wir waren weg. Es ist keinem Menschen aufgefallen in dem Chaos. Auf dem Papier war es da, wir haben es nicht abgegeben, wir haben es versteckt im Keller. Es hat uns dann niemand mehr gesucht, es war alles in Auflösung. Eine Diktatur hält lange, aber wenn sie in Auflösung ist, löst sie sich schneller auf als eine Demokratie. Jedenfalls hat uns niemand mehr gesucht."

Zerschossener deutscher Panzer in einem burgenländischen Dorf. Burgenländisches Landesmuseum

Der Fotograf Otto Croy („Wien 1945") beschreibt die Endzeitstimmung: „Aus den Schornsteinen des Reichspropagandaamtes quillt schwarzer Rauch. Auch dort verbrennt man Akten, und die Straße ist voller schwarzer Flocken, die vom Wind an der Straßenecke in Kreiseln hochgewirbelt werden, um als schwarzer Schnee wieder herunterzurieseln."

„Auf der Straße verbrannten Soldaten Akten, aus den Schornsteinen der Ämter quoll Rauch."

Otto Croy, Fotograf, in „Wien 1945"

Der pensionierte Schuldirektor Erwin Chvojka, damals 21, wohnte in der Gegend um den Wiener Prater. Für den KURIER öffnete er sein Tagebuch: „Ostersonntag, 1. April 1945: Traurige Ostern. Frauen mit kleinen Kindern werden in der ganzen Stadt evakuiert. Ungarische Flüchtlingstrecks und Militärkolonnen füllen die Straßen sowie die Umgebung Wiens. Als ich heute mit Alex und Luise nach Laab im Walde ging, hörten wir schon die ganze Zeit Kanonendonner. Aufklärer stets am Flug von und zur Front. Von 11 Uhr 30 bis 12 Uhr 45 und von 13 Uhr 35 bis 16 Uhr zweimaliger Alarm. Beim 2. Mal Bombenwürfe Richtung Wiental. Brände in Richtung Rekawinkel, Neulengbach. Nach 16 Uhr riesenhafte Explosionswolke über dem Raum Leobersdorf. Brände im Raum Wr. Neustadt, Mannersdorf, Leithagebirge beobachtet. Nach Gerüchten russische Panzerspitzen in den Räumen Eisenstadt und Wr. Neustadt. An den Donaukanalbrücken arbeiten Sprengkommandos. Bekanntgabe des Signalfeindalarms, das ist 5 Minuten Fliegeralarm".

Wien wird Verteidigungsbereich

2. April 1945

Der Stadt droht das Schicksal der totalen Zerstörung

„Hitler hat wohl die Mäuler der Wiener erobert, aber nicht ihre Herzen, das sieht man in den kritischen Tagen. Aus Wien wird kein zweites Breslau. Alles redet nur mehr von der Nutzlosigkeit weiteren Widerstandes.“

Aus dem Tagebuch des Diplomaten und österreichischen Patrioten Josef Schöner (Böhlau-Verlag)

Die von den Deutschen „Stalinorgel“ genannten Salvengeschütze waren eine der gefürchtetsten Waffen der Sowjets. Direktor Manfried Rauchensteiner zeigte eine in der großen Ausstellung „Der Krieg in Österreich, 45“. Sokol/Kurier

„Zitternde, blasse kleine Jungen schickte man gegen die feindlichen Panzer.“

Zeitzeugin Nellie Kleemann in ihrem Tagebuch

Verheerende Luftangriffe auf Graz, Nord- und Hauptbahnhof werden großteils zerstört. Wien ist an diesem Tag zum Verteidigungsbereich erklärt worden. Das letzte philharmonische Konzert hat Richard Wagner im Programm. Die Kämpfe um die südlichen Zugänge der Stadt beginnen.

Wien wurde an diesem 2. April mit einem lakonischen Anschlag zum Verteidigungsbezirk erklärt: „Wien ist zum Verteidigungsbereich erklärt worden. Frauen und Kindern wird empfohlen, die Stadt zu verlassen.“
Das bedeutet, daß Wien nicht, wie von vielen erhofft, zur „offenen Stadt“ erklärt, sondern bis zuletzt verteidigt wird. Der Stadt drohte damit ein Schicksal wie Breslau oder Budapest, die von Durchhalte-Bonzen und -Militärs erbittert verteidigt und Haus für Haus erobert (und weitgehend) zerstört wurden.
Damit erreicht die Fluchtbewegung aus der Stadt einen Höhepunkt. Die Bonzen flohen, die anderen sollten für sich selbst sorgen. Die Sowjets kamen an diesem Tag bis vor Baden bei Wien und hinter Wr. Neustadt. Vorerst übernahm der SS-General Sepp Dietrich die „Verteidigung der Stadt Wien“. Im Radio wird um 18 Uhr ein markiger Aufruf von Baldur v. Schirach veröffentlicht (der bei der Aufnahme im Funkhaus nicht ganz nüchtern war): „Wiener und Wienerinnen! Die Zeit der Bewährung ist gekommen. Der Russe nähert sich unserer Stadt. Jeder von uns wird seine Pflicht bis zum Äußersten tun.“
Die Zeitzeugin Nellie Kleemann notierte die Realität: „Am nächsten Morgen sahen wir ein erschütterndes Bild. Hundert bis zweihundert ungefähr 14- bis 15jährige HJ-Buben in Tarnanzügen, mit einer Panzerfaust als Waffe, fuhren auf ihren Rädern nach Süden, den Russen entgegen. Zit-

„Tagelang kamen in furchtbar langsamen Tempo Flüchtlinge durch. Man sah nicht gerne hin, es war kein schönes Bild".
Raskin (Institut für Zeitgeschichte, Wien)

ternde, blasse kleine Jungen schickte man gegen die feindlichen Panzer. Wer von diesen Kindern hat wohl noch seine Eltern wiedergesehen?"
An diesem Ostermontag hörte man den ganzen Tag den Geschützdonner der näherkommenden Front. Dazu passend Götterdämmerungs-Stimmung mit Kanonendonner und Richard Wagner: Die Wiener Philharmoniker absolvierten an diesem Tag im Musikvereinssaal unter Clemens Krauss das letzte philharmonische Konzert des Dritten Reiches:
„Der Saal war nur schwach besetzt. Unsere Stimmung war geprägt einerseits von der Hoffnung auf ein baldiges Ende des Krieges und des Terrors, andererseits von der Angst vor den unmittelbar bevorstehenden Ereignissen. Nach dem Ende des Konzerts – wir endeten mit der ‚Tannhäuser'-Ouvertüre – nahmen wir bewegt Abschied von dem traditionsreichen Haus und den treuen Stammgästen" (Rudolf Hanzl, damals Mitglied der Philharmoniker).

Am Ostermontag manifestierte sich, wenn auch noch verhalten, so etwas wie öffentlicher Widerspruch gegen die NS-Diktatur. So demonstrierten einige Wiener Frauen gegen den Kriegseinsatz der Hitler-Jugend und offenbarten damit die nachlassende Autorität des Regimes.
Die Kreisleitung der NSDAP meldete trübe: „Die Lage hat sich nun in den letzten Tagen für Wien so zugespitzt, daß gegenwärtig den tollsten Gerüchten Tür und Tor geöffnet sind. Keiner findet den Mut, ihnen entgegenzutreten." Ministerialrat Dr. Karl Pischl, damals fünf Jahre alt, in seinen Aufzeichnungen, die er dem KURIER zur Verfügung stellte: „Das Herannahen wurde (von uns) auf den Landkarten verfolgt. ‚Da sind die Russen schon.' Dieser Satz sagt eigentlich klar aus, daß niemand mehr an der endgültigen Niederlage der Deutschen und damit an der Befreiung zweifelte. Tagelang schleppten sich die Flüchtlingsströme. Tagelang kamen in furchtbarem langsamen Tempo Flüchtlinge durch. Man sah nicht

„Den tollsten Gerüchten ist Tür und Tor geöffnet. Keiner findet den Mut, ihnen entgegenzutreten."

Bericht der NSDAP-Kreisleitung Wien

Wien – keine „offene Stadt". Wr. Stadt- und Landesbibliothek

„Nach der ‚Tannhäuser'-Ouvertüre nahmen wir bewegt Abschied vom Haus."

Rudolf Hanzl, ehemaliger Philharmoniker

gerne hin, es war kein schönes Bild. Dann wurden die Heeresfahrzeuge, die zurückströmten, immer häufiger".

Nun gab es – teilweise erfolgreiche – Versuche der Widerstandsbewegung, den Kampf um Wien abzukürzen. Johannes Eidlitz, aktiv in einer „bürgerlichen" Widerstandsgruppe („bei mir hat es gegeben: Monarchisten, katholische Konservative, katholisch Fortschrittliche, Liberale. Die Liberalen waren übrigens nicht sehr geeignet für den Widerstand") und späterer Mitbegründer der ÖVP, erinnert sich im Gespräch mit dem KURIER: „Fritz Molden kam aus der Schweiz zurück und nahm in Wien Kontakt auf mit seinem Vater und einigen hochmögenden Herren auf, Antinazis, aber nicht gerade das, was man als Widerständler bezeichnen kann. Aber er hat sie dazu gebracht, daß sie sich in einer Art Organisation gefunden haben. Zurückgekehrt in die Schweiz, hat er dann erzählt, es gäbe eine Widerstandsorganisation, die heiße nach Oe, O5. Wir haben von all dem nichts gewußt".

Eidlitz über das Verhältnis der Widerstandsgruppen untereinander: „Natürlich gab es noch Reibereien, vor allem zwischen Sozis und Christlichsozialen. Aber unter dieser ungeheuren Bedrohung durch den Nazismus ist das lappalös geworden. Am 1. oder 2. April, bei einer dieser Tagungen des Zentralrates (des Widerstandes) erschien plötzlich ein deutscher Major namens Szokoll (der Österreicher Karl Szokoll in Wehrmachtsuniform, er hatte bereits den Staatsstreich-Versuch vom 20. Juli 1944 mitgeplant – Anm.). Er sagte, er habe Funkkontakt mit den Alliierten, er könne aber nur mit der O5 verhandeln, die sei für ihn zuständig. Worauf sich der Zentralrat der Widerstandsbewegung zu einer kurzen Beratung zurückgezogen hat und beschlossen hat: ‚Gut, dann sind wir eben die O5.' Und so geschah es. Eine andere O5 hat es inzwischen nicht gegeben. An die Wände ist dann wirklich O5 geschrieben worden – am Stephansdom steht es immer noch".

Eidlitz: „Die Russen waren schon am Rand der Stadt. Es gab eine letzte Übereinkunft mit ihnen. So etwas wie ein Aufstand in der Inneren Stadt war ausgemacht: Die Besetzung der wichtigsten Gebäude durch uns und ihr gleichzeitiger Vorstoß. Die Russen hatten für einen bestimmten Tag und eine bestimmte Stunde ausgemacht, daß die Russen mit ihren MIG-Jägern über die Innere Stadt fliegen sollten, mit dem gewissen Wackeln, und daraufhin sollte von uns an drei verschiedenen Stellen eine Serie von Leuchtkugeln abgeschossen werden. Dort passierte an dem Tag folgendes: Es erschien nicht nur eine, sondern zwei Divisionen, davon eine SS, die andere von Ostdeutschland. Sie fuhr mit einer Unmenge von Panzergeschützen auf und stellte sich genau dorthin wo unser Versammlungsplatz war. Am Rathausplatz, am Heldenplatz etc. Wir hatten dann noch eine scharfe Auseinandersetzung . Wir haben heftigst darüber gestritten; ich habe gesagt, es ist unverantwortlich, die Leuchtkugeln abzuschießen. Es gab eine Stunde Streit".

Die militärische Widerstandsgruppe um Major Carl Szokoll entsendet dennoch am 2. 4. den Oberfeldwebel Ferdinand Käs, dem es tatsächlich gelingt, sich mit Hilfe von gefälschten Kurierpapieren durch die deutschen Linien zu schlagen und mit den Sowjets Kontakt aufzunehmen. Käs wird sofort nach Hochwolkersdorf zum Hauptquartier der 3. Ukrainischen Front gebracht, wo er einen Offiziersstab unter dem Kommando von Generaloberst Alexej S. Scheltow über die Lage in Wien und vor allem über den Plan Szokolls, den Kampf um Wien um jeden Preis abzukürzen, informiert. Käs hat auch genaue Aufzeichnungen über die deutschen Verteidigungsmaßnahmen bei sich. Die Widerstandskämpfer

Straßensperre der SS, mit der unter anderem Deserteure abgefangen werden sollten. Globus, Wien

wollten genau zu dem Zeitpunkt, an dem die Russen Wien angreifen würden, gegen die deutschen Verteidiger losschlagen, wobei die Frage ist, welche und wieviel Mannschaften ihnen gefolgt wären.

Der Beginn der Offensive sollte von den Sowjets mit roten Leuchtkugeln angezeigt werden, die von einem Flugzeug abgeworfen werden sollten, die Antwort der Widerstandskämpfer sollten grüne Leuchtkugeln sein. Die Widerstandskämpfer würden bei ihren Einsätzen weiße Armbinden tragen, das Losungswort lautet „Moskau".

Zeitzeuge Erwin Chvojka beschreibt die merkwürdig entspannte Stimmung der Bevölkerung: „Nach Gerüchten, Russen in Wr. Neustadt, Ternitz und sogar in Baden. Es gibt sehr viele Gerüchte. Volkssturmeinberufungen am laufenden Band, überall Zivilisten mit Armbinde und Panzerfaust. Brückenwachen. Trecks und Militärkolonnen. Herrliches Frühlingswetter. Die Zivilbevölkerung ist fast vollzählig in der Stadt und benimmt sich größtenteils so als ob nichts wäre. In den Kai-Anlagen Pärchen und lachende Mädchen, daneben Flüchtlingstrecks und an die Front gehende Soldaten. Die Firma (ich war damals bei einer Autoelektrik-Firma), wurde heute vollzählig zum Volkssturmeinsatz aufgerufen, als Werkstatt für Autos und Panzer, sodaß ich jetzt indirekt auch beim Volkssturm bin, nur ohne Armbinde".

Die Russen stehen vor den Toren Wiens

3. April 1945

Die Verteidigungsmaßnahmen sind viel zu schwach

Neues Wiener Tagblatt

Nr. 79 — Dienstag, 3. April 1945 — 79. Jahrgang

Die Stunde Wiens ist gekommen

Männliche Worte

Unter schwersten Blutopfern ist es den Bolschewisten gelungen, nun auch im Südosten des Reiches über die Grenzen zu dringen und bis nach Steinamanger, in das westliche Raabtal und in den Raum des Neusiedler Sees vorzustoßen. Die Feindnähe ist nun spürbar, das Antlitz der Stadt hat sich in den letzten Stunden gewaltig verändert, die Schwere der Stunden, die vor uns liegt, die Pflicht zur Verteidigung der Stadt, die der Reichsverteidigungskommissar proklamiert hat, stehen in jedem Antlitz geschrieben. Die Stunde ist ernst, der Krieg tritt nun jedem Wiener, jeder Wienerin persönlich gegenüber, und jeder hat sich mit ihm auseinanderzusetzen. Ein Ausweichen ist unmöglich, ein Nachgeben bedeutet den sicheren Untergang.

Aber es ist ja nicht das erstemal, daß die Bewohner dieser Stadt den Kriegslärm vor ihren Toren hören, es ist nicht das erstemal, daß sie sich wehren müssen, und jedes Mal noch, wenn sie vor diese Notwendigkeit gestellt wurden, haben sie sich erfolgreich gewehrt und den Feind nicht nur abgeschlagen, sondern auch wieder aus der Nähe der Stadt vertrieben. Die Liebe und Treue zu Wien haben sich immer noch stärker erwiesen als der stärkste Feind, der die Mauern und Wälle der Stadt berannte. Diese Liebe und Treue

Reichsleiter von Schirach:

Wiener und Wienerinnen!

Die Zeit der Bewährung ist gekommen. Der Russe, schon der traditionelle Feind des alten Oesterreich, nähert sich unserer Stadt. Jeder von uns wird seine Pflicht bis zum Äußersten tun. Aber auch jeder Helfer ist uns willkommen. Heute habe ich die Ehre, meinen alten Freund, den Oberstgruppenführer Generaloberst der Waffen-SS Sepp Dietrich, bei Ihnen einzuführen, dessen kampferprobte SS-Männer bei uns eingesetzt werden. Er ist Ihnen und allen deutschen Volksgenossen als Führer der SS-Leibstandarte „Adolf Hitler" seit langem ein klarer Begriff geworden.

Ich bitte Sie, lieber Kamerad Sepp Dietrich, das Wort zu ergreifen.

SS-Oberstgruppenführer Generaloberst der Waffen-SS Sepp Dietrich:

Wiener und Wienerinnen!

Ich bin kein Mann der großen Worte und der geschliffenen Rede. Ueberdies zählen heute Taten viel, Worte wenig. Wenn ich mit meinen Männern mich den Verteidigern dieser schönen, alten Stadt zugeselle, so geschieht dies mit dem festen und unverbrüchlichen Vorsatz, alles nur Menschenmögliche zu tun, dieses Bollwerk des deutschen Südostens unserem deutschen Vaterlande zu erhalten.

Mehr zu versprechen, wäre verwegen. Der Kampf wird hart, der Erfolg schwer.

Sie, meine Wiener und Wienerinnen, kennen den Feind aus früherenGenerationen Ihrer Geschichte. Sie kennen aber auch die europäische Aufgabe, der sich Wien niemals entzogen hat.

Halten wir zusammen, kämpfen wir zusammen. Es geht nicht um uns, es geht nicht um die Partei, es geht um unser Land.

Heil unserem Führer!

Amerikaner den Raum Söst-Lippstadt erreicht. Am Nordrand des Industriegebietes sind um Recklinghausen heftige Kämpfe im Gange.

An der unteren und mittleren Sieg wurde durch harten Widerstand und im Gegenangriff ein Vordringen des Feindes verhindert. Auch am Rothaargebirge und im Raum von Winterberg wurden zahlreiche Angriffe abgewiesen.

Eine weit im Rücken der Amerikaner stehende Kampfgruppe der Waffen-SS, durch eine Fahnenjunkerschule des Heeres verstärkt, hat in den letzten drei Tagen dem Gegner schwerste Verluste zugefügt und mehr als 35 Angriffe bis zu Regimentsstärke zurückgeschlagen. 38 Panzer und gepanzerte Fahrzeuge, zahlreiche Lastkraftwagen und Mannschaftstransportwagen wurden erbeutet oder vernichtet und mehrere hundert Amerikaner, darunter 50 Offiziere, als Gefangene eingebracht.

Angriffe auf Kassel scheiterten unter starken Panzerverlusten für den Feind. Zwischen der Werra und dem Kinzigtal hat sich der Druck des Gegners vor allem nördlich der Rhön verstärkt. Im Spessart sowie zwischen der unteren Tauber und dem Maindreieck sind erbitterte Abwehrkämpfe entbrannt. Aus dem Gebiet zwischen Bad Mergentheim und der Rheinebene

Durchhalteappelle auch in der gleichgeschalteten Presse. Heeresgeschichtliches Museum, Wien

> **„Nun ist es den Weltbeglückern gelungen, die Kriegsbrandfackel in das Innere unseres Landes, ja bis in die Wienerstadt selbst zu tragen."**
>
> *Zeitzeugin Olga Jores*

Hoffnungen, daß Wien zur „offenen Stadt" erklärt wird, zerschlagen sich endgültig. „Reichsstatthalter" Schirach und SS-General Dietrich rufen zum Kampf mit allen Mitteln auf. Baden, Bad Vöslau und Traiskirchen fallen widerstandslos in die Hände der Russen, Münchendorf und Gramatneusiedl folgen. Der Sender „Werwolf" ruft zum Kampf hinter den alliierten Linien auf.

„Die Stunde Wiens ist gekommen". Mit diesem pathetischen Aufmacher erscheint am 3. April 1945 das „Neue Wiener Tagblatt". Gleich darunter appellieren Reichsleiter von Schirach und SS-General Sepp Dietrich an die Wiener, die Stadt mit allen Mitteln zu verteidigen.

Am Nachmittag erreicht General von Bünau Wien und tritt seinen Posten als Leiter der Verteidigungsmaßnahmen an.

Die Russen nahmen unterdessen Bad Vöslau, Baden bei Wien und Traiskirchen ein. Die drei Orte fielen allesamt praktisch widerstandslos. Die Truppen, die Baden eingenommen hatten, schwenkten in das Helenental ab und stießen nach Norden in Richtung Wolfsgraben vor. Sie trafen dabei nur vereinzelt auf deutsche Soldaten und Volkssturmmänner. Die Westumfassung Wiens hatte somit begonnen.

Was war der russische Angriffsplan? Er sah einen Zangenangriff von Süden, Westen und Südosten vor. Der Angriff von Südosten und Süden lief über Schwechat, Vösendorf, Inzersdorf, hauptsächlich über die Triester und die Laxenburger

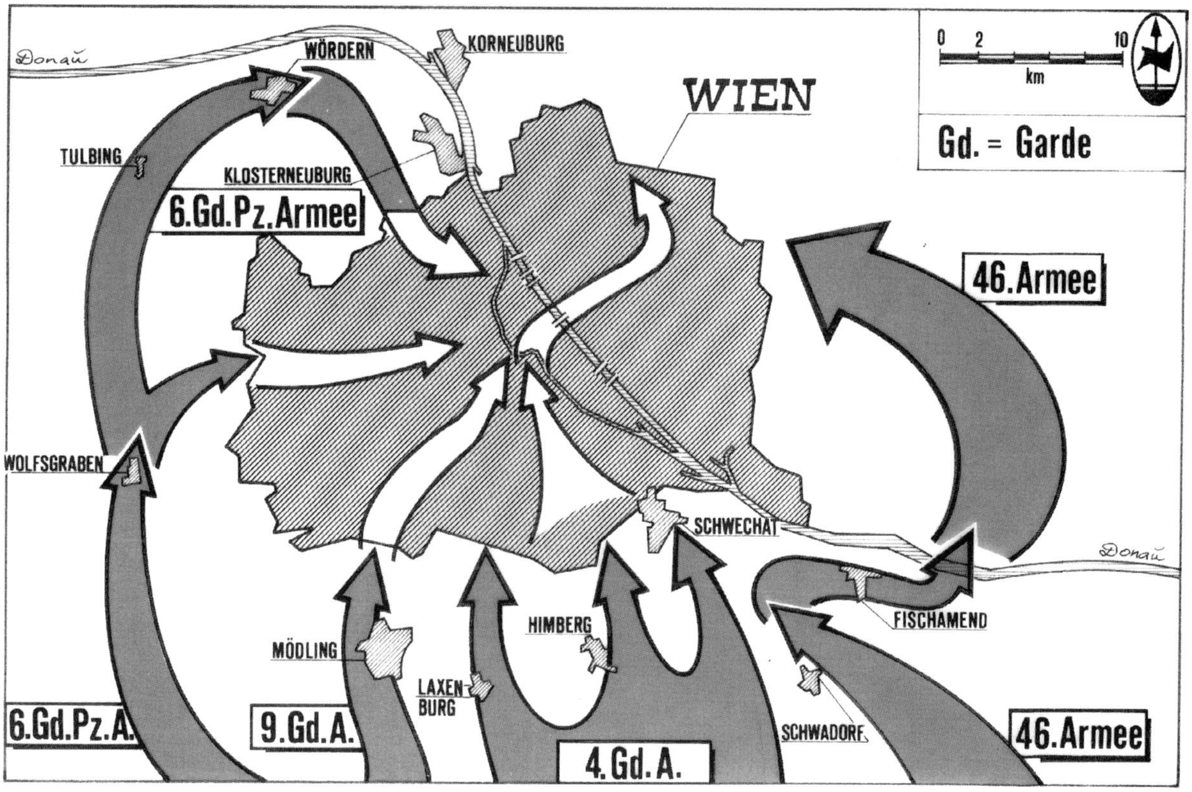

Wien wurde von allen Seiten in die „Zange" genommen. Der Hauptangriff erfolgte vom Süden und Westen. Graphik: KURIER

Straße direkt ins Stadtzentrum. Im Westen über Hütteldorf und Baumgarten zur Mariahilfer Straße, wo die russischen Truppen am Gürtel auf den ersten massiven Widerstand stießen. Im Nordwesten erfolgte der Angriff über Klosterneuburg, den Kahlenberg und Heiligenstadt Richtung Zentrum, wodurch der Fluchtweg der Deutschen entlang der Donau nach Norden blockiert war. Etwas später, Mitte April, stieß ein russischer Keil, Wien im Nordosten umfassend, nach Korneuburg vor. Die noch weiter nordöstlich stehenden deutschen Truppen sollten dabei abgeschnitten werden. Damit waren die letzten deutschen Verteidigungsstellungen entlang der Donau unhaltbar geworden und noch weit nordöstlich (in Südmähren) stehende Einheiten isoliert.

In Wiener Neustadt wurde am 3. April 1945 die erste Stadtverwaltung durch den russischen Stadtkommandanten Major Sutschkow dem provisorischen Bürgermeister von Wiener Neustadt, Rudolf Wehrl, übertragen. In Wien wird unterdessen an allen Ecken und Enden spürbar, was am Vortag offiziell angekündigt worden war, nämlich daß die Stadt bis zum äußersten verteidigt werden sollte.

Joseph Goebbels, Reichspropagandaminister, inzwischen aber auch zum „Sonderbevollmächtigten" ernannt, notiert in sein Tagebuch: „Der Führer hat für die Verteidigung Wiens den bisher schärfsten Befehl im ganzen Krieg herausgegeben. Wer die Stellung verläßt, soll erschossen werden."

Der Zeitzeuge Hans Filek, damals 16, riskierte trotzdem die Desertion – nur um mit knapper Not dann den Russen zu entgehen: „Im März sollte ich zum Einsatz hinunter nach Budapest kommen und mich deshalb in der Milchgasse melden. ‚Leider' konnte ich nicht einrücken, denn sie hatten mein Stammblatt nicht gefunden. Da habe ich mich dann bei meiner jetzigen Frau im Keller versteckt, in einem Verschlag, damit mich die Wehrmacht nicht findet. Es sind ja damals viele erschossen worden. Wie dann die Russen gekommen sind, bin ich herausgekommen an diesem Tag, und da sind die Mongolen vor mir gestanden. Die haben mich gleich mitgenommen – ich habe ziemlich viele Kolbenhiebe abbekommen, weil ich meinen Wehrpaß im Sack gehabt habe, auf dem 1944 gestanden ist. Aha, ein SS-Mann, haben sie gedacht und haben mich mitgenommen, 2 Mann vorn, 3 Mann hinten mit der Maschi-

„Wer die Stellung verläßt, soll erschossen werden."

Joseph Goebbels über den Befehl Hitlers vom 3. April 1945

nenpistole und haben mich zum Sachsenplatz gebracht, zur Kommandantur. Dort bin ich eingesperrt, und am nächsten Tag verhört worden: Wie, was, wann, wo. Dann hab' ich geweint – ich war damals 16. Sie haben mich 2 Tage dort behalten. Auf der Gassen sind viele Tote gelegen, Geschütze, Panzer, alles mögliche. Mein Vater war eingerückt, ich hab' noch eine Schwester gehabt und einen zweijährigen Bruder. Da hat er gesagt: Geh' nach Hause, und ich bin gerannt wie der Nurmi. Zu Hause hab' ich mich versteckt in einem Kammerl und hab' mich vierzehn Tage nicht anschauen lassen. Es war mein Pech, daß ich die Uniform von Flakhelfern angehabt habe. Wenn ich zivile Kleidung gehabt hätte, wär' das nicht passiert".

Die Zeitzeugin Olga Jores in ihrem Tagebuch: „Wien hat ein neues Gesicht bekommen. Kolonnen von Frontwagen rollen durch die Stadt, überall streifen Militärpatrouillen. Barrikaden werden errichtet, Brücken zur Sprengung vorbereitet. Wien ist zur Festung erklärt worden, das heißt mit anderen Worten: Um jede Straße, jedes Haus ist gekämpft worden! Mit verbissener Miene und geballten Fäusten, zur äußersten Abwehr bereit, gehen die Wiener umher. Nun ist es den Weltbeglückern gelungen, die Kriegsbrandfackel in das Innere unseres Landes, ja bis in die Wienerstadt selbst zu tragen.

Ein Strom von Flüchtlingen mit ihrer armseligen Habe ergießt sich aus dem Burgenland in unsere Stadt, bringt die Nachricht mit. Die Russen stehen vor den Toren Wiens! Eine Schreckensnachricht für die Hitlerhorde, eine Freudenbotschaft für uns".

„Wir haben ungeheure Angst und Sorge, und doch kann sich keiner helfen."

Berta Nikl, Zeitzeugin in ihrem Tagebuch

Teilweise skurril sind die Vorbereitungen derer, die in die Schlacht um Wien ziehen. Zeitzeuge Robert Blauensteiner berichtet von einem Freund, dessen Fahrrad von der Hitler-Jugend, die Volkssturmkompanien zur Verteidigung von Wien aufstellte, beschlagnahmt wurde. Die offizielle Bescheinigung erläuterte: „Auf Grund des Reichsleitungsgesetzes wird Ihr Fahrrad für kriegswichtige Aufgaben beschlagnahmt. Nach Kriegsende erhalten Sie Ersatz durch das Deutsche Reich."

Bei der Lebensmittelversorgung treten die ersten Probleme auf. Am 3. April 1945 wird in Wien auch der Luftschutz aufgehoben. Die strategischen Bombenangriffe der Amerikaner haben aufgehört, es gibt noch Einzelangriffe russischer Kampfbomber. Für viele Wiener beginnt somit das ständige Leben im Keller. Sie werden dort bleiben, bis die russischen Truppen zu ihren Häusern vorgedrungen sind.

Ansonsten verharrt man in Wien und wartet auf die kommenden Dinge. Zeitzeugin Berta Nikl vermerkte an diesem Tag in ihren Aufzeichnungen: „Wir haben ungeheure Angst und Sorge. Und doch kann sich keiner helfen und nur die anderen trösten, und sich selber und den anderen Mut machen."

Zeitzeuge Karl Pischl erinnert sich an die Ereignisse im westlichen Vorort Hadersdorf: „Dann kam Totenkopf SS und eine große Menge Leute wurde am Hauptplatz zusammengetrieben. Ein SSler erklärte, wir müßten fliehen, da die Russen kommen würden, die Frauen vergewaltigen und die Männer und Kinder erstechen. Es herrschte aber schon offener Aufruhr gegen die Deutschen. Denn aus dem Hintergrund brüllte man die SS nieder: ‚Gesindel! So habt ihr euch in Rußland aufgeführt!' Die SS wagte nicht mehr, etwas zu unternehmen. Sie verschwanden. Später habe ich dann erfahren, daß es tatsächlich so war. In Bamberg hat mir ein Herr Burkhart sein Kriegstagebuch gezeigt. Da waren Bäume voll gehängter russischer Soldaten. Darunter stand: Gehängte Banditen".

Inzwischen traf Karl Renner beim sowjetischen Ortskommandanten von Gloggnitz ein, doch der ranghöchste Offizier war noch im Bett. Schließlich wurde er zum Hauptquartier der 9. Garde-Armee in Hochwolkersdorf in der Buckligen Welt gebracht. Dort beklagte er sich über die Disziplinlosigkeit der russischen Soldaten, lenkte dann aber auch das Gespräch auf die Wiedererrichtung Österreichs.

Renners Anwesenheit wird sogleich dem Hauptquartier der 3. Ukrainischen Front (= Armeegruppe) weitergemeldet, denn diese hatte bereits von Stalin den Auftrag, Renner zu suchen.

4. April 1945

Renner verhandelt mit Sowjets

Die unglaubliche „Auferstehung“ eines fast Vergessenen

Der Vater der Zweiten Republik, Dr. Karl Renner. KURIER-Archiv

„Karl Renner, dieser ‚Mann für alle Jahreszeiten‘. . .“

Walter Rauscher: „Renner, ein österreichischer Mythos“, Wien 1995

„Für die Zweite Republik konnte es kaum eine geeignetere Galionsfigur geben.“

Manfried Rauchensteiner, „Der Sonderfall“, Wien 1979

Das (renovierte) Haus der Familie Renner in Gloggnitz, NÖ. Baldauf

Renner trifft am Vorabend in Hochwolkersdorf ein und tritt in Kontakt mit hochrangigen sowjetischen Militärs. Marschall Fedor Tolbuchin erläßt den Aufruf „An die Bevölkerung Wiens", in dem es unter anderem heißt: „Die Stunde der Befreiung Österreichs vom deutschen Joch ist da. Die Rote Armee kam nach Österreich nicht als Eroberungsarmee, sondern als Befreiungsarmee."

„Die große geschichtliche Tat des Wiederzusammenschlusses der deutschen Nation."

Karl Renner am 3. April 1938

Die russischen Truppen erreichen an diesem Tag Mödling, das damals zu „Groß-Wien" gehörte. Marschall Fedor Tolbuchin erläßt einen Aufruf: „Die Stunde der Befreiung Österreichs vom deutschen Joch ist da. Die Rote Armee kam nach Österreich nicht als Eroberungsarmee, sondern als Befreiungsarmee. Sie steht auf dem Boden der Moskauer Deklaration der verbündeten Mächte vom Oktober 1943 über die Unabhängigkeit Österreichs."

Daß ein unabhängiges Österreich wiedererstehen sollte, darauf hatten sich die Alliierten schon 1943 in Moskau geeinigt. Wie es konkret aussehen sollte, darüber herrschten wenig klare Vorstellungen.

Aber auch wer das neue Österreich vertreten sollte, darüber herrschte Unklarheit. Die österreichische Widerstandsbewegung O5 (OEsterreich), zu der neben den konservativen, zum Teil auch monarchistischen Kräften auch die Sozialdemokratie in Gestalt des späteren Vizekanzlers und Bundespräsidenten Adolf Schärf gestoßen war, hatte durch Ernst Lemberger und den jungen Fritz Molden, Sohn der späteren Dichterin der Bundeshymne, Paula von Preradovic, Kontakt mit dem amerikanischen Geheimdienst in der Schweiz aufgenommen.

Doch die militärische Planung der Amerikaner zielte nicht auf einen raschen Einmarsch in Österreich oder gar Wien. Das überließ man den Sowjets.

Und nun fanden sie einander: der Mann, der – gegen alle Wahrscheinlichkeit – von sich selbst glaubte, daß er bei der Wiedererrichtung Österreichs eine führende Rolle spielen könnte; und die sowjetischen Eroberer, die auf Geheiß ihres Alleinherrschers Stalin genau jenen Mann suchen sollten.

Dieser Mann war Karl Renner, 75 Jahre alt, ein Mann von gestern, eigentlich diskreditiert. Renner war von typisch österreichischer Ambivalenz. Ein Sozialdemokrat mit bürgerlichem Habitus und einer geheimen Habsburg-Nostalgie. Ein österreichischer Patriot, der in den zwanziger und dreißiger Jahren den Anschluß an Deutschland ersehnte (das er sich allerdings sozialdemokratisch träumte). Hochgebildet, ungemein eloquent, aber oft von unerträglichem Pathos. Gerissen, voll taktischer Schläue, in der Beurteilung von Dingen, die außerhalb seiner Erfahrungswelt lagen – etwa den angelsächsischen Demokratien – ausgesprochen realitätsfremd, illusorisch. Anpaßlerisch, ein Rohr im Wind, aber fähig, den Mantel der Geschichte im einzig richtigen Moment am Zipfel zu packen.

Renner war schon in der Monarchie Spitzenpolitiker gewesen und hatte – als Sozialdemokrat – ein Konzept zu ihrer Rettung aus dem Nationalitätenstreit entworfen. Bei Ende des Ersten Weltkrieges 1918/19 war er Leiter der Delegation, die in St. Germain das Ende der Monarchie unterzeichnen mußte und erster Staatskanzler der Republik Österreich, die er am liebsten sofort an Deutschland angeschlossen hätte (was die Sieger verboten). 1938, nach vollzogenem „Anschluß", bot er sich dann in einer monumentalen Fehleinschätzung und mit fürchterlichem Bombast – „die große geschichtliche Tat des Wiederzusammenschlusses der deutschen Nation" – den Nazis an, medienwirksam für ein „Ja" bei der (Schein-)Volksabstimmung über den Anschluß einzutreten.

Unter der Nazi-Herrschaft führte er ein wenig beachtetes, aber auch wenig behelligtes Leben in seinem Haus in Gloggnitz, fuhr jeden Donnerstag zum Tarockspielen nach Wien ins Kaffeehaus,

an denen auch der spätere Innenminister Oskar Helmer teilnahm. Konspirative Kontakte wird man das nicht nennen dürfen. Aber er hielt sich bereit.
Und er spielte eine Rolle in den Plänen der anderen. Stalin diskutierte am 30. oder 31. März in der „Stawka", dem obersten sowjetischen Führungsorgan, wer in Österreich eine Verwaltung aufbauen könne. Die Widerstandsbewegung O5 kam wegen ihrer West-Orientierung nicht in Frage. Stalin soll gefragt haben: „Lebt der alte Fuchs noch?" Jedenfalls erhielten die 2. und 3. Ukrainische Front (=Heeresgruppe) den Auftrag, Renner zu suchen.
Stalin kannte Renner als zwar „rechten", aber pragmatischen Sozialdemokraten, er wußte auch von dessen fatalem Anschluß-„Ja", und er hielt ihn wahrscheinlich auch deshalb für ein brauchbares Instrument. Er hatte da aber Renners Schläue unterschätzt.
Renner wiederum marschierte – nach Angaben des Zeitzeugen Zampach, der für ihn dolmetschen sollte – bereits in der Absicht zu den Russen, sich als Wiedererrichter Österreichs anzubieten.
„Ganz gewiß aber täuschten sich diejenigen, die sich Renner bereits als senilen Greis vorstellten. Er war alles andere! Für die 2. Österreichischen Republik konnte es kaum eine geeignetere Galionsfigur geben als jenen Mann, der die 1. Republik mitbegründet hatte" (Manfried Rauchensteiner, „Der Sonderfall", Wien 1979, Styria Verlag).
So konnte Renner in Hochwolkersdorf dann am 5. April Generaloberst Alexej Scheltow überzeugen, daß er der Mann sei, „das Werk der Befreiung vom Faschismus in Angriff zu nehmen".
Der alte Taktiker lehnte aber ab, seine Vorstellungen in einer Denkschrift niederzulegen, weil er nicht sozusagen im Auftrag der Roten Armee agieren wollte. Er versprach aber, seine Pläne und Aufrufe zur Einsicht vorzulegen.
Dies ist das Muster, in dem Renner auch später mit den Sowjets verfuhr. Er erkannte an – zum Teil in geradezu peinlicher Unterwürfigkeit –, daß sie nun die neuen totalen Herren waren, konnte sich aber einer totalen Vereinnahmung immer wieder geschickt entziehen.
Renner – noch immer ohne jeden Kontakt zu anderen österreichischen Politikern – setzte sich nun hin (auf Schloß Eichbühel) und entwarf Regierungspläne. Er sah sich als Vater der „Zweiten Republik" (dieser Begriff wurde damals von ihm geprägt). Sein unglaubliches Sendungsbewußtsein gab ihm die Kraft dazu.
Aber noch war ja nicht einmal Wien erobert. Österreichische Widerstandsgruppen in der Deutschen Wehrmacht versuchten, durch ein Abkommen mit den Sowjets die Einnahme der Stadt zu erleichtern und möglichst Verluste und Zerstörungen zu vermeiden.
In der Stadt selbst hatte sich inzwischen die Nonchalance der Wiener schlagartig geändert (Tagebuch Erwin Chvojka): „Nachdem gestern angeschlagen worden war, daß Wien zum Verteidigungsbezirk erklärt worden sei, und Frauen und Kindern empfohlen werde, die Stadt zu verlassen, änderte sich schlagartig das Straßenbild. Frauen mit Koffern und Rucksäcken eilen durch die Straßen. Volkssturm geht ab und an den Brükken werden Schützenlöcher gegraben. Das Kommando hat SS-Oberst Gruppenführer Sepp Dietrich über. Feindflugzeuge öfters über der Stadt. Gestern fünfmal Voralarm, Bombenwürfe des Nachts auf südliche Bezirke ohne Warnung. Bordwaffenfeuer bei Tag. Laut Wehrmachtsbericht: Russen über Baden bis südlich von Wien vorgestoßen. Nachts Brandschein und Aufblitzen am Himmel. Laut Gerüchten, russische Vorstöße bis Himberg und Neu-Erlaa. Tags Geschützdonner an der Arbeitsstätte (das war in der Nähe der Schmelz, man hat ihn schon vom Wiental herübergehört) wo alles seinen gewohnten Gang geht. Man kann die Nähe der Front, die durch den 23., 24. und 25. Bezirk läuft, gar nicht glauben. (Damals hat es 26. Bezirke gegeben – Anm.) Wegen nächtlichem Bombenwurf ohne Alarm und Beschußgefahr, schliefen wir gestern in Kleidern, ab heute, 4. April, im Keller".

„Volkssturm geht ab und an den Brücken werden Schützenlöcher gegraben"

Zeitzeuge Erwin Chvojka

Oskar Werners panische Flucht

5. April 1945

Der junge Schauspieler mit seiner Familie zwischen den Fronten

„Wissen Sie, was es heißt, 1½ Tage jede Stunde auf den Tod zu warten?"

Oskar Werner in einem bisher unveröffentlichten Brief

Oskar Werner in deutscher Uniform in dem Film „Entscheidung im Morgengrauen". Keystone-Bilddokumentation Hamburg

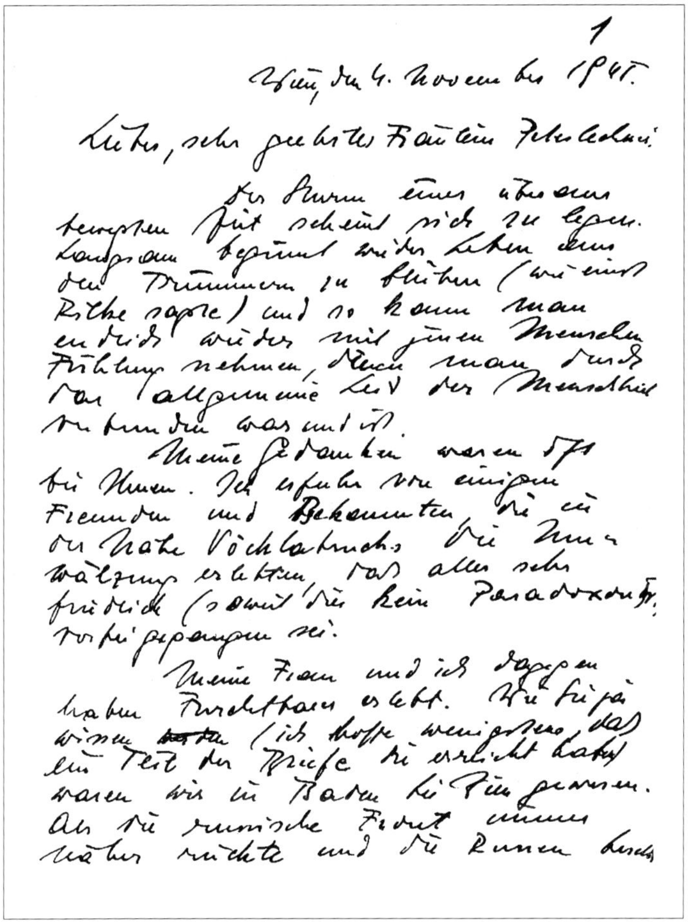

1

Wien, den 4. November 1945.

Liebes, sehr geehrtes Fräulein [illegible]!

Der Sturm einer überaus bewegten Zeit scheint sich zu legen. Langsam beginnt wieder Leben aus den Trümmern zu blühen (wie einst Rilke sagte) und so kann man endlich wieder mit jenen Menschen Fühlung nehmen, denen man durch das allgemeine Leid der Menschheit verbunden war und ist.

Meine Gedanken waren oft bei Ihnen. Ich erfuhr von einigen Freunden und Bekannten, die in der Nähe Vöcklabrucks die Umwälzung erlebten, daß alles sehr friedlich (soweit dies kein Paradoxon ist) vorbeigegangen sei.

Meine Frau und ich dagegen haben Furchtbares erlebt. Wie Sie ja wissen ~~[illegible]~~ (ich hoffe wenigstens, daß ein Teil der Briefe Sie erreicht hat) waren wir in Baden bei Wien gewesen. Als die russische Front immer näher rückte und die Russen bereits

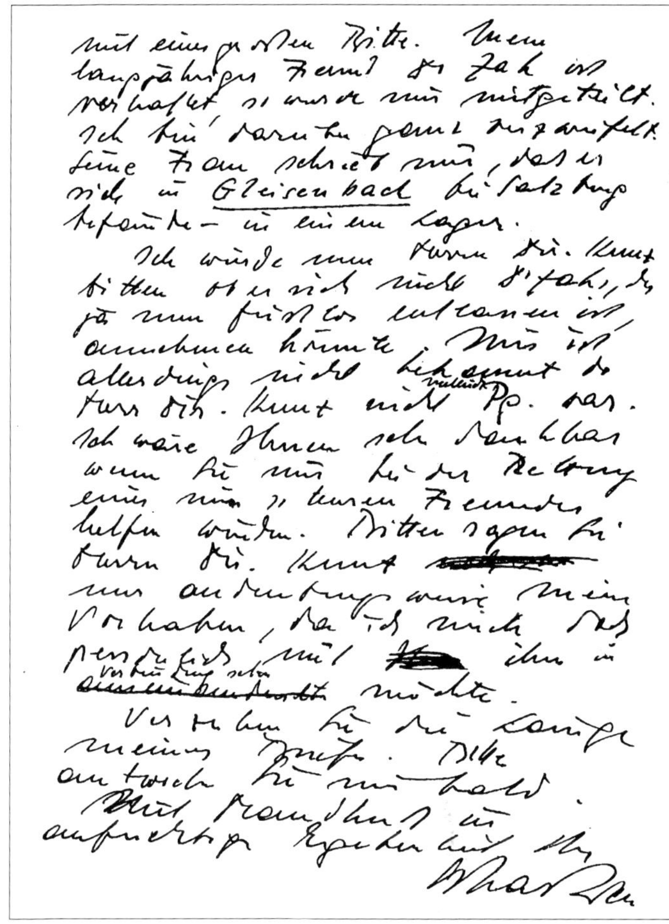

mit einer großen Bitte. Mein langjähriger Freund [illegible] ist verhaftet, so wurde mir mitgeteilt. Ich bin darüber ganz verzweifelt. Seine Frau schreibt mir, daß er sich in Glasenbach bei Salzburg befände – in einem Lager.

Ich würde nun Herrn Dir. Kunz bitten ob er sich nicht [illegible], da er nun [illegible] entkommen ist, annehmen könnte. Mir ist allerdings nicht bekannt, ob Herr Dir. Kunz nicht vielleicht Pg. war. Ich wäre Ihnen sehr dankbar wenn Sie mir bei der Rettung eines mir so lieben Freundes helfen würden. Bitte sagen Sie Herrn Dir. Kunz ~~[illegible]~~ nur andeutungsweise mein Vorhaben, da ich nicht daß [illegible] mit ~~[illegible]~~ ihm in ~~[illegible]~~ Verbindung setzen möchte.

Verzeihen Sie die Länge meines Briefes. Bitte antworten Sie mir bald.

Mit Dankbarkeit und aufrichtiger Ergebenheit Ihr

Oskar Werner

Faksimile des Briefes vom 4. 11. 1945. Privatbesitz

In der Nacht vom 5. auf den 6. beschließt Major Carl Szokoll, den „Radetzky"-Plan auszulösen, der die Kämpfe um Wien abkürzen soll. Renner einigt sich mit den Sowjets, eine provisorische Regierung zu bilden. Russische Truppen erreichen im Süden den Wiener Stadtteil Neu-Erlaa. Auch im Westen erreichen die Russen die Grenze des Verteidigungsbereiches Wien.

Im Westen Wiens passieren die sowjetischen Verbände Preßbaum und erreichen die 2. Wiener Hochquellenleitung. Auf Ersuchen der österreichischen Widerstandsbewegung wird diese von den Sowjets nicht gesprengt. Major Szokolls Plan zur kampflosen Übergabe Wiens wurde aber verraten.

Zeuge und Betroffener des russischen Vormarsches der Russen vom südlichen hinüber in den westlichen Wienerwald war auch der junge Burgschauspieler Oskar Werner, der mit seiner Frau Elisabeth Kallina und ihrem Kleinkind panisch vor den Russen aus Baden flüchtete.

Der KURIER druckte in der Serie, auf der dieses Buch basiert, erstmals einen Brief Werners ab (zur Verfügung gestellt von dem bekannten Dirigenten Paul Angerer), in dem er – im November 1945 – seine Erlebnisse in jenen Apriltagen schildert:

„Meine Frau und ich haben Furchtbares erlebt. Wie sie ja wissen (ich hoffe wenigstens, daß ein Teil der Briefe sie erreicht hat) waren wir in Baden bei Wien gewesen. Als die russische Front immer näher reiste, und die Russen bereits vor Baden standen, wurde die Stadt zweimal in rollendem Einsatz bombardiert. Das Haus, in dem wir wohnten, hatte keinen Luftschutzkeller, so haben wir im Souterrain, eng umschlungen, unser Kind in der Mitte das Ende erwartet. Nach diesem grauenhaften Erlebnis, ist die gesamte Badener Bevölkerung in die Wälder geflüchtet um dort zu übernachten. In Baden konnten wir nicht mehr bleiben. So sind wir in der Nacht von Montag auf Dienstag, in der auch noch zahllose Bomben fielen, aus Baden geflohen. Um zwei Uhr früh, haben wir unser Kind in einem Waschkorb gelegt, daß notwendigste an Proviant (besonders für das Kind) in einen Rucksack getan und dann zu Fuß losgezogen – und wußten nicht wohin. Den Weg der Bahn entlang, um vielleicht nach Wien zu kommen war nicht mehr möglich gewesen, da die Russen in Guntramsdorf schon eingebrochen waren. Es blieb uns nur mehr der Weg über Gaaden durch die Einöde. Mehr als 1000 Todesmöglichkeiten haben wir auf unserem Weg überlebt. Doch die schützende Hand Gottes war bei uns gewesen. Am furchtbarsten war das Fehlen der Entschlußkraft. Man konnte nicht mehr entscheiden. Man war verurteilt, gefangen. Ich kam mir wie ein schwerverwundetes Tier vor. Ich besaß keine Kraft mehr und mußte doch meine Frau und mein Kind schützen. Also weiter. Die Front war sieben Kilometer hinter uns. Fliehende SS ist uns vorgefahren, herzlos, ohne unsere ringenden Hände zu beachten. Wir waren zu Fuß, ein 8½ Monate altes Baby im Wäschekorb und um uns pfiffen die Granaten.

Vollkommen erschöpft machten wir in der Hinterbrühl Rast bei einem Freund. Wir wollten sogar anfänglich bleiben. Doch wir waren ratlos. Das Haus in dem wir waren, war ohne Keller. Die ganze Hinterbrühl war Aufmarschgebiet der deutschen Einsatztruppen. Ein paar Bombenteppiche und die Verteidigung wäre restlos zerschlagen gewesen. Ich hielt es nicht mehr aus. Wir mußten weiter! Aber wohin. In die Stadt, die zur Festung erklärt wurde, konnte wir nicht mehr – es wäre auch Wahnsinn gewesen mit unserem 8½ Monate alten Kind. Wieder vor der grauenhaften Entscheidung: Wie richtig handeln. Von der Hinterbrühl nach Mödling konnten wir nicht mehr, weil Mödling schon unter russischen Artilleriefeuer lag. Flüchtlingskolonnen kamen schon in der Hinterbrühl an. Die Front von Gaaden Richtung Hinterbrühl kam immer näher. Wir waren schon fast eingeschlossen. Für einen Mann alleine fast zuviel – doch erst mit Frau und Kind. Einem Säugling, der noch alle vier Stunden seine warme Mahlzeit brauchte und noch nichts Kaltes essen konnte. Wir mußten weg. Am Mittwoch den 4. 4. sind wir morgens durch die Wälder Richtung Maria Enzersdorf. Aus Wien erreichte uns die Nachricht, durch den Drahtfunk, daß es keinen Alarm mehr gibt, weil Wien bereits Kampfgebiet sei. In Wien fielen bereits wahllos die Bomben. Wohin, wohin!

Wir konnten doch mit dem Kind nicht in die Festung. Breslau und Budapest war dräuend wie ein grausiges Phantom und gleichzeitig warnend.

„Mehr als 1.000 Todesmöglichkeiten haben wir auf unserem Weg erlebt. Ich kam mir wie ein schwerverwundetes Tier vor.“

Oskar Werner über seine Flucht zwischen den deutschen und russischen Linien

In Weidlingau-Hadersdorf hatte ich eine Tante, die ein Weekendhaus außerhalb des Ortes besaß. Dorthin also! Auf der Route, die wir eingeschlagen haben, sind knapp vor uns Bomben gefallen und knapp nach uns. Wir kamen hier müde und vollkommen erschöpft in Hadersdorf an. Doch die Rast war kurz. Am Donnerstag, den 5. 4., waren die Russen in Purkersdorf eingebrochen und drängten nach Weidlingau zu. Nun erlebten wir die grauenhaftesten Tage unseres Lebens. Knapp hinter uns war die Knödelhütten-Flak in Stellung. Und nun begann ein Artillerieduell, das pausenlos wie ein Maschinengewehrfeuer donnerte und das wir 1½ Tage mitmachten, vollkommen preisgegeben (in einem Holzhaus ohne Keller). Die Deutschen schossen nach Purkersdorf und die Russen zurück auf die Flakstellungen.

Wissen Sie, was das heißt, 1½ Tage jede Stunde auf den Tod warten? Rund herum kommen die Einschläge immer näher. Einmal vor das Haus, einmal hinter das Haus. Die Russen waren schon in Weidlingau eingebrochen und wieder zurück geworfen worden. Unsere Kräfte waren am Ende. Wir träumten nur mehr vom sicheren Luftschutzkeller des Hochhauses.

Wieder vor der Entscheidung! Wir konnten in Weidlingau nicht bleiben. Es waren die grauenhaftesten Augenblicke für mich, da ich doch die Verantwortung trug. Auf dem Fußweg von Weidlingau nach Wien waren ungezählte Todesmöglichkeiten. Ja, wenn es nur zwei Menschen gegeben hätte: Entweder alle heil durchkommen oder ein gemeinsamer Tod durch einen Volltreffer, hätte es kein Zögern mehr gegeben. Aber wenn es das Kind alleine trifft, wäre meine Frau auf dem Wege wahnsinnig geworden. Wenn ich fallen sollte, ist meine Frau mit dem Kind alleine dem Inferno preisgegeben. Für meine Frau – es wäre nicht auszudenken gewesen. Solche Gedanken jagten durch das Hirn. Wir gingen, obwohl die Stadt schon lange unter Artilleriefeuer lag. Doch die schützende Hand Gottes hat uns auch da bewahrt. Rund um uns Einschläge. Mit unserem Kind am Arm konnte man doch nicht Deckung nehmen. Später erfuhren wir, daß die Villa in Baden vollkommen niedergebrannt ist und daß das Holzhaus in Weidlingau, nachdem wir weg waren, einen Volltreffer erhielt.

Wir sind alle heil durchgekommen und stecken tief in künstlerischer Arbeit. Ich spiele täglich (seit der Eröffnung schon 185 Vorstellungen), habe täglich Proben, oft Radio-Vortragsabende“.

6. April 1945

Die Schlacht um Wien beginnt

Der Plan des Widerstands wird verraten

Russische Truppen warten in ihren Bereitstellungen auf den Angriffsbefehl. Institut für Zeitgeschichte, Wien

„Von der SS werden in den letzten Tagen noch 1721 Zivilpersonen ermordet."

Gerhard Jagschitz, Historiker, Institut für Zeitgeschichte, Wien

„Man kann nicht mehr ausgehen, es ist schon zu gefährlich, es kracht überall."

Berta Nikl, Zeitzeugin aus Wien

Beginn des zweiten, entscheidenden russischen Generalangriffes aus dem Raum südlich von Wien. Der Widerständler Major Karl Biedermann wird verhaftet, der „Radetzky"-Plan des Widerstandes ist damit gescheitert. In der Strafanstalt Stein werden 368, zumeist politische Häftlinge ermordet. Die westlichen Bezirke Wiens werden von den Russen besetzt.

Die Schlacht um Wien beginnt. Am 6. April erreichen die sowjetischen Truppen im Zuge eines Umgehungsmanövers auch die westlichen Bezirke Wiens und überschreiten die Stadtgrenze. Die drei Jagdflugzeuge, die über Wien die mit der Widerstandsgruppe um Major Szokoll verabredeten roten Signalraketen abschießen, erhalten keine Reaktion – denn der Plan war ja verraten worden.
Bereits am 5. 4. hatten die Russen Wien auf breiter Front erreicht. Somit war der Zeitpunkt gekommen, an dem die österreichischen Widerstandskämpfer um Major Carl Szokoll aktiv werden sollten. Ferdinand Käs hatte dies am 2. April mit den Russen in Hochwolkersdorf vereinbart.

Durchhalteparolen sind überall affichiert. Otto R. Croy

„Und wenn wir um den letzten Ziegelstein kämpfen müssen . . .“

Zeitzeugin Ilse Schrott

Der „Radetzky-Plan“ wurde ausgerufen. Dieser sah vor, daß die Kampftruppen der Widerständler die öffentlichen Gebäude, Post, Telefon, Bahn usw. besetzen und die Zerstörung und Sprengung der Lebensnerven der Stadt, vor allem der Brükken, verhindern sollten. Dann sollte über Radio Wien die Wiedergeburt Österreichs ausgerufen werden, der Festungskommandant gefangengenommen und zur Übergabe der Stadt gezwungen werden.

Dazu kam es aber nicht. Major Karl Biedermann – er hätte den Radiosender am Bisamberg in Besitz nehmen sollen – wurde bei einem Telefonat von einem noch immer regimebegeisterten Leutnant belauscht. Der Plan von der kampflosen Übergabe Wiens mußte somit in letzter Sekunde fallengelassen werden. Denn Major Karl Biedermann wurde verhaftet, gefoltert und – nachdem man ihm den Plan abgepreßt hatte – drei Tage später, am 8. April 1945, gemeinsam mit zwei anderen Mitverschwörern Am Spitz in Floridsdorf öffentlich gehängt. Major Szokoll gelang es, unterzutauchen. So blieb auch bis heute offen, ob Szokoll überhaupt genügend Leute für seine Aktionen zum Mitmachen bewegen hätte können.

Ein tragisches Ereignis , das sich schon am 5. April am I. Chemischen Institut zugetragen hatte, illustriert die herrschende Verblendung. Zwei Assistenten am Institut, Kurt Horeischy und Hans Vollmar, die der Widerstandsgruppe „Tomsk“ angehörten, wollten die befohlene Zerstörung eines Elektronenmikroskops verhindern. Beide waren bewaffnet. Ihnen trat, ebenfalls bewaffnet, der deutsche Professor Jörn Lange entgegen. Nachdem man sich eine Zeitlang mit gezogenen Pistolen angeschrien hatte, schien sich die Sache zu beruhigen. Der Professor schoß jedoch plötzlich beide Assistenten nieder. Nach dem Krieg zum Tode verurteilt, beging er im Gefängnis Selbstmord. Doch auch der Nazi Lange wußte, daß im Keller des Instituts Regimegegner versteckt waren, hatte aber nichts verraten. Vor Gericht sagte er, er habe geschossen, weil er seine Pflicht tun wollte.

In Wien herrscht unterdessen eine Mischung aus Kampfvorbereitung, Flucht und Angst. Die Zeitzeugin Ilse Schrott berichtet: „Auf den Straßen marschieren geschlossene Kampfeinheiten. Sehr junge Soldaten mit bleichen Gesichtern und schmutzigen Uniformen. Alte Heimatsturmmänner, die nicht mehr richtig laufen können. Rot-Kreuz-Kolonnen mit Verwundetentransporten, Flüchtlingskolonnen, die aus dem Ungarischen kommen, die Wagen hochgepackt und Ochsen und Kühe davor gespannt.

Von erhöhten Punkten der Stadt aus sieht man den Himmel über Simmering und der Südbahnlinie rot leuchten und schwere Rauchschwaden über bestimmten Teilen der Stadt lagern. Ich bin aufgeregt, fühle mich wie im Fieber und es gelingt mir nicht, auch nur einen klaren Gedanken zu fassen.

Auf der Kärntnerstraße geht es turbulent zu. Graue Kolonnen marschieren vorbei, Kommandorufe ertönen, Fuhrwerke, Panzer und Geschütze rollen vorbei. Einzelne Soldaten rennen über den Gehsteig. Bomben fallen, Granatsplitter wirbeln durch die Luft und die Soldaten verschwinden wie Geisterspuk von der Gasse ... Der Soldat blickt verwundert auf. ‚Mit Wien? Ja, das wird schon gehalten werden. Sepp Dietrich ist doch hier. Und wenn wir um den letzten Ziegelstein kämpfen müßten. Wir lassen doch die Russen nicht nach Wien herein.‘“

Doch bei weitem nicht alle hatten Lust zum

Der „Plan Radetzky“ des österreichischen Patrioten in Wehrmachtsuniform, Major im Generalstab, Karl Szokoll (hier mit Frau), sollte eine möglichst kampflose Übergabe erreichen. KURIER-Archiv

Kampf bis zum letzten Ziegelstein. Der Zeitzeuge Ernst Andreas: „Am frühen Morgen faßte ich endgültig den Entschluß zu desertieren. Viele Wiener Soldaten desertierten ebenfalls. Die Soldaten, die nicht rechtzeitig geflüchtet waren, sollen von den beiden deutschen Offizieren durch Wien getrieben worden sein, damit sie nicht desertieren können. Alle sollen später in Niederösterreich in Gefangenschaft geraten sein. Der „Kampfkommandant der Inneren Stadt“ scheint sich aber auch rechtzeitig von seinen Truppen entfernt zu haben. Ich traf ihn einige Wochen später in Gersthof, wo er als Sparkassenbeamter in Zivil zu Hause war. Wir sahen aneinander vorbei, als würden wir uns nicht kennen.

Zunächst war ich als Deserteur bei einer Partei im Hause, und zwar bei einem sozialistischen Straßenbahner, versteckt. Es gelang den Nationalsozialisten auch nicht mehr, den Volkssturm zu mobilisieren, weil die meisten der Einberufung einfach nicht Folge leisteten“.

Die Verteidigung Wiens war nur unzureichend. „Wir spüren das Engerwerden des Belagerungsgürtels in allen Knochen“, schreibt ein späterer Ministerialrat in seinem Tagebuch. „Der Eisenbahnverkehr ist eingestellt, die Straßenbahn verkehrt nicht mehr. Die Post hat den Zustelldienst eingestellt, die Zeitungen erscheinen nicht mehr. Die letzten wenigen aufrechten Telephonverbindungen funktionieren nicht mehr, selbst das Polizeitelephon ist tot.“ Und die Zeitzeugin Berta Nikl schrieb damals: „Nun kann man nicht mehr ausgehen, es ist schon zu gefährlich. Es kracht und dröhnt von allen Seiten.“

Albin Allan, ein bekannter Kartenkünstler, später Vizepräsident der Artistengewerkschaft im ÖGB, trug in sein Tagebuch die beginnende Anarchie ein: „Es herrschten bereits chaotische Zustände. Die meisten Geschäfte waren geschlossen. Ich wollte mir Lebensmittelmarken holen, doch hatten sich die Beamten bereits abgesetzt. Nachbarn erzählten mir, daß die Lagerhäuser im Nordbahnhof frei gegeben werden. Ich eilte hin, es balgten sich dort eine ganze Menge Leute um

„Am frühen Morgen faßte ich endgültig den Beschluß, zu desertieren.“

Zeitzeuge Ernst Andreas

Gefürchtet: Straßenkämpfe nach Budapester Vorbild in den Ruinen von Wien. KURIER-Archiv

Lebensmittel. Ich konnte einige Kilo Mehl und Erbsen ergattern. Dann hieß es wieder, daß das Lagerhaus der SS in der Freilagergasse liquidiert wird. Ich begab mich dorthin. Es kamen mir Leute, die halbe Schweine trugen, entgegen.
In die Wohnungen konnte man nicht mehr, da das Haus unter Beschuß stand. Auf den Dächern saßen SS-Männer, die auf alles, was sich zeigte, schossen. Einer meiner Nachbarn erhielt einen Streifschuß. Wir hielten in einem Kellerabteil einen Mittelschulprofessor versteckt, er war nämlich zum Volkssturmkommandanten ernannt worden. Diese Vorsichtsmaßnahme war notwendig, da im Haus einige fanatische Nazi wohnte, die noch an einen „Endsieg" glaubten. Auf diese Art und Weise hausten wir mehr als 10 Tage.
Die meisten Geschäfte plünderten unsere Mitbürger, was sie nicht brauchen konnten, wurde zertrampelt. Wasser mußten wir in Kannen aus einem Brunnen, der sich im Hof eines Hauses in der Praterstraße befand, schöpfen. Licht gab es nicht, ebenso kein Gas. Heizmaterial zum Kochen holte ich jeden Tag meist zeitig in der Früh aus der Hauptallee. Dort lagen zertrümmerte Barackenteile herum und die Bretter lieferten ein lustiges Feuer".
Die Feuerschutzpolizei erhält an diesem Tag den Befehl, Wien unter Mitnahme ihres gesamten Gerätes in Richtung Korneuburg zu verlassen. Das an allen Ecken und Enden brennende Wien ist nun so gut wie ohne funktionierende Feuerwehr – und das war Absicht, eine Art Bestrafung für die wenig heldenmütigen Wiener. Nur einige beherzte Männer, die sich dem Abzugsbefehl widersetzen, bleiben zurück und können „bei mehreren Bränden, die in der Inneren Stadt auf Grund der Kampfhandlungen entstanden waren, erfolgreich eingreifen", wie sich der Branddirektor und spätere legendäre Polizeipräsident Josef Holaubek erinnert.
An diesem 6. 4. 1945 ereignete sich aber auch das Massaker in der Strafanstalt Stein, das die letzte Greueltat des NS-Regimes auf österreichischem Boden war. In Stein a. d. Donau befanden sich

im April 1945 noch mehrere hundert politische Häftlinge, die nun hoffen konnten, das Ende des Regimes zu überstehen. Doch SS, SA, Wehrmacht und Volkssturm und einige Aufseher machten noch 386 wehrlose Häftlinge nieder. „Hitlerjungen in schulpflichtigem Alter stapften in den Blutlachen umher und machten einzelnen Verwundeten durch ‚Gnadenschüsse' den Garaus" (aus dem Prozeßbericht nach dem Krieg).

Insgesamt geht der bekannte Zeithistoriker Gerhard Jagschitz davon aus, daß 42.598 Konzentrationslager-Häftlinge, 1.584 Fremdarbeiter und 11.268 Kriegsgefangene ermordet und daß 1.721 Zivilpersonen von der SS noch in den letzten Kriegstagen erschossen wurden.

Mehr Glück hatte der ÖVP-Politiker und spätere Kanzler Leopold Figl, der als politischer Häftling schon in der Todeszelle des „Grauen Hauses" saß. Ernst Trost beschreibt ihn in seinem Buch „Figl von Österreich" als ewigen Optimisten, was nicht selbstverständlich war, „... als er, am 6. April, kahlgeschoren und ausgemergelt, aber als ein freier Mann das Graue Haus verließ und sich aufmachte, am Kriegsschauplatz Wien Österreich zu suchen".

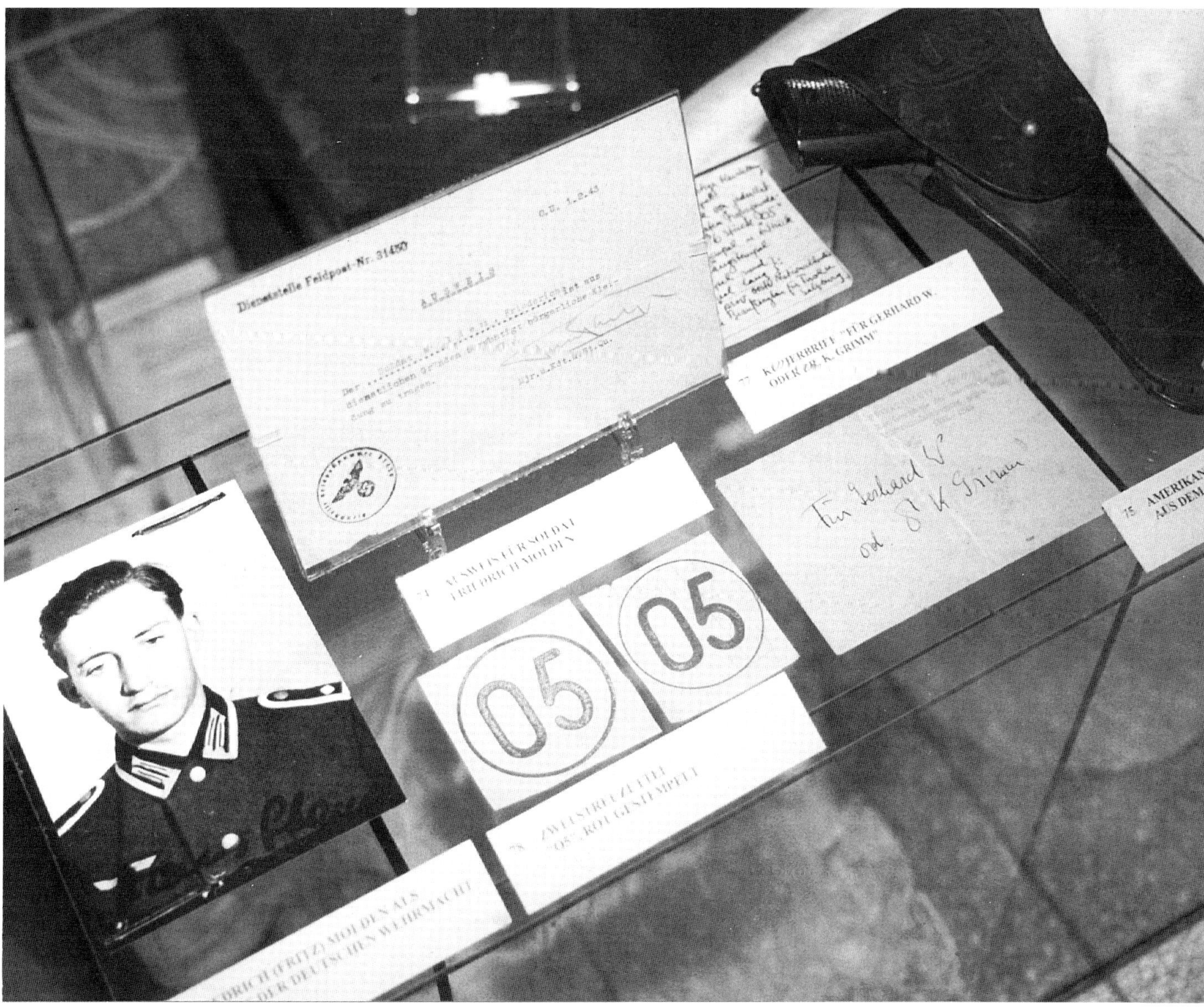

Fritz Molden nahm im Auftrag der österreichischen Widerstandsbewegung „05" Kontakt mit den Amerikanern auf. Hier Dokumente und seine US-Pistole im Heeresgeschichtlichen Museum. Sokol / KURIER-Fotoredaktion

In letzter Minute wurde noch eine SS-Panzer-Eliteeinheit nach Wien herangeführt.

Heeresgeschichtliches Museum, Wien

Erste Begegnung mit den Russen

7. April 1945

Zwischen Furcht und Neugier

„Mit ihrem wilden Aussehen jagen sie (die Russen – Anm.) uns nur Furcht ein.“

Zeitzeugin Berta Nikl

Die Russen stürmten unaufhaltsam immer weiter voran. Am 7. April standen sie im Süden von Wien bereits am Südbahnhof. Im Westen hatten die Russen auch den zweiten großen Bahnhof der Stadt, den Westbahnhof, erreicht.

Heeresgeschichtliches Museum, Wien / APN

128 Liberators und Flying Fortresses greifen Innsbruck, St. Veit an der Glan und Klagenfurt an, aus Innsbruck werden schwere Schäden in Wohnvierteln gemeldet. In Wien erreichen die sowjetischen Truppen den Gürtel. Hitler befiehlt die Sprengung aller Donaubrücken. Die „Kleine Wiener Kriegszeitung“ erscheint das letztemal.

Die Schlacht um Wien ist in vollem Gange, die russischen Truppen dringen immer weiter in die Stadt vor. Im Süden der Stadt besetzen sie den Stadtteil Favoriten und gelangen bis zum Matzleinsdorfer Platz, dem Wiedner Gürtel und dem Südbahnhof. Auch der zweite große Bahnhof von Wien, der Westbahnhof, wird an diesem Tag von den Russen eingenommen. Die Westbezirke Wiens durchzog am 7. April 1945 eine übersichtliche Frontlinie, die quer durch Währing, Hernals und Ottakring, über die Schmelz und den Westbahnhof bis hin zum Margaretengürtel reichte.
Der ehemalige Bürgermeister von Wien, Helmut Zilk, beschreibt im Gespräch mit dem KURIER den (etwas später erfolgten) ersten Kontakt mit den Russen: „Ich habe den Einmarsch in unserem Wohnhaus im achten Bezirk erlebt. Wir haben vorher immer die russischen Flieger ge-

hört, dann vernahm man auch Kampflärm. Plötzlich war es still, und mein Vater hat gesagt, jetzt geschieht etwas. Wir sind dann auf das Haus hinauf und haben in Richtung Alser Straße hinuntergeschaut. Da haben wir plötzlich braune Gestalten gesehen, und mein Vater hat gesagt, das sind die Russen. Wir haben dann knirschendes Panzergeräusch gehört, und plötzlich sind sie durchgezogen. Manche haben sich geduckt, andere haben weiße Fahnen aus den Häusern gehängt. Die ersten Soldaten waren verhältnismäßig freundlich, haben gewunken. Wir haben es auch als eine Befreiung von der Angst empfunden."

Die Russen konnten derart rasch vordringen, weil die Verteidigungsmaßnahmen der Deutschen relativ gering und unkoordiniert waren. Der Militärhistoriker Manfried Rauchensteiner („Der Krieg in Österreich 1945"): „Am 7. April, als die Umgehung Wiens im Westen schon vollendet war, begannen rasch zusammengeraffte Kommandos damit, an den Kreuzungen entlang des Gürtels und im Bereich von Ring und Donaukanal behelfsmäßige Sperren zu errichten. Doch auch die Summe aller improvisierten Verteidigungsmaßnahmen konnte Wien noch immer nicht in eine Festung verwandeln."

An manchen Stellen, wie etwa um die Gas- und E-Werke, wurde jedoch erbittert gekämpft – 15 Stunden ununterbrochen. Das SS-Panzerregiment „Führer", von Hitler persönlich umbeordert, trifft in Wien ein. Gleichzeitig ergeht am 7. April 1945 Befehl Hitlers an den neuernannten Befehlshaber der Heeresgruppe Süd, Generaloberst Lothar Rendulic: „... Die Sprengung der Brücken über die Donau bei Wien befehle ich persönlich." Die Nazi-Führung in Wien zog sich unterdessen in die Wiener Innenstadt zurück. Reichsstatthalter Baldur von Schirach war schon am Vortag, dem 6. April 1945, von der Hohen Warte in die Hofburg übersiedelt. Am 7. April 1945 übersiedelt auch die Waffen-SS unter Sepp Dietrich. Ihr neues Hauptquartier war das Burgtheater am Ring.

Zeitzeuge Erwin Chvojka registriert an diesem Tag die Ironie der Situation: „In der Hauptallee lagert zwischen spazierenden Zivilisten eine Panzerabteilung. Sie hat am Schüttel ihre verschiedenen Kommandostellen. Überhaupt eine seltsame Belagerung, wo selten kleine, abgekämpfte Trupps sich auf den Straßen zeigen, während fast die gesamte männliche Bevölkerung entweder plündert oder wie bei einem spannenden Stück mit etwas nonchalanten Interesse zusieht. Verwaltung dürfte es keine mehr in der Stadt geben".

Der spätere Bürgermeister Dr. Helmut Zilk. ORF/Ali Schafler

Im Redaktionsgebäude der „Wiener Festungszeitung" setzt sich der „Schriftleiter" Manfred Jasser hin und tippt den letzten Leitartikel. Dem Titel „Das tapfere Herz" läßt Jasser die Parole folgen: „Es geht nicht um die Partei, es geht auch nicht um unser Leben. Es geht um unsere Ehre, um die Würde des Wienertums."

Der damals 36jährige Steirer Jasser, über den KURIER-Mitarbeiter Uwe Mauch eine wissenschaftliche Arbeit verfaßte, galt bis zum Schluß als verläßlicher Nationalsozialist. Noch bevor sein Artikel in der Nacht zum 8. April in Druck geht, verläßt Jasser die Redaktion. Er flüchtet auf den Bisamberg und schlägt sich später nach Krems durch. Anfang Mai gerät er in amerikanische Gefangenschaft. Nach einem Entnazifizierungs-Verfahren vor dem Volksgericht und intensiver Mitarbeit bei neonazistischen Wochenzeitungen macht der „Ehemalige" – wie so viele – auch in der Zweiten Republik Karriere. 1955 holt ihn Bundeskanzler Julius Raab in die Chefredaktion des ÖVP-eigenen Wirtschaftsverlags. 1974 wird ihm das Goldene Ehrenzeichen für besondere Verdienste um die Republik verliehen. Jasser starb 1992.

„Die Sprengung der Brücken über die große Donau bei Wien befehle ich persönlich."

Adolf Hitler in einem „Führerbefehl" am 7. 4. 1945

Der Donaukanal war eine Zeitlang Hauptkampflinie zwischen der Wehrmacht (im 2. Bezirk) und den Sowjets (Innenstadt), die Brücken (hier die Augartenbrücke) wurden gesprengt.

Dr. Karl König

„Aus dem Nachbarkeller hörten wir ein altes Naziweib beten.“

Zeitzeuge Karl Pischl

Am 7. April übernimmt der gebürtige Österreicher Generaloberst Lothar Rendulic das Kommando über die „Heeresgruppe Ost“. Rendulic beschließt, die Stadt schrittweise aufzugeben.
Die Versorgungslage in Wien wird immer schwieriger. Der spätere Bundespräsident Adolf Schärf schreibt in seiner Publikation „Österreichs Wiederaufrichtung im Jahr 1945“ (Wiener Volksbuchverlag, 1960): „Am 7. April besetzen die Russen Favoriten – damit fiel die Ankerbrotfabrik für die Versorgung der Stadt aus. Die Wasserversorgungsanlagen waren so beschädigt, daß in der Josefstadt wie in manchen anderen Bezirken für Zehntausende von Personen nur ein einziger Wasserauslauf vorhanden war, vor dem sich die Menschenschlangen anstellten.“ Der Großteil der Bevölkerung verharrt aber in den Kellern.
Ministerialrat Dr. Karl Pischl lebte damals in Wien-Penzing: „Die russische Panzerkolonne war bis knapp vor den Hauptplatz (Brücke) gefahren und parkte brav ihre Panzer auf der rechten Straßenseite. Sie kamen in die Keller und vergewisserten sich, daß kein ‚Germanski Soldat‘ in den Kellern lauerte. Zu uns kam ein russischer Soldat mit der Pistole im Anschlag (es ging um sein Leben). Und als er sicher war, daß kein Germanski Soldat lauerte, steckte er seine Pistole ein und sagte zu uns: ‚Hitler so, Stalin so‘ und machte dazu die Geste des Aufhängens. Also er meinte: Wir alle leiden unter einem fürchterlichen System. Vertragen wir uns doch.
... In diese Idylle schlugen plötzlich deutsche Granaten. Die Panzer starteten und versuchten in Deckung zu rollen. Die ersten Panzerfäuste von HJ hinter Hecken abgefeuert, jagten Panzer in die Luft. ich fürchte, daß von diesen netten Panzerbesatzungen (angeblich Studenten) niemand überlebt hat. Denn als wir aus den Kellern kamen, lagen so viele abgeschossene Panzer herum, daß kaum einer davongekommen sein kann. Gleichzeitig ertönte das Schreien von Frauen, die man vergewaltigte. Die sowjetische Infanterie war nachgekommen. Diese Schreie werde ich nie vergessen können, und es gellt in meinen Ohren, wenn ich das Wort Sowjet oder Sowjetarmee höre. Bald schoß sowjetische Artillerie zurück. Die sowjetischen Geschütze müssen unmittelbar vor unseren Kellerfenstern gestanden sein. Denn wir wurden vom Luftdruck des Abschusses hin und her geworfen. Ich wollte weinen, wurde aber geschlagen. Die deutsche Artillerie schoß vom Wolfersberg her mit ungeschärften Granaten.
... Nun saß mein Vater in der Ecke und fluchte sich sieben Jahre Erniedrigung durch deutsche Besetzung vom Herzen. Aus dem Nachbarkeller hörten wir ein altes Naziweib beten: ‚Lieber Gott, schick uns die SS‘.
... Mein Freund, OMR Dr. Findeis, war damals Militärarzt im Seuchenspital des Franz-Josef-Krankenhauses, das ins Sanatorium Purkersdorf verlegt worden war. Als die Russen näher kamen, verschwanden die Herren SS- und NS-Ärzte aus dem Lazarett. Diese tauchten später als Primarärzte in den Wiener Spitälern wieder auf. Er blieb bei den Patienten und wurde ein kleiner ‚Dorfbader‘. Als die ersten russischen Panzer heranrollten, stellte er sich mit seiner Rotkreuz-Fahne auf die Straße. Links von ihm ein britischer Offizier und rechts von ihm ein amerikanischer Offizier (Gefangene) mit ihren Fahnen. Ich hätte es nie geglaubt, aber man tat ihnen nichts. Später kam ein russischer Rotkreuz-General und beauftragte ihn, das Lazarett zu führen und auch die Bevölkerung zu betreuen“.
Die Zeitzeugin Berta Nikl faßte ihre Gefühle zusammen: „Sicherer geworden durch die Ruhe, wagen wir uns aus dem Keller. Die ersten Russen maschieren auf der Mariahilferstraße und Gumpendorferstraße gegen die Innere Stadt. Mit ihren Pelzmützen, den Schlitzaugen und dem wilden Aussehen jagen sie uns nur Furcht ein. Sie führen viel Vieh mit, Pferde und ganze Herden von Kühen und Schafen, wie sie sie von den Bauern wegführten. Viele Leute weinen. So viele Jahre Kampf und Opfer und Leiden, so viele unserer Lieben liegen auf den Schlachtfeldern draußen, und jetzt sind wir so weit! So weit kann eine gewissenlose Führung ein Volk bringen. Das Ende ist nichts als ungeheures Leiden. Es wird viel geplündert. Es muß leider gesagt sein, daß ein Teil der eigenen Bevölkerung auch anfängt, die Geschäfte auszurauben und zu plündern.“

8. April 1945

Widerstandskämpfer hingerichtet

Wenige leisten einen Beitrag zur Befreiung

Nur Teile der deutschen Truppen leisteten ernsthaften Widerstand, hier eine Einheit des SS-Regiments „Der Führer" am Floridsdorfer Spitz.
Weidlinger / Heeresgeschichtliches Museum, Wien

Die Widerstandskämpfer Major Biedermann, Hauptmann Huth und Oberleutnant Raschke werden von der SS nach einem Schnellverfahren auf dem Floridsdorfer Spitz gehängt. Ein Großbrand breitet sich in der Wiener Innenstadt aus. Der Widerstand hißt symbolisch die rotweißrote Fahne am Rathaus. Der Lyriker Josef Weinheber begeht in Kirchstetten (NÖ) Selbstmord.

An diesem Tag überschreiten die Russen nach harten Kämpfen auf breiter Front den Gürtel, die zweite Verteidigungslinie der Deutschen Wehrmacht in Wien. Die Wehrmacht beginnt sich Richtung Innenstadt und Floridsdorf abzusetzen.
Zu spät für die Widerstandskämpfer Major Karl Biedermann, Hauptmann Alfred Huth und Oberleutnant Rudolf Raschke, die versucht hatten, den sinnlosen Kampf um Wien abzukürzen. Von einem Standgericht der SS zum Tode verurteilt, wurden sie öffentlich am Floridsdorfer Spitz an Laternenpfählen viehisch aufgehängt.
Als Alfred Huth noch ausrief: „Für Gott und Vaterland, für Österreich!" wurde die um den Hals gelegte Schlinge festgezurrt und der Körper wohl hochgezogen, aber nach einigen Sekunden wieder fallengelassen. Dem halb Erwürgten mit Stiefeln auf den Kopf getreten und mit einem Bajonett zwei Stiche ins Gesicht versetzt.
Militärisch war der Widerstand nur begrenzt erfolgreich, sein Wert lag darin, daß es ihn überhaupt gab. So konnte man sagen, daß Österreich

Major Karl Biedermann KURIER-Archiv

im Sinne der „Moskauer Deklaration" doch etwas zu seiner eigenen Befreiung beigetragen hatte.

Vieles war symbolisch: bereits am 7. April wurde am Rathaus die rotweißrote Fahne gehißt. Die Zahl der Widerstandskämpfer war jedoch immer relativ gering. Fritz Molden, der im Auftrag der Gruppe O5 (= OEsterreich) den Kontakt mit den Amerikanern aufnahm, resümiert: „Die größte Zahl der aktiven Widerstandskämpfer wurde nicht am Anfang, sondern am Schluß verhaftet und hingerichtet. Nachdem die erste Generation von der Gestapo weggefegt worden war, kam es zu einer zweiten Generation. Auch diese ist noch zu 99% aufgeflogen. Die Masse der Bevölkerung ist in keinem Land aktiv in einer Widerstandsbewegung tätig, es wird immer eine Elite sein, die sich in einer Widerstandsbewegung bewegt, dazu gehört eben eine Reihe von Eigenschaften, die begreiflicherweise und glücklicherweise keine Massenartikel sein können." („Zeitzeugen", Kremayr & Scheriau, Wien, 1987).

„Die Moskauer Deklaration war ein starker Beweggrund, etwas zu tun."

Widerstandskämpfer Johannes Eidlitz

Fritz Molden selbst, Sohn des Journalisten Ernst Molden und der Dichterin Paula von Preradovic, gelangt nach Verhaftung und Dienst in einer Strafkompanie auf abenteuerliche Weise in die Schweiz, wo er mit dem Chef des amerikanischen OSS (Office of Strategic Services) zusammenarbeitet. Dabei muß er immer wieder, mit gefälschten Pässen und Papieren, unter Lebensgefahr, die deutschen und alliierten Linien überwinden. Trotz der nicht-geglückten Auslösung eines Aufstandes durch die Widerstandsbewegung entschloß sich die Gruppe um Johannes Eidlitz zum Handeln.

Eidlitz im Gespräch mit dem KURIER: „Wir haben gedacht, wir müssen noch in allerletzter Sekunde etwas tun, um unsere Existenzberechtigung zu beweisen. Die Moskauer Deklaration war ein starker Beweggrund, etwas zu tun. So ist also eine Gruppe, unter meinem Freund Herbert Braunsteiner auf den Morzinplatz losgegangen, eine Gruppe, unter Ludwig Jedlitschka hat das Rathaus besetzt, eine andere das Parlament und ich selber bin mit meiner Leuten auf die Polizeidirektion. Wir hatten den Auftrag einen neuen Polizeipräsidenten einzusetzen. Das ist uns auch gelungen. Die Front ist hin und her gegangen – einmal waren die Russen da, einmal die Deutschen. Wir sind quer durch, ins Polizeipräsidium, die Polizei war auf und davon. So haben wir das Haus besetzt. Wir haben ungeheure Waffenvorräte gefunden. Ich habe mich an den Tisch des Polizeipräsidenten gesetzt, habe dort einen riesigen Telefonapparat gehabt und versucht irgendjemand zu erreichen. Das ist natürlich nicht gelungen. Vor dem Fenster sind die deutschen Panzer vorbeigedonnert, und die russischen. Das hat etwa eine Stunde gedauert, dann waren die Deutschen über dem Donaukanal. Ich bin nach wie vor dort gesessen und habe gewartet: Plötzlich geht die Tür auf und es kommen drei Mongolen mit angelegter MP herein. Sie waren gar nicht freundlich, sie haben mich hart und grob behandelt, mich offenbar für den Polizeipräsidenten gehalten. Ich wurde entwaffnet und hinunter in den Hof geführt. Dort hat sich folgendes abgespielt: Vier

A b s c h r i f t !

Sonderstandgericht im Standort Wien

S o n d e r s t a n d -
g e r i c h t s u r t e i l .

I M N A M E N D E S D E U T S C H E N V O L K E S !

In der Strafsache gegen den Major Karl B i e d e r m a n n, Kommandeur der Wehrmachtordnungstruppen Wien, geb. am 11.8.1890 in Miskolc (Ungarn) hat das am 6. April 1945 in Wien zusammengetretene Sonderstandgericht, an dem teilgenommen haben

als R i c h t e r :

Oberstabsrichter Dr. Piwowarczyk als Verhandlungsleiter,
Oberstleutnant Caminada, Arko beim Kampfkommandant Wien
Major Homann, Festungskommandantur Wien, als Beisitzer

als V e r t r e t e r der A n k l a g e :

Leutnant Dr. Rothe
als Urkundsbeamter der Geschäftsstelle:
Heeresjustizoberinspektor Kallinka
für Recht erkannt:

Der Angeklagte wird wegen Landesverrats

zum T o d e, zum Verlust der Wehrwürdigkeit und zum Verlust der bürgerlichen Ehrenrechte für die Lebensdauer
verurteilt.

G r ü n d e :

Der Angeklagte ist am 11.8.1890 in Miskolc (Ungarn) geb., und hat 5 Klassen der Realschule und 4 Klassen der Kadettenschule besucht, ist katholisch, verheiratet mit Else Biedermann geb. Fiala und ohne gerichtliche und disziplinare Vorstrafe.

Von 1910 bis 1925 war er aktiver Soldat und hat in den Jahren von 1914 bis 1918, zuletzt als Hauptmann, am Weltkriege an allen Fronten teilgenommen und dabei den Kronenorden, das Militärverdienstkreuz mit Spange und das Karl-Truppenkreuz verliehen erhalten. Im November 1939 wurde er, nachdem er vorher den Beruf eines als Postinspektor ergriffen hatte, als Hauptmann d.R. einberufen, war Divisionsnachschubführer bei der 9. Panz. Div., zeitweise Btls. Kdr. des Feld-Ers-Batls. 60 und zuletzt Kommandeur der Wehrmachtordnungstruppen Wien. In diesem Kriege ist er am 1.1.1940 zum Major der Reserve befördert worden und hat an den Feldzügen in Serbien, Griechenland und Russland teilgenommen. An weiteren Auszeichnungen besitzt er das EK II, KVK II und I und die Ostmedaille. Sein zuständiges WBK ist das WBK Wien IV, sein Friedenstruppenteil das Art. Rgt. 96.

Die Feststellungen zur Person beruhen auf den Angaben des Angeklagten.

Auf Grund des Geständnisses des Angeklagten und der unbeeideten Aussagen der Zeugen Lt. Hanslik, Streifen-u. Fahndungs-Abt. beim Streifenkommandeur Wien, des Oberfeldwebel Grass und des Gefr. Pawek von der gleichen Dienststelle ist folgender Sachverhalt erwiesen:

Eine Telephonistin machte Leutnant Hanslik vor einigen Wochen darauf aufmerksam, dass sie Telefongespräche des Angeklagten mitangehört hatte, nach denen dieser zu einem Teilnehmer geäussert hat, dass seine Ueberwachung durch den mit der Gauleitung in Verbindung stehenden Lt. Hanslik ihm nicht passe und dass auch sonst die Gespräche des Angeklagten in der letzten Zeit mysteriösen Inhalts waren. Leutnant H. gab zunächst nichts auf diese Mitteilung, da ihm sein Kommandeur bisher als gerader und aufrechter Offizier bekannt war. Anfang April 1945 machte jedoch der Gefr. Pawek dem Lt. Hanslik eine Meldung, nach der der Ogefr. Roland dem Gefr. Pawek erzählt hat, dass er von einer Aktion wüsste, bei der der Angeklagte ein Hauptbeteiligter ist. Nach dieser Aktion sollte der Angeklagte dem Hauptfeldwebel Grass befohlen haben, eine grössere Anzahl unbedingt zuverlässiger Leute aus seiner Dienststelle zusammenzufassen, die am 6.4.45, 12 Uhr Mittags das Wehrkreiskommando Wien besetzen und alsdann mit dem Feinde zwecks Uebergabe der Stadt Wien verhandeln sollten. Der Hauptfeldwebel Grass hat bekundet, dass er vor wenigen Tagen tatsächlich einen solchen Befehl vom Angeklagten erhielt und dass der Angeklagte ihm gegenüber geäussert hat, diese Soldaten, die das Wehrkreiskommando zu besetzen hätten, würden vom Feinde verschont bleiben, denn als Erkennungszeichen war das Halten eines Taschentuches in der linken Hand und das Hochheben des Gewehres in der rechten Hand unter dem Stichwort "Moskau" vereinbart. Der Angeklagte gesteht nach anfänglichem Leugnen folgendes ein:

Anfang April kam zu ihm ein Zivilist namens Lengiel, welcher ihm aus dem früheren "Heimatschutz" bekannt war und forschte ihn dahingehend aus, ob er noch "Der Alte" sei und Wien liebe. Nachdem der Angeklagte dies bejahte, wurde er bald darauf vom Oberleutnant Raschko WKK XVII aufgesucht, der ihm offiziell erklärte, Wien werde geräumt und er habe nur die Befehle des Kampfkommandanten auszuführen, in dessen Auftrage der 2. Generalstabsoffizier Major S z o k o l l handle. Am Mittwoch, den 4.4.1945 gegen 23 Uhr fand bei Major Szokoll eine Unterredung statt, an der Hauptmann Hut, Oblt. Raschko und der Angeklagte teilnahmen. Hierbei erklärte Mjr. Szokoll, der Angeklagte müsse ihm mehr als 100 Mann zuverlässige Soldaten stellen, welche den Auftrag haben würden, bei Annäherung des Feindes die Fabriken, gegebenenfalls auch militärische Dienststellen zu besetzen, damit die vollziehende Gewalt zunächst übernommen werde können. Mit dem Feinde sei das bereits erwähnte Geheimzeichen vereinbar worden, nach dem diesen Soldaten nichts geschehen werde. Mjr. Szokoll werde ihm später die weiteren Befehle übermitteln, wobei als Verbindungsmann zwischen Major Szokoll und dem Angeklagten der Unteroffizier Divischowski dienen würde. Ein Schreiben vom 5.4.1945 liess Szokoll dem Angeklagten angeblich im Auftrage des Kampfkommandanten Wien zukommen, welches folgenden Inhalt hatte: "Kampfkommandant Wien Ia." "An den Kommandeur des Streifendienstes zu Händen Mjr. Biedermann, Wien, Rossauerkaserne. Personal und Kfz. unterstehen dem Kampfkommandanten Wien. Weitere Befehle durch diesen sind abzuwarten. Der Kampfkommandant Wien, 2. Generalstabsoffizier, gez. Szokoll, Major."

Der Angeklagte führt zu seiner Rechtfertigung an:

Wohl habe er gewusst, dass nach der Unterredung mit Mjr. Szokoll dieser mit dem Feinde in irgendeiner Verbindung gestanden habe müssen, worauf bereits aus der Tatsache der Vereinbarung des geheimen Erkennungszeichens zu schliessen war. Er habe auch gewusst, dass Szokoll ihm keine Befehle im Auftrage des Kampfkommandanten Wien geben könne, dass vielmehr hierfür der Festungskommandant Wien zuständig sei, mit dessen Offizieren er auch in den letzten Tagen mehrfach verhandelt habe, er sei aber nach der Unterredung mit Mjr. Szokoll in die Sache sozusagen "hineingeschlittert" und habe geglaubt, dass er zum Besten seiner Soldaten und zum Wohle der Stadt Wien handle, wenn er sich der Gruppe Szokoll anschliesse.

Diese Einlassungen vermögen das Verhalten des Angeklagten nicht zu rechtfertigen, er hat im Inland während eines Krieges gegen das Reich es unternommen, über Major Szokoll der feindlichen Macht Vorschub zu leisten. Diese Tat hatte auch erhebliche Folgen. Denn nach der Aussage des Lt. Hanslik wussten die Soldaten der Dienststelle des Angeklagten, denen durch Oberfeldwebel Grass die Befehle des Angeklagten übermittelt wurden, tatsächlich nicht recht was sie tun sollten. Sie waren unentschlossen geworden und wankten nach der einen oder der anderen Seite hin, dadurch litt auch schon die Disziplin erheblich, da Befehle und Anordnungen teilweise gar nicht, teilweise zögernd ausgeführt wurden und die Soldaten in den letzten Tagen gruppenweise zusammenstanden und die durch den Angeklagten hervorgerufene zwiespältige Lage erörterten. Im Übrigen ist der Angeklagte ein alter erfahrener Offizier, der sich des Verbrecherischen seiner Tat vollkommen bewusst war. Ob er glaubte, zum Wohle seiner Soldaten oder zum Wohle der Stadt zu handeln, ist unerheblich. Nach der Erfahrung des Angeklagten musste dieser wissen, welche schweren Nachteile für das Reich durch seine Feindbegünstigung über Major Szokoll eintreten würden. In seinem Schlusswort hat er sich auch in vollem Umfange schuldig bekannt.

Er war daher gemäss § 91b RStGB zu bestrafen. Als Strafe musste allein auf die Todesstrafe erkannt werden. Der Angeklagte hat die Feindbegünstigung in einem Augenblick begangen, in welchem der Feind vor den Toren Wiens steht. Er hatte die Pflicht, angesichts dieser kritischen militärischen Lage sich selbst und seine Männer dem Festungskommandanten für etwaige Kampfaufgaben, nicht aber dem Landesverräter Szokoll zur Feindbegünstigung zur Verfügung zu stellen.

Die Nebenstrafen beruhen auf § 31 MStGB und § 32 RStGB.

gez. Dr. Piwowarczyk.
Oberstabsrichter.

Abgesetzt, am 6.4.1945.

Das Standesgerichtsurteil über den Major Biedermann, der im Auftrag von Major Szokoll am „Plan Radetzky" mitwirkte, aber verraten wurde.

Johannes Eidlitz Privatbesitz

oder fünf Tische waren aufgestellt worden und an den Tischen saßen russische Generäle oder Oberste, ein paar mit dem grünen Band, das hieß KGB oder so ähnlich, Politkommissare und vor ihnen, bewacht von einer Schar von wilden Russen, meine ganzen Leute. Wir hatten einen Dolmetscher, der hat uns erklärt, wir werden alle jetzt erschossen. Als wir erklärt hatten, wir sind keine Werwölfe (geplante NS-Partisanen-Organisation – Anm.), sondern das Gegenteil, haben sie uns nicht geglaubt. Es hat ein zehn Minuten dauerndes Hin-und-Her gegeben. Mir ist dann glücklicherweise das Losungswort, das mit den Russen ausgemacht war, eingefallen: ‚Moskwa'. Aber da haben sie gesagt, Moskwa kann jeder sagen. Dann habe ich verlangt, sie sollen die Kommandantur informieren, da haben sie gesagt, das wollen sie nicht. Dann ist etwas merkwürdiges passiert: Wir hatten unter uns einen Widerstandsburschen, einen ganz jungen, nicht einmal noch 18 Jahre alt. Er sprang plötzlich aus der Reihe heraus, durch die Kette der russischen Soldaten durch, auf einen der Tische zu. Auf dem Tisch lagen unsere Waffen, die sie uns abgenommen hatten. Er riß eine dieser Maschinenpistolen heraus. Jetzt habe ich erwartet, die Russen erschießen ihn sofort. Aber nein, er hielt sie einem dieser Generäle unter die Nase und zeigte auf irgendwelche Kerben die auf dem Kolben waren und sagte: „Jede Kerbe ein SS-Mann". Das hat merkwürdigerweise auf sie Eindruck gemacht. Sie haben sich daraufhin doch entschlossen, anzufragen. Wir wurden nicht nur freigelassen, sondern ich wurde auf den Schultern von zwei Rotgardisten zur Universität getragen. Das war am 11. April. Am 10. haben noch die Kanonen vom Flakturm geschossen".

Inzwischen waren die Kämpfe an einzelnen Stellen schon über die Zivilbevölkerung hinweggegangen, während sie an anderer Stelle noch andauerten. Ministerialrat Karl Pischl: „Als wir aus den Kellern kamen, waren wir voller Eiterblasen – Vitamin- und Lichtmangel. Ein Nachbar hat mir am Beginn der Kämpfe seinen Sittich geschenkt. Aber der war in der Dunkelheit bald eingegangen. Das tat furchtbar weh. Überall lagen Granaten herum. Abgeschossene und ausgebrannte Panzer, Pferdeleichen, Schutt, Patronen und Patronenhülsen. Die Russen interessierten sich nur wenig für diese Blindgänger. Wenn, dann nahmen sie eine Granate, warfen sie an die Wand, und das war es. Nun wurde ich ein sehr wichtiges Objekt. Denn zu Kindern waren die Russen freundlich. Immer wieder kamen russische Soldaten und suchten das Kind und schenkten mir etwas. Darunter waren mehrere Mundharmonikas in Originalverpackung aus russischer Produktion. Es ist mir leider nichts geblieben, denn bei Proleten zählt nur die Stärke und ich war ein kleines Kind. So nahm mir jeder weg, was er wollte, und wenn ich mich wehrte, wurde ich geschlagen. Ein Prolet ist stark und aus".

9. April 1945

Führer, Perle und Fassung

Wie Hitlers Versprechen eingelöst wurde

Der Volksprater in Wien wurde durch Fliegerbomben und Artillerietreffer schwer getroffen und durch die nachfolgenden tagelangen Brände fast vollständig zerstört. Im Bild das Riesenrad. Erwin Chvojka

Vor genau sieben Jahren hat Hitler im Wiener Rathaus verkündet: „Wien ist eine Perle. Ich werde ihr die Fassung geben, die ihrer würdig ist." Die deutschen Truppen bekommen den Befehl, die Innenstadt zu räumen und sich über den Donaukanal zurückzuziehen. Die Russen stoßen bis zum Ring vor.

Die russischen Truppen dringen von Favoriten aus in den sechsten Bezirk vor und erreichen an verschiedenen Stellen die Ringstraße. Am Abend des 9. April erhalten alle noch westlich des Donaukanals kämpfenden deutschen Truppen den Befehl, sich im Laufe der Nacht aus der Innenstadt abzusetzen. Die sich zurückziehenden SS-Truppen sprengen bereits um ein Uhr früh die Salztor-, Marien-, Schweden-, Aspern-, und Franzensbrücke über den Donaukanal. Die Bewohner in den Häusern entlang des Donaukanals mußten erleben, daß ihre Wohnungen zur Verteidigung ausgebaut wurden. Da die Innenstadt nun frei von deutschen Truppen ist, zieht angeblich irgendjemand – nach einer ungeklärten Quelle ein im Widerstand befindlicher SS-Mann – kurz die rotweißrote Fahne am Stephansdom auf.
Ernst Freisinger, Regierungsrat, erinnerte sich gegenüber der „Historikerkommission Wien 1945":

„Diese Stadt ist eine Perle. Ich werde sie in jene Fassung bringen, die ihrer würdig ist."

Adolf Hitler am 9. 4. 1938

„Am 9. April 1945, an einem Montag, wogten die Straßenkämpfe in der Mariahilferstraße. Die abziehenden SS-Truppen schossen in sinnloser Wut auf die von der Bevölkerung ausgehängten weißen Tücher. Endlich waren sie nach dem inneren Gürtel abgedrängt, aber dafür schoß die Flak von der Stiftskaserne und Esterházypark im direkten Erdbeschuß auf die vorbeistürmenden russischen Truppen und zerstörte so manches Haus. Zuletzt wurde noch der Westbahnhof beschossen, der einstürzte und ausbrannte. An diesem 9. April 1945 kamen so manchem Wiener jene Worte von Adolf Hitler in Erinnerung, die er genau sieben Jahre zuvor, am 9. April 1938, im Wiener Rathaus verkündet hatte: „Diese Stadt ist in meinen Augen eine Perle. Ich werde sie in jene Fassung bringen, die dieser Perle würdig ist.“

„Nach sieben langen Jahren eines zermürbenden, unwürdigen Daseins waren wir wieder freie Menschen geworden.“

Zeitzeugin Nellie Kleemann

Eine Zeitzeugin, die gegenüber der „Historikerkommission“ ungenannt bleiben wollte, kommentierte diesen Ausspruch am 9. April 1945 in ihrem Tagebuch: „Eines dieser großartigen Führerworte ging jetzt in Erfüllung, allerdings auf tragisch-groteske Art.“

Hitler hatte Wien aber in Wirklichkeit immer gehaßt, schon als junger Mann hatte er in der multikulturellen Atmosphäre der Monarchieresidenz seine antisemitische und antislawische Prägung erfahren. Seinen Lebensabend wollte er in Linz verbringen, das er pompös ausbauen wollte.

Gauleiter Baldur von Schirach war drei Tage zuvor von der Hohen Warte in den Bunker der Hofburg übersiedelt. Nun floh er zum Bisamberg. Joseph Goebbels notiert in seinem Tagebuch, Schirach sei schon „seit Jahren überfällig zum Abbau“ gewesen. Es habe Aufstände in Wien gegeben (entweder meinte er den gescheiterten Versuch der Gruppe um Major Szokoll oder die Bevölkerung im Arbeiterbezirk Ottakring, die massenweise weiße Tücher aus den Fenstern hängte): „Es handelt sich natürlich nur um Gesindel, und dieses Gesindel muß zusammengeschossen werden.“ Im übrigen versuchte er, sich selbst Mut zuzusprechen: „Man stellt sich manchmal verzweifelt die Frage, wohin das alles führen soll. Der Führer muß eine Nervenkraft ohnegleichen aufwenden, um in dieser überkritischen Situation die Haltung zu bewahren. Aber ich habe doch die Hoffnung, daß er diese Situation meistern wird.“

Die Zeitzeugin Nellie Kleemann erinnert sich: „Wir saßen im Luftschutzkeller und warteten gemeinsam auf den Einmarsch der Russen. Wir warteten die ganze Nacht, aber erst am Morgen des 9. April kamen die von uns sehnlichst Erwarteten. Einzeln schlichen sie in Kampfhaltung mit vorgehaltenem Gewehr längs der Mauern der Häuser an uns vorbei, von meiner Familie und unseren Schützlingen mit unbeschreiblicher Freude begrüßt. Das ‚Dritte Reich‘ existierte für uns nicht mehr. Nach sieben langen Jahren eines zermürbenden, unwürdigen Daseins voll von Demütigungen und steter Angst waren wir wieder freie Menschen geworden.“

Nicht immer wurden die Russen mit einer derartigen Freude begrüßt. Der Zeitzeuge Doktor Erwin Chvojka, Schuldirektor i. R., schildert dem KURIER, wie der Volksprater, an dessen Rand er wohnte, in Flammen aufging: „Am 8. April setzten Fliegerangriffe ein. Zwei Bomben legten

Die Stunde der Befreiung Österreichs vom deutsch-faschistischen Joch ist da!

Russisches Flugblatt, April 1945 Institut für Zeitgeschichte, Wien

„Eines dieser großartigen Führerworte ging in Erfüllung, allerdings auf tragisch-groteske Art“: Zerstörung am Donner-Brunnen am Neuen Markt in Wien. Dr. Karl König

Russische Artillerieeinheit vor der Votivkirche in Wien.
Institut für Zeitgeschichte / Raskin

„Es ist ungeheures Schlachtgetöse, oft minutenlang ununterbrochen."

Berta Nikl, Zeitzeugin, in ihrem Tagebuch am 9. 4. 1945

Brände in den Gasthäusern ‚Zum Radfahrer' und ‚Zur goldenen Rose', was im Laufe des Tages zum Niederbrennen fast des größten Teils des Praters führte. Ein eigenartiges Erlebnis war, daß auf einer Praterbude ein Mann gesessen ist, der den Brand seiner Bude mit einer Gießkanne gelöscht hat. Genau die Bude ist übriggeblieben nach dem Brand. Es ist vom Prater eigentlich fast nichts übriggeblieben außer dem Bierdepot in der Ausstellungsstraße und einigen Ringelspielen. Als das Riesenrad brannte (am 9.), hat es sich wie ein Feuerrad gedreht, nicht schnell.

In der Förstergasse hatte die SS noch im letzten Augenblick mehrere Juden erschossen (die von ihren nichtjüdischen Frauen den ganzen Krieg versteckt worden waren; so spät hatte sich noch ein Denunziant gefunden – Anm.), im Garten des Pratergasthauses ‚Zum silbernen Bären' eine Gruppe von neunundzwanzig Bulgaren. Daß sie von der SS erschossen wurden, wurde insoferne festgestellt, als sich lange das Gerücht im Prater gehalten hat, daß ein ganz bestimmter Praterhüttenbesitzer eine Gruppe, die sich in einem Splitterschutzgraben versteckt hatte und sich überrollen lassen wollte, angezeigt hat, und alle hatten sie Genickschüsse. Wir haben sie nach einer Woche gefunden und nach einer Woche schaut man nicht sehr schön aus. Daß sie Bulgaren waren, weiß ich deshalb, weil ein bulgarischer Kriegsberichterstatter gerade vorbeigefahren ist, als wir sie in einem riesigen Trichter begraben haben. Er schaute nach, und siehe da, sie hatten bulgarische Pässe. Ich vermute, daß noch etwas anderes mitgespielt hat. Die ganzen Lagerhäuser entlang des Handelskais gab es riesige Rot-Kreuz-Depots, von der Krieau bis zur Ausstellungsstraße. Die sind zur Plünderung freigegeben worden. Da waren bewaffnete Zollbeamte, die sagten: ‚Tummelt Euch, der Iwan ist schon in Simmering'. Die Leute sind bis zu den Knöcheln in Mehl gewatet. Dort hat es auch funkelnagelneue Schuhe gegeben und die Leute haben sich's genommen. Ich habe mir gedacht, so blöd bin ich nicht, nachher kann das jeder erkennen. Ich habe mir lieber Lebensmittel genommen. Man wußte ja nicht, wie lang das dauern wird. Die Erschossenen hatten alle diese Schuhe an. Die SS hat sie möglicherweise deshalb erschossen.Ich mußte dann eine Kolonne zum Fundort in den völlig zerstörten Prater führen. Wir haben die Leichen selbst begraben, sie waren schon halb verwest. Der Geruch war furchtbar, aber die Toten selbst waren für uns bald nicht mehr als Säcke."

10. April 1945

Wer setzte den Dom in Brand?

Das Rätsel um die Zerstörung des Nationalsymbols Stephanskirche

„Nach 500 Jahren ist es diesen Nazischweinen endlich gelungen, dieses Kleinod zu zerstören.“

Zeitzeuge Josef Schöner

Die Zerstörungen an Kulturgütern in Wien im 2. Weltkrieg waren verheerend. Der Stephansdom wurde mehrmals von Granaten und Bomben getroffen und brannte völlig aus. Die definitive Brandursache ist bis heute nicht völlig geklärt. Votava, Wien

Prälat Karl Hugel erlebte den Brand mit. Gerhard Deutsch

Vom Wiener Stephansdom weht eine weiße Fahne, Widerstandskämpfer bringen das berühmte O5-Zeichen an. Später brennt der Dom – wer setzte ihn in Brand? Die Wiener Innenstadt wird von den Russen kampflos besetzt, die Deutschen sprengen die Donaukanal-Brücken. In der Nacht vom 10. auf den 11. 4. Nachtangriff britischer RAF-Geschwader auf Innsbruck.

Neben dem Haupttor des Wiener Stephansdomes bringen Männer des Widerstandes das noch heute sichtbare O5-Zeichen an, wobei 5 für den fünften Buchstaben des Alphabetes steht. Die Botschaft lautet OE – Österreich.

Am Stephansdom hängt am 10. April außerdem eine weiße Fahne. Eine in Floridsdorf stationierte Artillerieeinheit erhält daraufhin den Befehl, den Dom in Trümmer zu schießen. Hauptmann Klinkicht zerreißt jedoch den Befehl: „Den führe ich nicht aus, das ist ein Verbrechen."

Dennoch gerät der aus 500 Jahre altem Lärchenholz bestehende Dachstuhl des Domes am Abend des 11. in Brand, und das Dach stürzt in das Mittelschiff – was die Augenzeugen tief erschüttert.

Hugo Portisch kam bei den Recherchen zu seinem Werk „Österreich II" zu dem plausiblen Schluß, daß – im Unterschied zu dem, was die Zeitgenossen glaubten – keine der beiden Kriegsparteien das Wahrzeichen Wiens bewußt zerstörte. Der österreichische Patriot und Diplomat Josef Schöner schrieb in sein Tagebuch: „Die Nazis haben direkt hineingeschossen. Nach 500 Jahren, nach den Stürmen der Türkenzeit, ist es endlich den Nazischweinen gelungen, dieses Kleinod zu zerstören". Das stimmt insoferne nicht, als es keine organisierte Anstrengung der Nazis gab, das Wahrzeichen der Stadt zu vernichten (wie etwa Warschau, dessen historisches Zentrum auf Befehl Hitlers buchstäblich dem Erdboden gleichgemacht wurde – was heute dort steht, ist eine Replik).

Russen wie Deutsche schossen über den Dom hinweg, dabei gingen einige Granaten zu kurz. Theorie: Rings um den Dom brannten die Häuser lichterloh – in Brand gesteckt von Plünderern (Deutsche? Österreicher? Russen? befreite Zwangsarbeiter?). Der Funkenflug entzündete das Dachgestühl, die Einschußlöcher wirkten als „Kamine".

Der Prälat Karl Hugel berichtet: „In den Abendstunden des 11. April 1945 war ich gerade dabei, im Dachboden des Curhauses Stephansplatz 3, einen Entstehungsbrand mit einer Luftschutzhandspritze zu löschen. Als ich durch ein Dachfenster auf den Dom hinausschaute, sah ich mit Entsetzen, daß das für Reparaturarbeiten aufgestellte massive Balkengerüst auf dem unausgebauten Turm, dem Nordturm, in hellen Flammen stand. Das Gerüst war wohl entflammungshemmend imprägniert gewesen, aber durch den schon erfolgten heftigen Artilleriebeschuß war das Holz an vielen Stellen aufgesplittert und durch den starken Funkenflug von den brennenden Häusern gegenüber der Westfassade des Domes ist so das Gerüst in Brand geraten und er setzte sich in die Glockenstube fort, wo die zweitgrößte Glocke, die Halbpummerin, aufgehängt war. Als das brennende Gebälk die Glocke nicht mehr tragen konnte, stürzte sie zusammen mit den glühenden Holzteilen in die Vorhalle des Nordturms hinab.

Dort wurde das große hölzerne Wimpassingerkreuz ein Raub der Flammen. Als sich die brennenden Balken des Gerüstes vom Verbund gelöst hatten, stürzten sie in den Dachraum des Domes hinein. Die Feuerwehr und alle Löschgeräte waren ja leider abgezogen worden.

Apostelchor im Wiener Stephansdom. Dr. Karl König

Paula von Preradovic KURIER-Archiv

Dem gigantischen Feuer stand die unentwegte Schar an mutigen Zivilisten einfach machtlos gegenüber. In dem riesigen Dachstuhl aus Lärchenholz fand das Feuer überreiche Nahrung. Es erfaßte auch die große Orgel mit dem barokken Gehäuse und fraß sich weiter durch von der Nordseite des Domes her zur Südseite mit dem Hohen Turm.

Es darf geradezu als eine gnädige Fügung angesehen werden, daß zu der Zeit, da das riesige Dach des Domes brannte, nicht ein ansonsten sehr häufig vorkommender Frühlingssturm über den Stephansplatz hinwegbrauste. Die Brandkatastrophe hätte wohl dann die nahestehenden Häuser ins schreckliche Geschehen mit hineingerissen".

Die Brände wüteten noch Tage weiter, bis: „In den Nachmittagsstunden des 12. April erreichte das zerstörende Element den Glockenstuhl der Pummerin, die damals im Hochturm untergebracht war. Die etwa 20 Tonnen schwere Glocke stürzte dann auch durch die mit Bohlenbelag geschlossene Öffnung in die Vorhalle des Südturms und zerschellte. In den Morgenstunden des 13. April (ich hatte gerade Torwache beim Tor des Curhauses) stürzte eine etwa 15 Meter hohe Mauer über der südlichen Pfeilerreihe im Albertinischen Chor, die zur Unterstützung des Dachstuhles diente, ein und durchschlug das Gewölbe im Mittelschiff des Albertinischen Chores. Und so fiel auch das brennende Dachgehölz in das Innere des Domes und vernichtete in der Folge das kostbare gotische Ratsherrengestühl und ebenso das darüber aufgebaute Kaiseroratorium und die Musikempore".

Die Dichterin Paula von Preradovic, später die Dichterin der Bundeshymne, war wenige Tage zuvor aus der Gestapo-Haft entlassen worden. Der Anblick der ausgebrannten Stephanskirche inspiriert sie zu dem Gedicht „Der Dom":

„Hoher Dom, du starkes
Herz der Stadt,
Ach, wer weiß noch, wie
bei Frührots Scheinen
in der satten Glut von
Edelsteinen
Bunt das Licht in dir
gejubelt hat?
Eines Abends aber
stiegst du,
So als wolltest du eine
Fackel werden,
Funkenübersprüht, von
Flammenherden
eingeglüht, den kühlen
Sternen zu."

Der Wiederaufbau des Doms war denn auch eine der ersten Anstrengungen im Nachkriegsösterreich: eine symbolische Handlung für ein nationales Symbol.

Blick von der Turmspitze des Stephansdoms auf das ausgebrannte Kirchenschiff. Lucca Chmel

Auch das Burgtheater brennt aus

11. April 1945

Am Donaukanal beginnt der Endkampf

Das zerstörte Burgtheater. Votava, Wien

Tirols Gauleiter Hofer besucht Hitler im „Führerbunker" und bietet ihm einen Platz in der „Alpenfestung" an. Treffen zur Vorbereitung der Gründung des überparteilichen Gewerkschaftsbundes (ÖGB) in Wien. Mitglieder der Widerstandsbewegung O5 errichten die erste österreichische Zivilverwaltung. Letzte Judenerschießungen in Wien durch SS. Das Burgtheater brennt aus.

In der Nacht auf den 11. April beginnt die Überwindung der letzten großen Verteidigungslinie in Wien, des Donaukanals, durch die IV. Garde-Armee, die die Hauptlast des Kampfes um Wien trug. Damit wird das finale Kapitel des Kampfes um Wien eingeläutet. Die deutschen Truppen werden bei den Kampfhandlungen durch massiven Artilleriebeschuß niedergehalten, die Zerstö-

Bildarchiv der ÖNB

„Alle Bemühungen zum Eindämmen der Flammen waren vergeblich.“

Burgschauspieler Volters über den Brand des Burgtheaters

Der Blick aufs zerstörte Burgtheater vom Parlament aus.
Votava, Wien

„Alle Gewalt ist in meiner Person konzentriert."
Ortskommandant General Blagodatow

rungen beiderseits des Donaukanals sind dementsprechend. Der Feuerwehrbericht des 11. April hält fest, daß an diesem Tag der Zuschauerraum und das Bühnenhaus des Burgtheaters lichterloh brannten. Das Burgtheater, in dem auch Wehrmachtsmunition gelagert war und das als SS-Hauptquartier dienen sollte (es kam nicht dazu), brannte beinahe vollständig aus. Löschversuche von Schauspielern und Hausangestellten halfen nichts. Der Mangel an Wasser stellte sich jedoch nachträglich als Segen heraus: Die Säulen behielten, von der Nässe unberührt, ihre Tragfähigkeit. In Wien, insbesondere in der Inneren Stadt, kommt es zu großflächigen Bränden. Das Parlament brennt schon seit Tagen. Weitere Flächenbrände gibt es wieder rund um den Stephansdom, der an diesem Tag ebenfalls noch mehrmals von Artilleriegranaten getroffen wird. Im Palais Auersperg finden sich die Mitglieder der Widerstandsbewegung O5 zusammen und errichten die erste Zivilverwaltung, der jedoch keine lange Lebensdauer beschieden war.
Der spätere sozialistische Gewerkschaftspräsident Johann Böhm führt erste Gespräche zwecks Wiederbegründung des Gewerkschaftsbundes. Dieses Mal sollen alle politisch relevanten Gruppen in die Gewerkschaftsbewegung eingebunden werden, mit der unseligen Tradition der parteigebundenen Partikulargewerkschaften der Ersten Republik soll gebrochen werden.
Die Wiener Polizei wurde schon Tage zuvor abgezogen, die meisten Verwaltungsbeamten hatten Wien ebenfalls verlassen oder erschienen nicht zum Dienst. Der spätere Vizekanzler Adolf Schärf beschreibt in den Wiener Geschichtsblättern die chaotische Situation von damals:
„Am Tage nach dem Verlassen des Spitals (11. April) ging ich zu einer befreundeten Familie nach Hietzing. Überall auf den Straßen fand ich Tote und Pferdekadaver. In Parkanlagen, selbst in kleinen Vorgärten sah man frisch aufgeworfene Gräber. Nach den Kampftagen lagen an die 12.000 Tote in den Straßen, die einfach in der nächsten Grünfläche beerdigt wurden. Mehr als 9000 davon sind später von der Gemeinde Wien enterdigt und in Friedhöfen beigesetzt worden."
Die Sowjets versuchten in den von ihnen besetzten Teilen Wiens mittels Anordnungen und Einsetzungen von Vertrauenspersonen, zumeist Kommunisten, eine gewisse Ordnung herzustellen.
Doch letztlich war das Wort des sowjetischen Ortskommandanten, General Blagodatow, Gesetz:
„1. Alle Gewalt ist in meiner Person konzentriert als dem Repräsentanten des Oberkommandos der Roten Armee. Die Anordnungen des Ortskommandanten der Roten Armee sind für die Bevölkerung bindend und haben Gesetzeskraft."
Und: „Die Funktionen der zivilen Gewalt wird der von mir ernannte provisorische Bürgermeister ausüben."
Aber so sehr sich auch die Wiener selbst und freigelassene Zwangsarbeiter an Plünderungen beteiligen, der wahre Schrecken kommt durch die sowjetischen Soldaten der zweiten Welle.

12. April 1945

Plünderer und Vergewaltigungen

Die Übergriffe beginnen sich nun zu häufen

Einmarsch einer russischen Kolonne. Institut für Zeitgeschichte / Raskin

Die 4. russische Gardearmee setzt nach schweren Kämpfen über den Donaukanal. Der amerikanische Präsident Roosevelt stirbt nach langer Krankheit.
Die Christlichsozialen nominieren Leopold Kunschak als ihren Kandidaten zum Wiener Vizebürgermeister. Erster offizieller Bürgermeister sollte am 18. April der „Rote General" Theodor Körner werden.

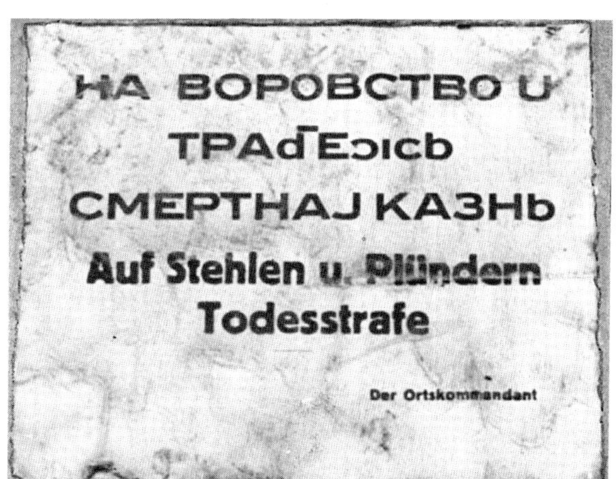

Sowjetischer Aufruf an die Zivilbevölkerung.
KURIER-Archiv / Albert Hilscher

Entlang des Donaukanals kommt es den ganzen Tag über noch zu heftigen Kämpfen. Der sowjetischen IV. Garde-Armee gelingt der endgültige Sprung über den Donaukanal, die Entscheidung ist praktisch gefallen.
Der deutsche Widerstand in Wien beschränkt sich nun mehr oder weniger auf den Bereich der

Geplündert wurde zum Teil auch von der einheimischen Bevölkerung und von Zwangsarbeitern aus dem Osten.
Jewgenij Chaldej / Falter Verlag

„Denn ich sah vor mir unser Heer, voll des großen Zorns."

Der sowjetische Publizist Ilja Ehrenburg

Floridsdorfer Brücke. Am späten Nachmittag des 12. April räumen die letzten deutschen Nachhuten das Südufer der Donau, nur noch eine kleine Einheit hält den Zugang zur Brücke. Nach dem Abtransport aller Verwundeten wird die Brücke genau um 24 Uhr gesprengt.

Im Rathaus kommt es zu einem ersten Zusammentreffen sozialdemokratischer Funktionäre im Roten Salon des Hauses.

Wien war in der Hand der Sowjets. Und nun kam es mit dem Nachrücken des sowjetischen Trosses vermehrt zu Plünderungen und Vergewaltigungen. Hatten sich die Kampftruppen der Zivilbevölkerung gegenüber noch zumeist als diszipliniert erwiesen, so kam nun das böse Erwachen.

„Denn ich sah vor mir unser Heer, voll des großen Zorns", hatte der Publizist Ilja Ehrenburg über die sowjetischen Armeen geschrieben, die 20 Millionen Kriegstote, mehr als die Hälfte davon Zivilisten, rächen wollten. Die Deutsche Wehrmacht hatte, wie erst in jüngster Vergangenheit historisch herausgearbeitet wird, keineswegs „saubere Hände", sondern sich in Rußland mit Massenerschießungen und durch Verhungernlassen von Millionen sowjetischer Kriegsgefangener an einem rassisch-ideologischen Ausrottungskrieg beteiligt.

Ilja Ehrenburg malte in der „Prawda" vom 7. August 1944 ein unheimliches Bild der geschehenen – und der kommenden – Greuel: „Mit uns sind die Schatten der zu Tode gequälten. Sie erheben sich aus ihren Gräbern, aus Brunnen, aus Gruben. Es sind Greise und Säuglinge, Russen und Ukrainer, Weißrussen und Juden, Polen und Litauer. Sie alle wollten leben, sie alle liebten die Sonne und die Blumen, und schon in Fetzen gerissen, riefen sie uns zu: ‚Denkt daran'!"

Immerhin: Österreich galt ausdrücklich als Ausnahme: „Österreich war für uns ein Land der hohen Kultur, der Musik – durch Hitler hat es seine Unabhängigkeit verloren. Wir haben uns zu Österreich ganz anders verhalten als zu Deutschland, obwohl wir wußten, daß es auch in Österreich Nazis gab" (russischer Veteran in „Die Russen in Wien", Falter-Verlag 1995).

Glimpflich ging die Begegnung einer Zeitzeugin aus, die gegenüber der „Historikerkommission Wien 1945" ungenannt bleiben wollte: „Ich versuchte den Keller zu gewinnen, aber an der Stiege tragen Frau P. (Hausmeisterin) und ich mit Eindringlingen zusammen. Ziemlich sprachlos starrte ich sie an. Der eine, ein mittelgroßer, pausbäckiger frischer Junge, der andere klein und eigentlich unbestimmbaren Charakters. Die P. sank aufschluchzend dem Größeren an die Brust. Nie werde ich vergessen, mit welcher Rührung und offensichtlicher Freude der Junge uns versicherte, uns nichts zu tun. Wir verstanden seine Worte ja nicht, aber seine Gesten und der Ausdruck seines freundlichen Gesichtes bewiesen uns genug. Sie streichelten und halsten uns auf eine sehr herzliche Weise.

Wenn uns auch die Russen nicht gerade auf die sanfteste Weise entgegenkommen werden. Daß sie uns von den Deutschen und Nazis befreit haben, ist ihr unbestrittenes Verdienst".

Doch unter dem Einfluß des reichlich gelagerten Alkohols verwandelten sich „liebenswürdig-harmlose ukrainische Bauernburschen binnen kurzem in wüste Randalierer und Marodeure" (Franz Severin Berger, Christiane Holler: „Trümmerfrauen", Ueberreuter, Wien 1994).

Zu systematischen Vergewaltigungsorgien wie etwa in Ostpreußen oder in Berlin (geschätzte 90.000 vergewaltigte Frauen) ist es in Ostösterreich und Wien nicht gekommen. Die Zahl der vergewaltigten Frauen dürfte hier dennoch in die Tausende gehen. Manchmal schritten auch die Offiziere mit äußerster Schärfe ein und erschossen die Täter an Ort und Stelle persönlich. Aber es war schlimm genug: Im Weinort Pfaffstätten südlich von Wien wurde fast die gesamte weibliche Bevölkerung vergewaltigt. Die fast achtzigjährige Mutter einer bekannten Wiener Schauspielerfamilie war ebenso ein Opfer wie die 13jährige Marie Wild, die in ihrem Tagebuch schrieb: „Ein Russe zerrte mich zu einem der liegenden Straßenbahnwagen und vergewaltigte mich. Ich zitterte auf dem ganzen Körper, weil ich glaubte, er würde mich noch erschießen. Aber es kam anders. Der Russe nahm meine goldene Uhr und die Ringe und verschwand."

Die damals 18jährige Annemarie O. berichtet: „Ich war damals noch Jungfrau. Und dann sind zehn Russen über mich gegangen. Was glauben Sie, was ich geschrien habe. Und nachher war das das Tagesgespräch im Bezirk, das war fast noch schlimmer. Die Vergewaltigung verdrängst du ja irgendwie, aber daß alle davon wissen und davon reden, das kannst du nicht verdrängen" („Trümmerfrauen").

Zeitzeuge Karl König schrieb in sein Tagebuch: „Alle werden durchsucht wie das liebe Tier (v. d. Russen, Anm.). Abgetastet und natürlich keine Waffen gefunden, denn wir haben ja keine. Dagegen sah der Soldat meine Armbanduhr und nahm sie mir ab. Als ich mich wehren wollte, machte er eine drohende Gebärde und stieß ein paar unartikulierte Laute aus, und da war ich lieber ruhig! Die Freundin von Frau Lechner war gekommen und hatte erzählt, sie sei 40mal vergewaltigt worden und bewußtlos geworden! Dies soll sich abgespielt haben im Gemeindebau gegenüber dem Augarten. Grauenhaft! ... Leute sind zu uns gekommen, welche nur besitzen, was sie am Körper tragen. Sie sind total ausgeplündert worden, erzählten sie, und dazu diese Bestialitäten mit den Vergewaltigungen! Gibt es denn bei den Russen niemanden, der Ordnung macht?"

Ministerialrat Karl Pischl in seinen späteren Aufzeichnungen: „Es wurde von den Russen alles erschossen. Ab diesem Zeitpunkt herrschte ein Russenhaß, der dem vorherigen Deutschenhaß ziemlich gleichwertig war".

Doch Pischl berichtet, wie andere, auch von Erlebnissen, die nicht in das Bild von den vergewaltigenden Horden paßten: „Eines Nachts kamen zwei junge Männer in sowjetischen Uniformen in unseren Keller. Sie zeigten rote Büchlein her: ‚Wir sind von der Kommunistischen Partei in Irkutsk'. Sie wollten meine Schwestern. Irgendwie gelang es meinem Vater, mit mir am Arm aus dem Keller zu kommen. Wir liefen in einen Russen. Dieser verstand sofort. Er nahm seine Maschinenpistole und hielt sie den beiden mit aufgezogenem Verschluß vor. Er machte einen sehr ruhigen und würdigen Eindruck. Die machten einen Wirbel und drohten offensichtlich. Sie mußten aber gehen. Offensichtlich hatten sie gedroht, zurückzukommen. Denn unser Russe legte sich vor unseren Keller mit der schußbereiten MP auf den Bauch. An diesen Mann muß ich mein ganzes Leben lang denken".

„Ein Russe zerrte mich zu einem Straßenbahnwagen und vergewaltigte mich."

Maria Wild, damals 13 Jahre

Die Schlacht um Wien ist vorbei

13. April 1945

Nach Sowjetberichten sind 18.000 Deutsche und 19.000 Russen gefallen

Russische Artillerie auf dem Ring vor dem Parlament in Wien. Heeresgeschichtliches Museum Wien, APN-Bilderdienst

Der letzte Tag der „Schlacht um Wien", der Fall der Stadt wird in Moskau mit 24 Salutschüssen aus 324 Kanonen gefeiert. Die Reste der deutschen Truppen ziehen sich auf das Nordufer der Donau bei Wien zurück. Der Plan für den Aufstand der Widerstandsbewegung in Tirol ist fertiggestellt. In Wien sind 120 Brücken zerstört, fast 90.000 Wohnungen sind nicht benützbar.

Die Sowjets hissen die Siegesfahne auf der Wiener Hofburg. Das Foto dürfte jedoch – wie auch die meisten Kampfaufnahmen – nachträglich gestellt worden sein.
Institut für Zeitgeschichte / Raskin

Für die Russen war die Schlacht um Wien offiziell am 13. April um 14 Uhr zu Ende. Zwar leisteten einzelne deutsche Truppenteile, meist abgeschnitten und isoliert, noch Widerstand, doch von Bedeutung waren diese Kämpfe nicht mehr. Den „Götterdämmerungs"-Untergang, den Hitler für alle seine Untertanen vorgesehen hatte, versuchten letzte Anhänger des Regimes im kleinen umzusetzen.

Zeitzeuge Herbert Wappelshammer, damals 17, berichtet von einer kritischen Situation mit einem SA-Bonzen im Haus:

„Eine sehr schlimme Sache, sagte Herr Sch. ernst. Wir haben einen SA-Bonzen im Haus. Er ist alt, leidet an Tbc und glaubt daher, daß er nichts mehr zu verlieren hat. Soeben ist er in seine Wohnung hinaufgegangen. Er will, wie er mir sagte, seine Parteiuniform anziehen, dann auf den Balkon hinaus und mit der Pistole auf die Russen unten schießen – bis sie ihn erledigen. Er möchte einfach Schluß machen, will auf diese Weise Selbstmord begehen, dieser Narr! Und bedenkt nicht, daß wir alle dabei draufgehen können. Denn wer sagt, daß die Russen nur ihn umlegen? Vielleicht haben sie schon Kanonen herbeigeschafft und schießen das ganze Haus in Trümmer, wenn er den Helden spielt. Vielleicht kommen sie dann in den Keller und bringen aus Vergeltung uns alle um. Die haben doch sicher auch diese Hitlerphrase gehört: Jedes Haus eine deutsche Festung. Ich wollte es dem Narren ausreden, aber er hat nicht auf mich gehört. Es ist kein Fanatiker, bloß ein alter Herr, für den jetzt alles zu Ende geht, der nicht mehr weiterleben will. Und der uns vielleicht alle mitreißt. Wir müssen etwas tun, und zwar sofort'. ‚Ich habe einen Revolver bei mir', sagte ich. ‚Dann kommen Sie bitte mit'. Nebeneinander steigen wir die Treppen hoch. Ich bin erst über siebzehn und soll einen Menschen töten. Es geht ums Überleben. Die Zeit und das Recht sind aus den Fugen. Unfaßbares geschieht jetzt in dieser Stadt, hier in diesem Haus. Meine rechte Hand ist in der Rocktasche. ‚Ich werde nochmals mit ihm sprechen', raunt Herr Sch. ‚Vielleicht läßt er sich doch überreden und gibt auf. Wenn nicht, dann ...' Ich nicke stumm.

Die Tür ist nur angelehnt. Wir durchqueren den Vorraum, betreten ein gediegen möbliertes Wohnzimmer. Auf der Straße peitschende Schüsse in rascher Folge. Ein großer hagerer Mann in Zivil verschließt einen Schrank, wendet sich uns zu und wirkt sehr müde. ‚Ich komme schon', sagte er resigniert. Dann gehen wir ohne ein weiteres Wort in den Keller hinunter".

„Der Führer hat die Wiener schon richtig erkannt. Sie stellen ein widerwärtiges Pack dar, das aus einer Mischung aus Polen, Tschechen, Juden und Deutschen besteht."

Joseph Goebbels, Tagebuch

„Abends begann der Wirbel mit den neu einquartierten russischen Truppen. Furchtbare Szenen spielten sich ab.“

Zeitzeuge Erwin Chvojka

Die österreichische Hauptstadt war wieder frei. Der Anteil der österreichischen militärischen Widerstandsbewegung an der Befreiung ist schwer einzuschätzen. Sie hatte die sowjetische Führung über die unkoordinierten Verteidigungsmaßnahmen informiert und so sicher die Planung des Angriffs erleichtert. Der Plan, durch einen Aufstand die Wehrmacht zu entwaffnen und den Sowjets die Tore Wiens zu öffnen, schlug durch Verrat fehl – wenn er je eine Chance auf Erfolg gehabt hätte. Die größte Bedeutung lag im Politisch-Moralischen.

Zeitzeuge Erwin Chvojka wagte eine Expedition vom 2.Bezirk ins Stadtinnere für eine „Bestandsaufnahme“: „Nachmittag machte ich den ersten Versuch, in das Stadtinnere vorzudringen. Am Praterstern war die Lage ruhiger. Am Donaukanal müssen sich fürchterliche Kämpfe abgespielt haben. Am Ufer der Innenstadt sind die Häuser zwischen Schweden- und Morzinplatz abgebrannt, am Leopoldstädter Ufer fast alle Gebäude. Die Brücken liegen im Wasser, bis auf die Augartenbrücke, die schlecht gesprengt worden war. In der Unteren Augartenstraße müssen sich furchtbare Kämpfe mit Flammenwerfern abgespielt haben. Verkohlte Häuser, darunter das von Ernstls Familie, ragen auf. Die Kaianlagen strotzen von russischen Gräbern, der durch die Flammenwerfer umgekommenen Russen. Zwei Verbrannte lagen noch zwischen schwelenden Trümmern einer gelb verkohlt und mumifiziert und einer ein Bündel in einem Mantel gewikkelter Knochen und rauchenden Fleisches. Wenn ich jetzt irgendwo den kalten Brandgeruch ausgebrannter Häuser spüre, muß ich immer an diese Bilder denken. Überhaupt wimmelt es in verschiedenen Parkanlagen von russischen Gräbern sowie von unbegrabenen deutschen Soldaten, deren einer vor der Börse von einem Panzer überfahren worden sein muß, denn es blieben außer zwei zerquetschten Stiefeln nur eine zerrissene Uniform, ein zerfetztes Hemd und ein riesiger Fleck einer glitschigen Fleisch-Knochenmasse über. Auch Pferdekadaver decken überall die Straße. In der Inneren Stadt sind auch große Schäden. Viele der großen Geschäftshäuser in der Rotenturm-, Wipplinger- und Kärntnerstraße, auf dem Stephansplatz und in vielen anderen Gassen sind ausgebrannt. Burgtheater und Parlament sind ausgebrannt. Der Stephanskirche fehlt das gesamte Dach, über dem Chorgestühl auch das Gewölbe. Der große Turm wurde beschädigt, die Kuppel des kleinen Turmes zerstört. Am Stephansturm hängt die weiße Fahne. Das gefällt mir nicht. Die österreichische Fahne am Rathaus gefällt mir schon besser. Abends begann der Wirbel mit den neu einquartierten russischen Truppen. Bei Tag waren sie recht freundlich, gaben uns sogar Fleisch, des nachts aber brachen sie in Keller und Wohnungen und suchten nach Stehlbarem sowie nach Frauen. Furchtbare Szenen spielten sich ab, allein durch den Kellerdurchbruch – die Keller waren nur durch geschichtete Ziegel miteinander verbunden, sodaß man im Fall eines Treffers in den nächsten Keller durchkonnte. Allein durch den Durchbruch in unserem Keller kamen dreimal die Frauen der Nebenstiege, wobei mir jedesmal die Ziegel um die Ohren sausten, und ich glaubte, eine Granate hätte eingeschlagen“.

Man ging in Wien daran, zunächst Schadensbilanz zu ziehen. Der 2. Weltkrieg hatte für Wien folgende Zivilopfer bedeutet: 8769 Tote bei 52 Luftangriffen, 2266 Tote während der insgesamt doch fast zehntägigen Kämpfe um die Stadt, das sind zusammen 11.035 Tote.

Die sowjetischen Zahlen: Im Kampf um Wien sollen die deutschen Verluste in der Zeit vom 3. bis zum 13. April 19.000 Mann an Toten betragen haben, 47.000 Offiziere und Soldaten seien gefangen, 636 Panzer und 1093 Geschütze erobert oder zerstört worden. Demgegenüber seien 18.000 sowjetische Soldaten gefallen. Bei weitem niedriger, wenngleich erschreckend genug, sind die Angaben, die der Bürgermeister der Stadt Wien, General a. D. Theodor Körner, in einem Rechenschaftsbericht am 22. Juni 1945 machte. Demnach hätten nach dem Ende der Kämpfe 4000 Leichen auf den Friedhöfen und 1000 in den Spitälern, Straßen und auf den Plätzen der Stadt auf Abtransport und Beerdigung gewartet. 35.000 Menschen sind in Wien an diesem 13. April 1945 obdachlos. 21.317 Häuser sind ganz oder teilweise zerstört, 86.875 Wohnungen unbrauchbar.

Auch die Infrastruktur der Stadt Wien hat schwere Schäden davongetragen. 120 Brücken wurden zerstört. Man zählte rund 3000 Bombentrichter und weitere 3700 Schäden an Kanälen, Wasser- und Gasleitungen. Es gab rund 8 Millionen Quadratmeter Glasbruch und 2,8 Millionen Quadratmeter zerstörter Dachfläche.

Dennoch war Wien nach sowjetischer Berechnung nur zu 13 Prozent zerstört (Berlin zu 53 Prozent). Das lag wohl auch daran, daß die Stadt allen Parolen zum Trotz nicht mit alleräußerster Erbitterung verteidigt wurde. Vor allem die freiwillige Räumung der Innenstadt durch die Wehrmacht rettete unzählige Kunstdenkmäler. Daß die Reichsbrücke stehen blieb, ist allerdings der Verwirrung der letzten Kampfstunden zu verdanken. Chefpropagandist Joseph Goebbels notiert im Berliner Führerbunker seinen Frust: „Das haben wir nun vom sogenannten Wiener Humor, der bei uns in Presse und Rundfunk sehr gegen meinen Willen immer verniedlicht und verherrlicht worden ist. Der Führer hat die Wiener schon richtig erkannt. Sie stellen ein widerwärtiges Pack dar, das aus einer Mischung zwischen Polen, Tschechen, Juden und Deutschen besteht. Ich glaube aber, daß die Wiener doch besser hätten im Zaume gehalten werden können, wenn dort eine anständige und vor allem energische politische Führung am Ruder gewesen wäre. Schirach war dazu nicht der richtige Mann."

Die Sowjets werden noch bis zur Traisenlinie und St. Pölten vorstoßen. Im wesentlichen sind aber ihre militärischen Ziele erreicht. Für die Russen war die Eroberung Wiens psychologisch anders besetzt als die Berlins: Der sowjetische Militärphotograph der Agentur TASS, Jewgenij Chaldej, von dem einige der berühmtesten Bilder des Krieges stammen – darunter das von der Sowjetfahne auf dem Berliner Reichstag – hielt sich zum 50. Jahrestag in Wien auf. Im Gespräch mit dem KURIER erinnert er sich daran, welche Assoziationen zu Hause Wien erweckte: „Alle meine Kriegsfotos sind 50 Jahre herumgelegen, in Rußland gab es kein Interesse. Nur ein Foto gab es immer in allen Büchern in Moskau: ‚Russische Soldaten, die Johann Strauß mit einem Blumenkranz am Friedhofsdenkmal, ehren.' Strauß wurde in Rußland sehr berühmt durch den Film, der in den USA gedreht wurde: ‚Der große Walzer'".

Chaldej über seinen Marsch auf Wien: „Ich habe damals nur den Krieg erlebt, Tag für Tag. Damals, vor 50 Jahren, war es viel wärmer um diese Zeit. Alles hat geblüht, und es war fürchterlich anzuschauen, wie die Kanonen aus den blühenden Obstgärten herausragten und herumgeschossen wurde. In Wien war ich vom 12. April an, eine Woche aktiv, habe Motive gesucht und gearbeitet. Ich war mit meinem Marschall hier, mit Tolbuchin, der auch aus Sewastopol kommt. Ab 9. Mai 1944 waren wir zuerst in Rumänien, Bulgarien, Jugoslawien, Ungarn, dann in Österreich. Tolbuchin ist hiergeblieben, ich bin nach Moskau und dann schnell, schnell nach Berlin. In Wien machte ich ein Foto mit Soldaten auf dem Dach des Rathauses, mit der österreichischen Fahne. Ich mache ein Foto nach dem anderen. Unten an der Straße steht eine alte Frau und schaut zu. Später, als ich zu ihr hinunterkomme, schaut sie auf die österreichische Fahne und die russischen Soldaten und sagt ‚Bravo!' – so ist es recht".

Kaum waren die Kämpfe vorbei, machten sich die österreichischen politischen Kräfte daran, Parteien und Interessenvertretungen neu zu gründen.

„Mein Foto ‚Russische Soldaten am Denkmal von Johann Strauß' ist in allen russischen Büchern."

Jewgenij Chaldej, sowjetischer Kriegsfotograf

Erlaftal-Bote

Scheibbs, Freitag den 13. April 1945 — 55. Jahrgang

Der Feind im Land

Niederdonauer!

Ein unerbittlicher Feind ist in unsere schöne Heimat eingebrochen. Wir müssen alles daransetzen, um ihn aufzuhalten und ihn wieder hinauszuwerfen. Eure Führung wird auch diese schwere Lage meistern, wenn ihr alle mithelft. Laßt euch nicht weichmachen! Der Feind ist nicht so stark, daß wir mit ihm nicht fertig werden könnten! Er ist es erst dann, wenn wir kleinmütig sind; viele Beispiele beweisen es. Laßt euch daher nicht einschüchtern! Tut eure Pflicht dort, wo ihr hingestellt seid! Verwaltung und Versorgung müssen weiterarbeiten. Dies ist die Voraussetzung für die weiteren Maßnahmen der Führung.

Gegen Pflichtverletzung wird scharf durchgegriffen.

Es herrscht Standrecht!

Wer den Abwehrkampf sabotiert, gleichgültig ob aus Absicht oder Feigheit, hat keine Gnade zu erwarten!

Niederdonauer und Niederdonauerinnen! Schon oft in der Geschichte hat eure Heimat schwere Zeiten durchgemacht und doch ist sie jedesmal Sieger geblieben. So soll es auch diesmal sein. Ich rufe euch auf, erweist euch eurer Vorfahren würdig! Denkt an die Zukunft eurer Kinder, die nur in einem deutschen Land leben können. Seid standhaft, dann wird der Sieg unser sein!

Dr. Hugo Jury, Gauleiter.

Siegen oder fallen!

Der Leiter der Parteikanzlei Reichsleiter Bormann gibt folgende Anordnung bekannt:

Nationalsozialisten, Parteigenossen!

Nach dem Zusammenbruch von 1918 verschrieben wir uns mit Leib und Leben dem Kampf um die Daseinsberechtigung unseres Volkes. Jetzt ist die höchste Stunde der Bewährung gekommen: Die Gefahr erneuter Versklavung, vor der unser Volk steht, erfordert unseren letzten und höchsten Einsatz.

Von jetzt ab gilt: Der Kampf gegen den ins Reich eingedrungenen Gegner ist überall mit aller Unnachgiebigkeit und Unerbittlichkeit zu führen.

Gauleiter und Kreisleiter, sonstige Politische Leiter und Gliederungsführer kämpfen in ihrem Gau und Kreis, siegen oder fallen.

Ein Hundsfott, wer seinen vom Feind angegriffenen Gau ohne ausdrücklichen Befehl des Führers verläßt, wer nicht bis zum letzten Atemzuge kämpft; er wird als Fahnenflüchtiger geächtet und behandelt.

Reißt hoch die Herzen und überwindet alle Schwächen! Jetzt gilt nur noch eine Parole: Siegen oder fallen!

Es lebe Deutschland! Es lebe Adolf Hitler!

In Niederösterreich wurde weitergekämpft – auch mit letzten NS-Durchhalteappellen. KURIER-Archiv

österreichische Angestellte und Arbeiter, deren politische Position ziemlich links ist, deuten an, daß sie einen ‚guten' österreichischen Nazi jedem Piefke (Deutschen) vorziehen, was immer seine politische Richtung ist und sie sind damit einverstanden, Österreicher in führende Positionen zu stellen und zu behalten, sogar wenn ihre Vergangenheit als Nazis wohl bekannt ist".(zit.aus: Oliver Rathkolb: „Gesellschaft und Politik am Beginn der Zweiten Republik – Vertrauliche Berichte der US-Militäradministration aus Österreich 1945 in englischer Originalfassung" – Böhlau 1985).

Es gab allerdings auch – und nicht wenige – unverbesserliche Nazi. Über ein Gespräch mit einem solchen, dem Rektor der Universität Innsbruck, berichtet das OSS vom Mai 1945: „Harold Steinacker, nun ein verwitterter kleiner Mann von 70 Jahren, ist ein reueloser Nazi der akademischen Art... Die Nazi-Bewegung war das große emotionale Erlebnis seines Lebens. Er betrachtet sie immer noch als eine im wesentlichen geistige Kraft, die sich an Idealisten richtet. Auf den leisesten Anstoß hin erregt er sich über die alten Geschichten und agitiert den Zuhörer mit dem Eifer der ‚Kampfzeit' an ... Er betrachtet die deutschen Greuel in diesem Krieg als erfunden. ‚Wir sieben Millionen Parteigenossen waren keine Verbrecher', sagte er. Bei diesem Thema in die Ecke gedrängt, erwiderte er, daß die Nazi-Greuel nicht so schlimm waren wie die der Russen ... Steinacker glaubt felsenfest, daß Deutschland völlig ohne Schuld am Krieg ist".

„Generell betrachtete das Publikum den Konzentrationslager-Film als reine Propaganda."

Britischer Bericht aus Klagenfurt vom Mai 1946

Er war in diesem Glauben keineswegs allein – auch noch als die Bevölkerung durch Filme mit dem Grauen der NS-Verbrechen konfrontiert wurde: „Der Konzentrationlager-Film wurde im ganzen Land gezeigt und allen ehemaligen Parteimitglieder wurden zur Teilnahme gezwungen", lautet ein britischer Bericht vom Mai 1946 aus Klagenfurt: „Als der Film an der technischen Hochschule in Klagenfurt gezeigt wurde, wurden Bilder vom Reichsparteitag in Nürnberg mit ‚Sieg Heil' und ‚Heil Hitler' von Teilen des Publikums begrüßt...Generell betrachtet das Publikum den Film als reine Propaganda".

Die neuen demokratischen Parteien mußten mit diesem offenbar tief verwurzelten Erbe fertig werden. Zunächst ging es ihnen darum, sich selbst zu organisieren und – wie die ÖVP – neu zu gründen.

Bildarchiv der ÖNB

17. April 1945

„... komm mit, die gründen die Volkspartei“

Die alten Christlich-Sozialen werden eine breite Sammelbewegung

Leopold Figl, rechts Raoul Bumballa, Julius Raab und Ferdinand Graf, links: Lois Weinberger. Christa R. Skrein

Schwere Bodenkämpfe im Norden von Wien. Im Wiener Schottenstift gründen sich die Christlich-Sozialen als „Volkspartei“ neu.
17. 4.: Gründung der ÖVP im Schottenstift. Die Führung der Partei übernehmen Leopold Kunschak und Felix Hurdes. Man einigt sich dabei auf den Namen „Österreichische Volkspartei“ anstatt des traditionellen „Christlich-Soziale Partei“.

Die SPÖ entstand formell am 15. April neu, die ÖVP zwei Tage darauf. Wie bei den Sozialisten, die noch in der Ersten Republik Sozialdemokraten geheißen hatten (und seit Vranitzky wieder Sozialdemokraten heißen), ging es auch um ein Namensproblem, hinter dem sich ein inhaltliches verbarg: die „Christlich-Sozialen“ der Ersten Republik waren diskreditiert – in ihrem Namen war ab 1933/34 ein klerikal-autoritäres Regime, der „christliche Ständestaat“, errichtet worden, der dann schmählich von den Nazis weggefegt wurde.
Man wollte christlich sein, aber nicht zu eng. Erhard Busek schreibt im Buch „Politik in Österreich“ von Wolfgang Mantl über die Anfänge seiner Partei: „Name und Idee der Österreichischen

„Man stützte sich auf das konservative und christlich-soziale Lager.“

Erhard Busek, Vorsitzender der ÖVP

Volkspartei wurden schon 1943 und 1944 in geheimen Konventikeln zwischen Leopold Figl, Julius Raab, Leopold Kunschak, Lois Weinberger, Felix Hurdes und anderen festgelegt und stellten eine Verbindung von Kontinuität und Neuorientierung dar.
Man stützte sich auf das traditionelle katholisch-konservative und christlich-soziale Lager, sozioökonomisch konstituiert im Bauernstand, dem gewerblichen Mittelstand und dem städtischen, christlich orientierten Kleinbürgertum der Beamten, Angestellten und Arbeiter. Darüber hinaus sollte die ÖVP die Sammelpartei aller Nichtmarxisten sein, aller jener also, die den ‚bürgerlichen‘ Staat und die ‚bürgerliche‘ Gesellschaftsform bejahen.“
Es sollte eben eine „Volks“partei sein, die ein möglichst breites Spektrum umfaßte.
Das machte Figl übrigens auch jenen Vertretern des US-Geheimdienstes OSS klar, die ihn im Spätsommer 1945 fragten „warum die Christlichsoziale Partei sich entschlossen hatte, sich Volkspartei zu nennen“. Er schlug auf den Tisch und sagte: „Das ist keine alte Partei unter einem neuen Namen. Das ist eine neue Partei. Die Partei als solche repräsentiere eine neue Idee: eine demokratische Union aller gemäßigten Österreicher“ zit. aus: Oliver Rathkolb (Hrsg.). „Gesellschaft und Politik am Beginn der Zweiten Republik“. Böhlau, Wien 1985). Ressentiments gegen die alte Partei gab es noch genug. Am 17. April schrieb Renner dem ehemaligen Bürgermeister von Baden, dem Christlichsozialen Kollmann, und teilte mit, daß er die engere „Dollfuß-Clique“ aus der künftigen Regierung ausschließen wolle. Selbst die Sowjets hielten diese jedoch für kaum durchführbar. Renner kündigte unterdessen Schärf durch einen Boten seine Ankunft in Wien um den 21. April an.

„Man sagte zu mir, komm in den Schottenhof, dort wird die ÖVP gegründet.“

Johannes Eidlitz, Mitbegründer der ÖVP

Die eigentliche Gründung der ÖVP dürfte dann in der für diese Tage typischen Turbulenz verlaufen sein. Johannes Eidlitz, Widerstandskämpfer und einer der Gründer der ÖVP, erinnert sich im Gespräch mit dem KURIER an die entscheidenden Stunden:
„Eine Gruppe von unseren Freunden, Dr. Zimmer-Lehmann, Wilfried Gredler usw. wollten also eine überparteiliche Widerstandsbewegung als eine Dachorganisation. In der Proklamation der Sowjets war auch etwas enthalten, was so ähnlich geklungen hat. Es war uns aber sehr unheimlich. Es hatten sich als allererste die Kommunisten als Partei organisiert, schon am 12. oder 13., einen Tag später die Sozialdemokraten und Revolutionären Sozialisten“. Der konservativ-bürgerliche Widerstand hatte im Palais Auersperg sein Hauptquartier aufgeschlagen, noch während die Kämpfe in Wien tobten. Die „Uniform“ – rotweißrote Armbinde und Steirerhut – wurde auch von vielen „Adabeis“ und „G‘schaftelhubern“ (der Diplomat Josef Schöner in seinem Tagebuch) getragen. Die Kerntruppe bestand jedoch aus idealistischen, durchwegs „altösterreichisch“ motivierten „Amateuren“, die zwar im Widerstand ihr Leben riskiert, aber in der politischen „Normalität“ nicht so versiert waren wie die Berufspolitiker, von denen sie sehr rasch verdrängt wurden.
Eidlitz: „Im Auersperg herrschte großer Parteienverkehr während der ersten zwei, drei Tage und ich hatte die Funktion, Leute aufzunehmen und weiterzuleiten. Da kommt ein Herr daher mit Melone, Wintermantel und Regenschirm. Ich sage ‚Grüß Gott mein Herr!‘ Er sagt: ‚Ich bin Hofrat Schärf‘. – ‚Herr Hofrat, was können wir für Sie tun? Wollen Sie sich beteiligen an der Vorbereitung für die Wiedererrichtung der Volkspartei?‘ Sagt er: ‚Nein, ich vertrete die Sozialdemokraten und Revolutionären Sozialisten‘. Das war eine unbeschreibliche Heiterkeit.
Wir haben uns dann also entschlossen, mit Hurdes an der Spitze, der auch zum Kreis des Widerstandes gehört hat und Oswald, der ein bedeutender Mann im Widerstand war und die militärische Leitung hatte, die Volkspartei zu gründen. Die Vorarbeiten waren schon in der Illegalität gelaufen. Es gab einige Vorgespräche, bei Kardinal Innitzer und bei Prälat Fried. Er hat damals eine sehr große Rolle gespielt. Er ist eigentlich der gewesen, der die Politiker zusammengerüttelt hat und gesagt hat: Marsch, macht‘s was!
... In der Früh des 17. kam Herbert Braunsteiner und sagte, komm mit in den Schottenhof, dort geschieht etwas, die gründen die ÖVP. So bin ich also mit – das klingt alles sehr einfach. Hurdes, Figl, Heindl, waren da – zehn Herren – Braunsteiner und meine Wenigkeit. Wir haben dann die Ämter aufgeteilt, Hurdes wurde Generalsekretär, ich wurde Organisationsreferent und Herbert Chef der Parteikanzlei. Am Anfang haben wir uns mit Ausdrücken nazistischer Färbung herumgeschlagen – wir haben diese sieben Jahre Nazismus bis in die Knochen gekriegt. Wir mußten das mit Gewalt wieder herausspülen. Es begann ein Zukunftskampf um den Wähler. Da bekamen die Kummerln herrliche Papier-

zuteilungen von den Russen, alles beschlagnahmt. Auch die Sozialisten bekamen sehr gute Zuteilungen. Wir bekamen nichts. Da haben sie ausgemacht, wir könnten die Streifen haben die beim Abschneiden der Papierbögen übriggeblieben sind. Wir haben uns also den Kopf zerbrochen, was tun mit diesen Streifen? Da kam der Julius Raab und sagte, schreibt nix als: ‚Mein und dein sind Rechtsbegriffe: Die Volkspartei.‘ Das hat sicherlich zum großen Erfolg im Herbst 45 beigetragen. Es war ein irres Schlagwort“. Recht typisch für den Pragmatiker Julius Raab dürfte auch ein anderes Erlebnis von Eidlitz sein: „Weil ich nun schon einmal Organisationschef war, habe ich einen eigenen Strukturentwurf für die Partei gemacht, ging damit zu allen möglichen Leuten. Hurdes war 100prozentig für mich, Figl hat gesagt: ‚Ja, das hat etwas für sich‘. Ich ging damit dann natürlich zu Raab. Ich wußte, wenn der nein sagt, ist alles aus, wenn er ja sagt, ist alles bestens. Er hat sich das angehört, freundlich, Zigarre schmauchend und gesagt: ‚Wannst gwinnst, bin ich für dich‘.

Die Christlich-Sozialen der Ersten Republik waren etwas weniger anfällig für den Gedanken eines Anschlusses an Deutschland gewesen als die Sozialdemokraten oder gar die Deutschnationalen. Das hing damit zusammen, daß sehr viele noch in der Tradition der Habsburgermonarchie (und in heimlicher Hoffnung ihrer Wiedererrichtung) lebten. Andererseits betonten besonders die autoritären Ständestaatler wie der von den Nazis ermordete Kanzler Dollfuß und der nach dem Anschluß ins KZ gesteckte letzte Kanzler Schuschnigg die „deutsche“ Natur Österreichs als den „besseren deutschen Staat“ im Vergleich zu Hitler-Deutschland. Dahinter stand ein mystisch-irrealer Traum von einer Wiederbelebung des „Heiligen Römischen Reiches“ – Deutschland vom katholischen Wien aus regiert.

Dieses Konzept mußte scheitern, weil das mächtige Hitler-Deutschland natürlich auch auf die verunsicherten Österreicher einen stärkeren Eindruck machte als Dollfuß'/Schuschniggs Träume. Schon während des Krieges stand daher bei christlich-sozialen Politikern fest, daß man wieder an ein unabhängiges Österreich glauben müsse. Der Historiker Ernst Bruckmüller in „Politik in Österreich“:

„Deutlich bezieht die Österreichische Volkspartei eine österreichisch-nationale Position. Es war dies zweifellos sehr stark auf die Persönlichkeit von Alfred Missong zurückzuführen, der sich

05-Zeichen am Stephansdom: 05=0E, das Zeichen für Österreich im Widerstand. Hans Techt

mit vollem Engagement für die nationale österreichische Besonderheit einsetzte. Man kann aber in zahlreichen Stellungnahmen der Zeit ganz allgemein eine weitreichende Identifikation der ÖVP-Politiker mit der völligen nationalen Eigenständigkeit Österreichs beobachten.“ Das ständestaatliche Motiv kehrte aber in der bündischen Struktur der ÖVP wieder, die schon 1945 eine entscheidende Rolle gespielt.

„Deutlich bezieht die ÖVP 1945 eine österreichisch-nationale Position.“

Ernst Bruckmüller, Historiker

Lois Weinberger wurde als Vertreter des AAB (Arbeiter und Angestellten-Bund) im Parteipräsidium akzeptiert. Für die Gruppe des Mittelstandes, der zuerst „Unternehmerbund“ getauft wurde und sich erst später „Wirtschaftsbund“ nannte, fand sich nach einigen Tagen der Baumeister Julius Raab, für die Bauern trat von Anfang an Leopold Figl als Vertreter auf.

Damit waren die drei Gründungs-Bünde der ÖVP komplett. Der christliche Gewerkschafter Lois Weinberger schlug Felix Hurdes als Generalsekretär der Partei vor.

Als Präsident der ÖVP wurde der christlich-soziale Arbeitnehmerführer Leopold Kunschak installiert.

Für die Anerkennung durch die Sowjets mußte die ÖVP, wie alle anderen Parteien auch, erst kämpfen. Johannes Eidlitz erzählt, wie er mit

einem Russisch-Dolmetsch einigen Offizieren das Programm der ÖVP erläuterte und der Dolmetsch nachher leichenblaß sagt: „Haben Sie nicht gehört, was die immer miteinander geredet haben? Auf jede Ihrer Antworten hat der eine gesagt: ‚Kryptofaschist, Kryptofaschist!‘“
Zwischen den Vertretern der neu gegründeten ÖVP und der im Palais Auersperg versammelten Widerstandsbewegung O5 (das Zeichen für „OEsterreich“ wurde am Stephansdom eingeritzt und befindet sich heute noch dort) bestanden Überschneidungen. Die O5-Aktivisten wie die Brüder Fritz und Otto Molden oder Georg Zimmer-Lehmann stammten ja größtenteils aus „bürgerlichem“ Haus. Aber aus liberal-großbürgerlichem, nicht aus christlich-sozial-kleinbürgerlichem. Und das war einer der Gründe dafür, daß gerade sie, die am aktivsten im Widerstand gearbeitet hatten, keine Chance in der neuen politischen Struktur bekamen. Ein anderer Grund war das Mißtrauen der Russen gegen die westlich orientierte O5, die mit dem US-Geheimdienst in Verbindung stand. Aber: Wenn eine Diktatur stürzt, dann kommen meist nicht die Dissidenten ans Ruder, sondern die Berufspolitiker der „Reserve“.

Im ebenfalls stark beschädigten Parlament (hier das sogenannte Peristyl) begann wieder die parlamentarische Parteiendemokratie.

Dr. Karl König

Körner ist Wiener Bürgermeister

18. April 1945

Die ungeheuren Probleme der verwüsteten Hauptstadt

Theodor Körner, neuer Bürgermeister von Wien.
KURIER-Archiv

Theodor Körner wird von den Sowjets als Bürgermeister eingesetzt. Leopold Kunschak (ÖVP) und Karl Steinhardt (KPÖ) werden zu seinen Stellvertretern ernannt. Der Kommunist Prikryl, der sich höchstwahrscheinlich selbst zum Bürgermeister ernannt hat, muß das Zimmer des Bürgermeisters räumen. In Mistelbach kommt es zu hartnäckigen Straßenkämpfen.

Die eroberte/befreite Hauptstadt mußte nun irgendwie verwaltet werden. Der sowjetische Stadtkommandant Generalmajor Blagodatow hatte zu seinen eigenen Offizieren kein allzu großes Zutrauen, so bestellt er auf Vorschlag des Vorsitzenden der KP, Johann Koplenig, den pensionierten General Theodor Körner zum Provisorischen Bürgermeister von Wien. Koplenig: „Er ist zwar ein Sozialdemokrat, aber . . ." Leopold Kunschak (ÖVP) und Karl Steinhardt (KPÖ) werden seine Stellvertreter. Körner war k. u. k. Offizier gewesen und konnte Russisch. 1945 war er bereits 72 Jahre alt, eine beruhigende, imposante Erscheinung mit seinen weißen Haaren und Bart. Bis 1951 war er Bürgermeister von Wien, von 1951 bis zu seinem Tod im Jahr 1957 war er österreichischer Bundespräsident.

Theodor Körner wurde 1873 als Sohn eines Artilleriehauptmannes geboren. Wie sein Vater durchlief er eine militärische Ausbildung. 1891 wurde er Pionieroffizier, im Ersten Weltkrieg war er Generalstabschef. 1919 trat Körner der republikanischen Armee bei und wurde hoher Beamter im Staatsamt für Heereswesen. 1924 wurde er zum General ernannt, später brachte ihm dies die Bezeichnung „Roter General" ein. Erst 1924, nach seiner Pensionierung, begann die politische Laufbahn Körners. Er trat der sozialistischen Partei bei, war Bundesrat und bis 1930 zusätzlich militärischer Berater im republikanischen Schutzbund. Im Anschluß an den Bürgerkrieg 1934 wurde Körner verhaftet und war elf Monate im Gefängnis. Körner ist im April 1945 aber nicht der erste Bürgermeister von Wien. Am 12. April hatte sich ein Kommunist namens Rudolf Prikryl von sich aus auf den Bürgermeistersessel gesetzt. Er übte dieses Amt eine Woche lang aus, erteilte Genehmigungen und Lizenzen. Am 18. April war seine „Tätigkeitsperiode" zu Ende, Theodor Körner trat zusammen mit der Wiener Gemeindeverwaltung sein Amt an.

Zu tun gab es genug. Zeitzeuge Dr. Karl König schrieb in sein Tagebuch: „Die Russen benah-

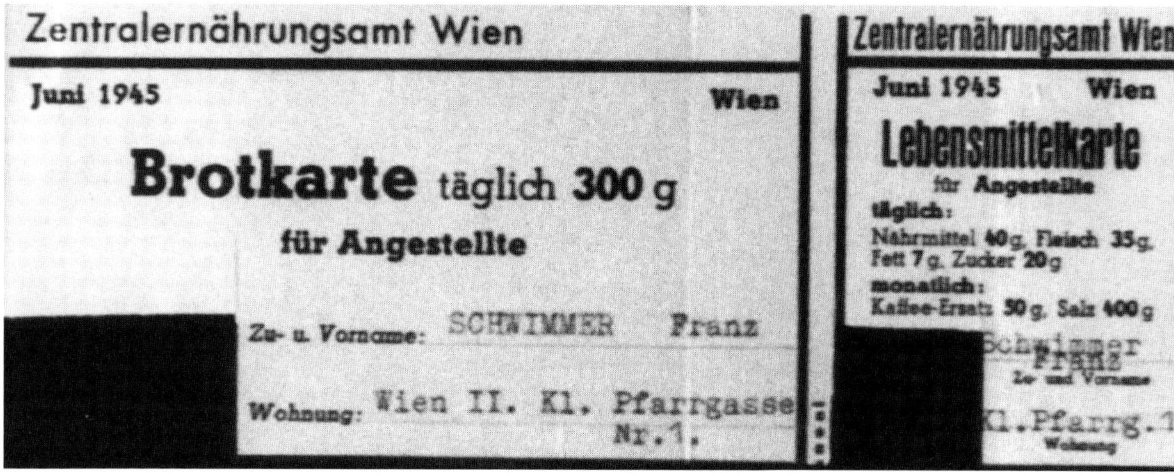
Zentralernährungsamt Wien
Juni 1945 Wien
Brotkarte täglich **300 g**
für Angestellte
Zu- u. Vorname: SCHWIMMER Franz
Wohnung: Wien II. Kl. Pfarrgasse Nr. 1.

Zentralernährungsamt Wien
Juni 1945 Wien
Lebensmittelkarte
für Angestellte
täglich:
Nährmittel 40 g, Fleisch 35 g, Fett 7 g, Zucker 20 g
monatlich:
Kaffee-Ersatz 50 g, Salz 400 g
Schwimmer Franz
Zu- und Vorname
Kl. Pfarrg. 1
Wohnung

Eines der Hauptprobleme der neuen Wiener Stadtverwaltung war die Versorgungslage mit Lebensmitteln. Um die Ernährung zu gewährleisten, wurden Lebensmittelkarten ausgegeben. Votava, Wien

men sich nicht als Befreier und wohin man kommt hört man von Plünderungen und Schändungen.
... Obwohl die Russen schon sechs Tage unsere Stadt besetzt haben, bekamen wir noch nichts zu kaufen. Um Brot sind die Leute in langen Reihen angestellt. Wir haben noch drei kg Brot und ich hoffe, Hedi das Anstellen ersparen zu können.
... Das kleine, drei Wochen alte Kind von Kräuterblüh ist in der vergangenen Nacht gestorben. Angeblich an Lungenentzündung. Ich glaube, es ist verhungert. Herr Kräuterblüh ging mit der Leiche zu einem Arzt und obwohl dieser keinen Totenschein ausgestellt hatte, trug er die Leiche zur Augartenmauer und verscharrte sie dort. Pietät! Jetzt müssen die Angehörigen schon selbst die Toten einscharren! Natürlich geschah dies ohne Priester und Trauergäste ... In der Unteren Augartenstraße liegen noch immer zwei Tote beim Durchgang und in der Rembrandtstraße ein SS-Mann. Niemand kümmert sich um sie. Wahrscheinlich wartet man bis die Leichen einen unerträglichen Gestank verbreiten und die Ursache für die Verbreitung von Seuchen sein werden!"
Der neue Bürgermeister erläßt an diesem Tag einen Aufruf an die Wiener Bevölkerung, in dem es unter anderem heißt: „Trotzdem darf niemand verzagen und verzweifeln. Vergeßt nicht, daß die Nazipropaganda Euch geblendet und ganz verhetzt hat und weiterhetzt und schürt. Wiener, Wienerinnen: An die Arbeit! Alle, aber auch alle, müssen arbeiten, damit ein neues, schönes und soziales Wien wieder ersteht. Niemand soll rückwärts schauen! Alles vorwärts, denn eine neue soziale Zeit bricht an."
Über Körners Aktivitäten im Jahr 1945 erzählt der ehemalige Bürgermeister von Wien, Helmut Zilk, im KURIER-Gespräch: „Körner hat bereits Jahre vorher, als alter Generalstabsoffizier, gewußt, wie das Ganze ausgehen wird. Und seine Stärke war ja, als die Russen gekommen sind, daß er fließend mit ihnen russisch sprechen konnte. Das hat der Stadt unendlich viel geholfen. Er konnte mit dem General Blagodatow über diese Probleme, über die Übergriffe und Verhaftungen, aber auch über die Frage der Not, der Lebensmittelhilfe reden. Der Körner ist hin und her gependelt zwischen Rathaus und Stadtkommandantur."
Am 17. hatte sich Karl Renner inzwischen mit dem christlich-sozialen Politiker Josef Kollmann getroffen, um eine Kooperation zwischen den beiden Parteien zu besprechen. In einer für die Sozialdemokratie jener Zeit typischen Prägung (der auch Kreisky unterlag) hegte er allerdings fast mehr Haß gegen die „Austrofaschisten" als gegen die Nationalsozialisten und phantasierte von der Todesstrafe für die „Heimwehrfaschisten", die 1934 auf Arbeiter geschossen hatten.

„Alle müssen arbeiten, damit ein neues, schönes und soziales Wien wiederersteht."

Thedor Körner, in seinem Aufruf am 18. April 1945

„Das kleine, drei Wochen alte Kind von Kräuterblüh ist in der vergangenen Nacht gestorben. Angeblich an Lungenentzündung. Ich glaube, es ist verhungert."

Zeitzeuge Karl König

Grab vor dem zerstörten Riesenrad im Wiener Prater. Erwin Chvojka

19. April 1945

Begraben in der Parkanlage

Erste Anordnung Bürgermeister Körners zur Wohnraumlenkung. Die Verwaltung Wiens läuft an, die größten Probleme sind die Unterbringung der Obdachlosen und die Lösung der Ernährungsfrage. Tote werden in Parks bestattet.
Im Westen und im Norden von Wien wird weiterhin erbittert gekämpft. Die Sowjets starten einen neuen Angriff auf Mistelbach.

Leichen wurden überall in den Parks begraben, hier am Max-Winter-Platz. Erwin Chvojka

Die neue Gemeindeverwaltung von Wien beginnt zu arbeiten. Die dringlichsten Aufgaben der Stadtverwaltung sind die Unterbringung der Obdachlosen und die Bewältigung der Ernährungsprobleme.
Verbunden mit der großen Not wurde das Problem der Leichenbestattungen immer akuter. Ein späterer Ministerialrat übermittelte seine Aufzeichnungen der Historikerkommission „Wien 1945“:
„In den meisten Fällen liegen die Verstorbenen zwischen 2 und 3 Wochen in den Wohnungen, ehe an eine Beerdigung geschritten werden kann. Es fehlt an Särgen, und nur der kann einen Angehörigen in einem Sarg zur letzten Ruhe bringen, der über die erforderlichen Bretter verfügt und sie zurechtzimmern kann oder einen bekannten Tischler hat, der ihm aus den Brettern den Sarg herstellt (Kaufpreis: eine Unzahl von Zigaretten oder wertvolle Nahrungsmittel).
In den meisten Fällen muß daher die Übergabe zur letzten Ruhe in Papiersäcken erfolgen, die auf ein Brett gebunden werden.
Neuerdings macht das Problem der zahllosen Selbstmorde der Naziverbrecher besonders Kopfzerbrechen, da es ein Leichenbestattungsunternehmen nicht gibt. Es ist daher Aufgabe der Hausgemeinschaft, die Leichen der Naziselbstmörder zu beerdigen, was meist im Garten des Wohnhauses erfolgt, wo bequemerweise ein solcher vorhanden ist. Ansonsten erfolgt die Beerdigung im nächstgelegenen Park oder öffentlichen Garten oder Rasenplatz. In diesem Fall wird das Grab von den Hausbewohnern ausgehoben und mittels einer Wache gesichert, damit nicht ein anderer das mühsam ausgeschaufelte Grab für sich benützt.“
Der jetzige Leiter der KURIER-Kulturredaktion, Dr. Franz Endler, war damals acht Jahre alt. Auch er erinnert sich an Leichenbestattungen in den Parks: „Komischerweise hat jede Familie damals ein Leiterwagerl gehabt. Damit hat man die Toten in Kisten provisorisch zu den einzelnen Grünflächen gebracht und begraben, weil man

„Man hat die Toten provisorisch begraben, man konnte ja nicht zum Zentralfriedhof.“

Dr. Franz Endler, Leiter der KURIER-Kulturredaktion

Auch die gefallenen Sowjetsoldaten wurden in Parks begraben – allerdings, wie hier im Volksgarten, mit aufwendigen Grabsteinen, die inzwischen längst wieder verschwunden sind.

Bildarchiv der ÖNB

ПОСТНЫЙ
БУЗУЕВ

nicht hinaus konnte in den Zentralfriedhof. Irgendwann später, im Sommer, als sich alles wieder normalisierte, hat man sie dann wieder ausgegraben und normal bestattet."

Westlich und nördlich von Wien war noch Krieg. Er verfolgte die Flüchtenden. Die Zeitzeugin Mella Rauscher hatte die ersten Apriltage 1945 in Wien verbracht, floh dann aber zu Verwandten nach Stein an der Donau.

Sie erinnert sich im Gespräch mit dem KURIER: „14 Tage hat man dort vom Krieg nichts gemerkt, dann aber waren die Russen schon in St. Pölten und haben herübergeschossen in die Wachau. In den Gassen von Stein haben wir Kinder gesehen, in viel zu große Uniformen gesteckt, die vor Angst nach der Mutter gerufen haben. Oft erst Fünfzehnjährige.

Meine Schwiegermutter und ich mußten wieder alles zusammenpacken und sind am linken Donauufer Richtung Persenbeug gezogen. Dort wollten wir überfahren, weil wir im Yspertal ein Quartier gefunden hatten. Wir sind auf andere Flüchtlinge gestoßen, die total erschöpft waren und die erzählten, daß sie von der SS von Budapest heraufgetrieben worden sind. Ein SS-Offizier hat mich von den Flüchtlingen weggezogen und hat mir gesagt, daß ich mit diesen Leuten nicht reden darf. Bei uns im Yspertal, in der Haslau, stand das Haus an einer Durchzugsstraße von der Tschechoslowakei hinunter zur Donau. In den letzten Tagen sind SS-Soldaten durchgezogen, die auf alles geschossen haben, was sich bewegt hat, aus Angst, es könnten Partisanen sein. An einem dieser Tage sind zwei SS-Männer zur Tür hereingekommen – wir haben gerade BBC gehört. Wir haben gedacht, jetzt ist alles aus. Sie hatten aber schon resigniert und gesagt: ‚Jetzt haben wir wieder einen Krieg verloren.' Einer der beiden hat dann etwas erzählt, was mich sehr berührt hat. Die jüdischen Flüchtlingen, die wir vorher getroffen hatten, sind zwei Tage vor Kriegsende noch erschossen worden. Es waren 140 Menschen. Bis zum letzten Augenblick hat es diese Vernichtungsaktionen gegeben".

Auch der ehemalige ÖVP-Generalsekretär und Vizekanzler Hermann Withalm hatte ein solches Erlebnis: „Ich war in Wien stationiert, und wir sind damals, Anfang April, nach Oberösterreich in die Zuckerfabrik Enns verlagert worden (ich war bei der Autobahn). Ein Erlebnis werde ich nie vergessen, ich war gerade beim Rasieren in einem Kellerraum und habe ab und zu Schüsse gehört. Vor dem Kellerfenster ist eine Kolonne von Juden vorbeigekommen, von der SS bewacht. Wenn einer zusammengebrochen ist, haben sie ihn gleich erschossen".

Es handelte sich dabei um jene ungarischen Juden und politischen Häftlinge, die von der SS in Todesmärschen in Richtung Westen zum KZ Mauthausen getrieben wurden. Der junge Wiener Schriftsteller Doron Rabinovici hat in einer Rede zum 50. Jahrestag des Massenmordes im südburgenländischen Rechnitz dieses noch wenig bekannte Kapitel scharf ausgeleuchtet: „In den letzten Wochen des Dritten Reiches in Österreich wurden etwa 23.000 ungarische Juden in Österreich umgebracht. Die Mörder heißen nicht Eichmann, nicht Murer. Sie waren keine dieser weltberühmten Österreicher. Sie standen bloß am Wegesrand, sie taten mehr als die Naziführung verlangt hatte. Hitlerjungen mordeten Hunderte Juden, die bisher überlebt hatten. Nein, das geschah nicht in Rechnitz, sondern in Göstling, in Randegg und in Gresten. Häftlinge wurden in Todesmärschen durch das Land getrieben. An beiden Seiten patrouillierten SS-Männer, in der einen Hand die Maschinenpistole, in der anderen eine SS-Prostituierte. Die Frau des SS-Mannes Höllriegel meinte, wörtlich, ihr Bubi habe schon so oft Bumbum gemacht, er solle jetzt auch sein Mädel Bumbum machen lassen ... Das geschah irgendwo zwischen Rechnitz und Mauthausen".

Am Vorabend von Hitlers Geburtstag hält Propagandaminister Joseph Goebbels noch eine flammende Rundfunkrede und beschwört seine wenigen Zuhörer, „daß das Deutsche Volk zum ersten Mal sein nacktes Leben verteidigen muß ..., daß der Feind vergeblich gegen unsere Verteidigungslinien anstürmt ... und daß Deutschland in wenigen Jahren wie nie zuvor mit schöneren Städten und reichen Kornfeldern wieder aufblühen wird ..."

20. April 1945

Adolf Hitlers letzter Geburtstag

Die Russen nehmen Berlin unter Artilleriefeuer

Marschall Tolbuchin erhält den Befehl aus Moskau, Karl Renner mit der Regierungsbildung zu beauftragen. Heftige Kämpfe südlich von Laa an der Thaya, den Sowjets wird jedoch der Durchbruch noch einmal verwehrt.
Adolf Hitler feiert seinen letzten Geburtstag.
Die Russen nähern sich Berlin und beginnen, die „Reichshauptstadt" unter Artilleriefeuer zu nehmen.

Adolf Hitler feiert seinen 56. Geburtstag, seinen letzten. Am 30. April wird er sich im Führerbunker neben der bereits halbzerstörten Reichskanzlei gemeinsam mit seiner vorher kurzfristig angetrauten Lebensgefährtin Eva Braun und der deutschen Schäferhündin Blondi umbringen.
12 Meter unter der Erde, unter drei Meter Beton, umgeben von den letzten Getreuen – Himmler, Göring, Ribbentrop, Goebbels, die sich dann alle bis auf Goebbels (der später seine Kinder tötete und mit seiner Frau Selbstmord beging) rasch absetzen –, feiert der Urheber des Krieges, der 55 Millionen Tote kostete, mit etwa 100 Gästen. Anschließend begibt er sich noch einmal ans Tageslicht, um mit zitternder Hand ein paar uniformierte Halbwüchsige im Garten der Reichskanzlei mit dem Eisernen Kreuz auszuzeichnen. Die russische Artillerie schießt Begleitmusik.
Seit dem Tod des US-Präsidenten Roosevelt am 12. 4. hatten sich Hitler und Goebbels noch in Phantasien ergangen, die Westalliierten und die Sowjets würden nun übereinander herfallen. Das entsprach ihrer eigenen Mentalität und auch ihrer völligen Unkenntnis der wahren Welt außerhalb Deutschlands, besonders der westlichen Demokratien. Der Plan war, die Reste der Deutschen Wehrmacht auf einer Seite in die Waagschale zu werfen – lieber mit den Sowjetrussen, meinte Hitler, denen fühlte er sich trotz aller „Untermenschen"-Philosophie doch verbundener als den westlichen Demokratien. Hitler-

Die Parteiuniform Hitlers war eine der „Trophäen" der Roten Armee. Sie wurde erst 50 Jahre nach dem Kriegsende in Moskau ausgestellt. AKP Pressebild Berlin

Deutschland könne so noch einen halbwegs akzeptablen Frieden heraushandeln und das Regime weiter bestehen.
In klassischer Realitätsflucht ließ sich „der Führer" bis zuletzt noch die pompösen Ausbaupläne und -modelle für seine Lieblingsstadt Linz inklu-

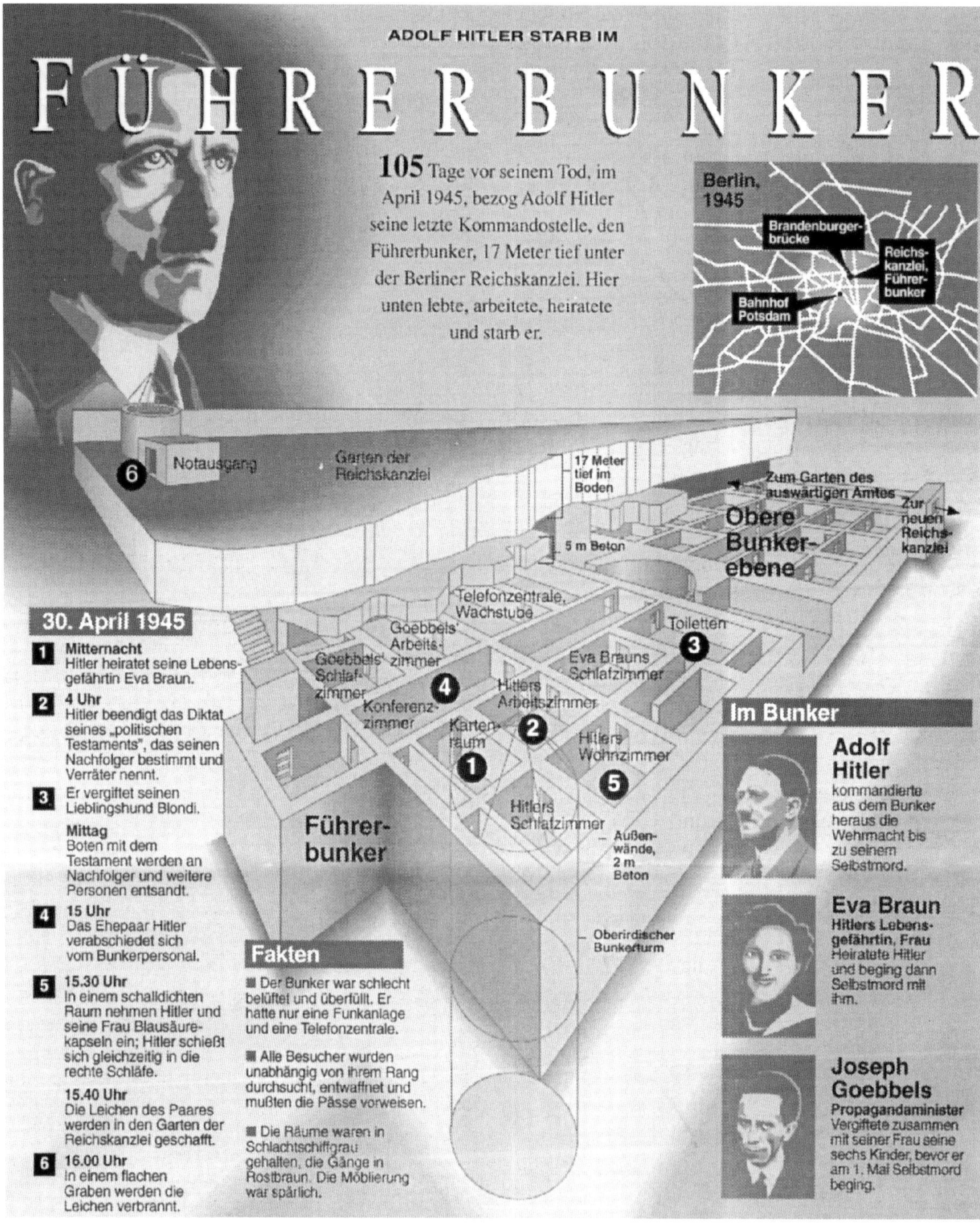

Bulls Press Frankfurt/M.

„Adolf Hitler, der Mann des Jahrhunderts!"

Aufmacher der „Oberdonauer Zeitung" am 20. April 1945

sive Alterssitz auf dem Hügel über der Stadt vorlegen. Doch im Grunde seines Herzens wußte Hitler, daß alles vorbei war. Man kann argumentieren, daß seine ganze Existenz letztlich nicht auf Eroberung und Weltherrschaft ausgerichtet war, sondern auf Vernichtung, darauf, die ganze Welt in die Luft zu sprengen. Jetzt jedenfalls kündigt er seinem deutschen Volk, das so schmählich versagt hat, den verdienten Tod an. Das „Ostvolk" habe sich eben als stärker erwiesen. In seinem knapp vor dem Selbstmord diktierten politischen Testament äußerte er sich noch befriedigt, daß es ihm doch noch gelungen sei, einen Großteil des europäischen Judentums umzubringen: „Ich habe ihnen bei Kriegsausbruch die letzte Warnung zukommen lassen ..."

In den wenigen noch erscheinenden Zeitungen wird jedenfalls noch der Geburtstag groß dargestellt. So erscheint die „Oberdonauer-Zeitung" mit dem Aufmacher „Adolf Hitler, der Mann des Jahrhunderts!". Und weiter: „Nur Adolf Hitler kann die Welt der Kultur vor dem Chaos retten, und er wird Deutschland wieder in Herrlichkeit aufbauen!"

In Wien versucht inzwischen die neue Stadtverwaltung, die Lebensversorgung der Stadt einigermaßen in den Griff zu bekommen. Der spätere Vizekanzler und Bundespräsident Adolf Schärf schrieb darüber in den Wiener Geschichtsblättern, Ausgabe „Wien 1945": „Im nachhinein erscheint es fast unverständlich, wie die Bevölkerung Wiens von den Kampftagen bis in den Mai 1945 ernährt wurde. Im April gab es keine geregelte Lebensmittelabgabe, die Bezirksbürgermeister versorgten die Bevölkerung mit den von ihnen in Lagern und bei Geschäftsleuten beschlagnahmten Lebensmitteln. Bei der beschränkten Menge von solchen entwickelte sich rasch ein engstirniger Bezirksgeist, der etwa zu den Losungen führte: ‚Die Landstraße den Landstraßern', wenn es galt, die dort in den zentralen Anlagen für ganz Wien eingelagerten Fleischvorräte zur Verteilung zu bringen, oder ‚Ottakring den Ottakringern'."

Der österreichische Patriot und Diplomat Josef Schöner schreibt in sein Tagebuch: „Führers Geburtstag! Es bereitet mir doch eine kleine Genugtuung, daß ich heut' vor einem Jahr richtig vorausgesagt habe, an Hitlers Geburtstag 1945 würde keine Hakenkreuzfahne mehr über Wien wehen. Ich habe mir die Geburtswehen der neuen Zeit etwas weniger schmerzhaft vorgestellt, aber jetzt sind wir nun einmal mitten drin und müssen hindurch".

Dr. Karl König bemerkt in seinen Aufzeichnungen: „Der Führer soll im Rundfunk gesagt haben: ‚Wien ist ein Schandfleck in der Deutschen Geschichte'. Wenn er wieder nach Wien käme, ließe er jeden 10. Wiener erschießen! Das sind ja schöne Aussichten! Auch manche Bezirke will er dem Erdboden gleichmachen! Der II. und der XX. Bezirk haben sich jedenfalls 4 Tage länger gehalten als alle anderen Bezirke.

... Viele Wiener tragen jetzt Armbinden, entweder nur Rot oder Rot-Weiß-Rot. Ich glaube, diese wollen auf der Gasse unbehelligt bleiben. Das trifft aber durchaus nicht zu und es wurden schon Menschen eingefangen, die Armbinden trugen".

Über das Verhalten der Russen berichtet Zeitzeuge Ministerialrat Karl Pischl: „Ich mußte aus dem Fenster schauen, damit die Russen sahen, daß ein Kind im Haus war und milder gestimmt wurden. Wer aus dem Haus ging, nahm mich als Ausweis mit.

... Mein Vater wurde von den Russen geholt. Aus der Bäckerei war eine sowjetische Feldbäckerei geworden. Der Russe drohte: „Du nicht arbeiten, du haben Töchter." Aber die Drohung war sinnlos. Denn für Brot hätte damals jeder gearbeitet. Die Grundausrüstung der Feldbäckerei bestand aus der MP des Russen. Mit der MP wurde ein Fuhrwerk organisiert. Mit diesem ging es zum nächsten Bahnhof. Dort wurde von einer stehengebliebenen Lokomotive Kohle abgeladen. In einer Fabrik fand der Russe einige Sack Mehl und nun war es Nacht. Mein Vater rätselte darüber, wie der Russe mit der MP Licht machen würde. Tatsächlich verschwand der mit der MP und befahl meinem Vater zu bleiben. Er kam mit einem Herrn mit Fahrrad zurück. Der mußte das Fahrrad vor dem Backofen aufstellen und die ganze Nacht strampeln, damit mein Vater den Backofen bedienen konnte. Als mein Vater nach der Brotwaage greifen wollte, warf sie der Russe beim Fenster hinaus. Das war uninteressant. Es kamen Panjewägelchen, es wurde Brot aufgeladen. Es kamen LKW, es wurde Brot aufgeladen. Es wurde nichts geschrieben und nie gezählt. Mein Vater sagte immer, bei den Österreichern hätte derselbe Betrieb mindestens drei Schreiber und einen Intendanten beschäftigt. Als ich das vor kurzem (1995, Anm.) tschechischen Freunden erzählte, nickten diese verständnisvoll und meinten: Ja, so sind die. So kann man einen Krieg gewinnen, aber kein Reich halten.

In dieser Zeit saßen wir öfter ganz gemütlich mit russischen Soldaten zusammen. Einmal nahm mich einer auf die Knie und begann mit mir mit einem kleinen Revolver ganz einfach herumzuschießen. Einmal kamen mehrere Russen, setzten sich in die Betten, spielten mit einer Mandoline und sangen. Da sie uns nichts taten, gaben wir ihnen die Mandolinen meiner Schwestern, die diese nicht wollten. Als diese Russen gingen, ließen sie uns ihre Mandoline, etwas Brot und Schokolade zurück."

„Der Führer soll gesagt haben, wenn er wieder nach Wien käme, ließe er jeden 10. Wiener erschießen."

Zeitzeuge Karl König

Notsteg über eine gesprengte Donaubrücke. Institut für Zeitgeschichte, Wien

21. April 1945

Hunger und Aufbruchstimmung

Zähe Verhandlungen um die Bildung einer ersten Regierung

Mit dem Befehl Nummer 4 des sowjetischen Stadtkommandanten werden alle Aktivitäten von Parteien und Gruppierungen mit Ausnahme der KPÖ, SPÖ und ÖVP verboten, ein „eigenmächtiges politisches Handeln" ist offensichtlich nicht vorgesehen.
Amerikanischer Luftangriff auf den Bahnknotenpunkt Attnang-Puchheim in Oberösterreich.

Der spätere Staatskanzler Dr. Karl Renner trifft in Wien ein und beginnt die Verhandlungen über die Bildung einer provisorischen Regierung. Mit Unterstützung der Roten Armee bezieht er in Wien 13, in der Lainzer Straße 28, eine Villa. Die Sowjets stellen ihm auch ein Auto zur Verfügung.
Bei der Ankunft in Wien schlug Renner weinend die Hände vor dem Gesicht zusammen und sagte: „Schauen Sie, was aus Wien geworden ist."
Renner stellte zu seinem großen Erstaunen fest, daß bereits drei Parteien – SPÖ, ÖVP und Kommunisten – gegründet waren. Er mußte auch lernen, daß seine Idee, einfach den alten, von Dollfuß aufgelösten Nationalrat wieder einzuberufen, auf energischen Widerstand der Kommunisten stieß, die nach seinen Vorstellungen einfach die Mandate der „Austrofaschisten" (!) übernehmen sollten.
Nun begannen zähe Verhandlungen mit den Parteienvertretern, um eine provisorische Regierung sozusagen der nationalen Einheit auf die Beine zu stellen.
Die Hauptfrage dabei war, wie groß das Gewicht der Kommunisten sein sollte – und siehe da, die Russen bestanden nicht besonders auf kommunistischem Übergewicht.
Einen kommunistischen Innenminister mußte Renner freilich später akzeptieren, doch konnte er mit dem Kandidaten Franz Honner, der noch eine Uniform der Tito-Partisanen trug und mit einer russischen Militärmaschine eingeflogen worden war, recht gut leben.

Der seit drei Tagen im Amt befindliche Bürgermeister von Wien, Dr. Theodor Körner, regt an, den Bauten der Gemeinde Wien anläßlich des kommenden 1. Mai wieder die bis 1934 gebräuchlich gewesenen Namen zu geben (etwa Karl-Marx-Hof, Engelshof). Außerdem ersucht er den Stadtkommandanten von Wien, die Gebäude der Staatsdruckerei freizugeben, da ein dringender Bedarf der öffentlichen Verwaltung für die Herstellung von Druckerzeugnissen besteht (Lebensmittelkarten, Verlautbarungen, Wertzeichen usw.).
Die Bevölkerung von Wien leidet unter Hunger, das Anstellen um Lebensmittel wird für viele zur Hauptbeschäftigung.
Adele Hufnagel schrieb am 21. 4. 1945 in ihr Tagebuch: „Nachmittags habe ich mich drei Stunden um Brot angestellt, habe allerdings keines bekommen. Die Ankerbrot-Fabrik fällt aus, durch Kriegshandlungen und Plünderungen. Zum Glück habe ich genug Knäckebrot. Bis zu den Knöcheln sind die Menschen in Mehl gewatet, ansonsten hätte Wien für 4 Wochen Brot gehabt."
Sehr ähnliche Erinnerungen an diesen Tag vor 50 Jahren hat Dr. Stephanie Bamer: „Die Leiden sind noch immer groß. Jetzt handelt es sich um Essensprobleme. Heute war ich fast 6 Stunden um 15 dag Wurst (pro Kopf) angestellt. Und ich bin nur drangekommen, weil ich mich vorgedrängt habe."
Trotz der großen materiellen Not wird versucht, neue Gesellschaftsstrukturen aufzubauen. Der Zeitzeuge Ernst Andreas erinnert sich: „Dann erhielt ich die Verständigung, daß ich mich, wie auch alle anderen Lehrer, im Stadtschulrat in der Türkenstraße melden müßte. Auf dem Weg dorthin, es fährt ja noch keine Straßenbahn, sah ich einen angeschlagenen Aufruf an die österreichische Jugend zum Beitritt zu österreichischen Jugendorganisationen. Ziele: Horte, Sport, Wandern, Bildung, Büchereien und Theaterbesuche. Es war kein soldatischer Drill, trotzdem aber Disziplin und Ordnung sowie Zuwendung zum

„Nachmittags habe ich mich vergeblich drei Stunden lang um Brot angestellt."

Adele Hufnagel im Brief an die Kommission „Wien 1945"

Auch Brennmaterial ist knapp, daher wird Holz im Wienerwald gesammelt. Gertrude Zwazek, Repro: Sokol

Elternhaus und Anschluß an die Jugend der ganzen Welt.“

Der frühere Bürgermeister von Wien, Helmut Zilk, erinnert sich im KURIER-Gespräch, daß die Zeit nicht nur Hunger und Not bedeutete: „Dann war der große Aufbruch da – wir Jungen glaubten an eine neuere und bessere Zeit. Es war eine neuere und bessere Zeit, mit all ihren Erscheinungen. Die Befreiung war der erste Schritt zur Freiheit, es war die Befreiung von den Bomben, der Angst, der SS. Es war die Befreiung vom Diktat. Man konnte wieder Radio hören, man konnte Zeitung lesen. Es war für uns Junge schon eine große Sache. Es war eine Aufbruchstimmung im Geistigen, im Kulturellen. Und sicher war einer der Höhepunkte die Ausrufung der Zweiten Republik, an die wir geglaubt haben und an die wir zu Recht geglaubt haben.“

22. April 1945

Eroberer und Befreier zugleich

Die zwiespältige Rolle der sowjetischen Soldaten

Plakat der sowjetischen Besatzungstruppen. Wr. Stadt- und Landesbibliothek

In Deutschland ist noch Krieg, Goebbels gibt letzte Durchhalteparolen aus.
In Wien trifft Renner Vertreter von SPÖ, ÖVP und KPÖ und legt ihnen ein Konzept zur Regierungsbildung vor.
Die letzten Teile von Floridsdorf werden von der Roten Armee besetzt, der österreichische Widerstand wird von den Russen verhaftet und verhört.

Die russischen Soldaten wurden zugleich als Eroberer und als Befreier empfunden. Wobei das Gefühl der „Befreiung“ sich bei den meisten Österreichern so äußerte, daß nun endlich der Krieg vorbei war.
Wer aber waren diese etwa 500.000 Rotarmisten, die bis Mai 45 nach Ostösterreich kamen?
In der Nazi-Propaganda und in der Volksmeinung herrschte das Bild von „Mongolen“, „roten Barbaren“, „asiatischen Horden“, Plünderern und Vergewaltigern vor – ein Bild, das sich später durch die Übergriffe zum Teil bewahrheitete. Andererseits trafen die (Ost-)Österreicher auf kinderliebende und gutmütige Russen sowie gebildete, kulturbeflissene Offiziere.

Sowjetische Soldaten treffen mit der Wiener Zivilbevölkerung zusammen. Bildarchiv der ÖNB

„Können Sie nicht verstehen, daß Soldaten mal Spaß mit einer Frau haben wollten."

Josef Stalin, im Gespräch mit Milovan Djilas

Die Zeitzeugin Mela Rauscher erhielt von einem russischen Soldaten einen guten Rat: „Als dann die Russen durchgezogen sind (im niederösterreichischen Yspertal – Anm.), hat man ums Überleben gekämpft; immer ausgewichen, davongelaufen, in Futterkästen versteckt. Ich hab nicht mehr gewußt, soll ich mich vor dem Haus vor den Russen fürchten oder hinten vor den Schlangen – und immer war mein Sohn dabei. Dann bin ich doch einmal einem Russen in die Hände gelaufen, der gesagt hat, ich soll den Sohn nie aus der Hand geben, das ist ein weitgehender Schutz".

Im 2. Weltkrieg ist jeder zehnte Bürger der Sowjetunion ums Leben gekommen. Ein furchtbares, von der Öffentlichkeit in Deutschland und Österreich heute noch nicht wirklich wahrgenommenes Kapitel ist die Tatsache, daß von 5,7 Millionen sowjetischer Kriegsgefangener in der „Obhut" zunächst der Wehrmacht 3,3 (!) Millionen umgekommen sind. Man ließ sie einfach verhungern. Auch in Österreich: „Doch die größten Verbrechen des Regimes geschahen in Westösterreich ... bei der systematischen Vernichtung sowjetischer Kriegsgefangener. Und dafür war nicht die SS, sondern die Wehrmacht zuständig, nicht jugendliche Rassenfanatiker, sondern ältere Soldaten, Landesschützen bewachten die Kriegsgefangenen. Erst im September 1944 ging das Kriegsgefangenenwesen an die SS über. Diese Verbrechen hier im Lande, vor der Haustür, sind aus der Erinnerung der Zeitgenossen gestrichen, nicht wahrgenommen, vergessen.

Im Wehrkreis XVIII entstanden zwei große Kriegsgefangenenlager, das eine in Wolfsberg in Kärnten, das andere in St. Johann in Salzburg, damals Markt Pongau genannt. Beide unterstanden dem Kommandanten der Kriegsgefangenen, 1942 dem Generalmajor von der Linde.

... Doch aus anderen Quellen wissen wir, daß fast 4.000 sowjetische Kriegsgefangene in St. Johann umgekommen sind: erfroren, verhungert, durch Seuchen, erschossen. Viele sind bereits kurz nach der Ankunft gestorben, nach zwei Wochen Fahrt ohne Essen. Anfänglich gab es an die 40 Tote täglich. Wie sich ein Einheimischer erinnert, mußten die sowjetischen Kriegsgefangenen ‚Gras und Würmer fressen'. Erst ab 1943/44, als die Arbeitskräfte im Reich immer knapper wurden, sorgte das Regime für eine bessere Ernährung, um die Sklavenarbeit auch der Sowjetrussen auszubeuten. Wer von den Verbrechen gegen die deutschen Kriegsgefangenen in Sibirien redet, darf von diesem unfaßbaren Geschehen nicht schweigen". (Ernst Hanisch in: „NS-Herrschaft in Österreich 1938–45", Verlag für Gesellschaftskritik, Wien 1988).

Im Zuge der sowjetischen „Befreiungsmission" sind in Europa aber noch eine Million Russen gefallen. Auf ihrem Vormarsch haben sie die zerstörte Heimat gesehen, die nach dem deutschen Rückzug zurückgelassene „verbrannte Erde".

Der russische Schriftsteller Anatolij Streljanin hat die Plünderungen sarkastisch als „jene zehn Tage der Freiheit" bezeichnet, die Stalin seinen Soldaten einmal im Leben erlaubt hat. Zu den Übergriffen auf die Zivilbevölkerung hat Stalin gegenüber dem jugoslawischen Kommunisten Milovan Djilas nur lakonisch bemerkt: „Können Sie nicht verstehen, daß ein Soldat, der Tausende von Kilometern durch Blut, Feuer und Tod marschiert ist, mal Spaß mit einer Frau haben will oder irgendeine Kleinigkeit mitgehen läßt?"

Der geborene Georgier Stalin (eigentlich: Josip Wissionariowitsch Dschugaschwili) war ein asiatischer Despot. Während die westlichen Demokratien, vor allem die USA, als Kriegsziel nicht nur die Niederringung des Nationalsozialismus, sondern auch die Verpflanzung der liberalen Demokratie beschlossen hatten, ging es Stalin um anderes. Er unterschied sich in seiner Mordlust und Aggressivität kaum von Hitler – mit dem Unterschied, daß sich sein Vernichtungswille hauptsächlich gegen das eigene Volk richtete.

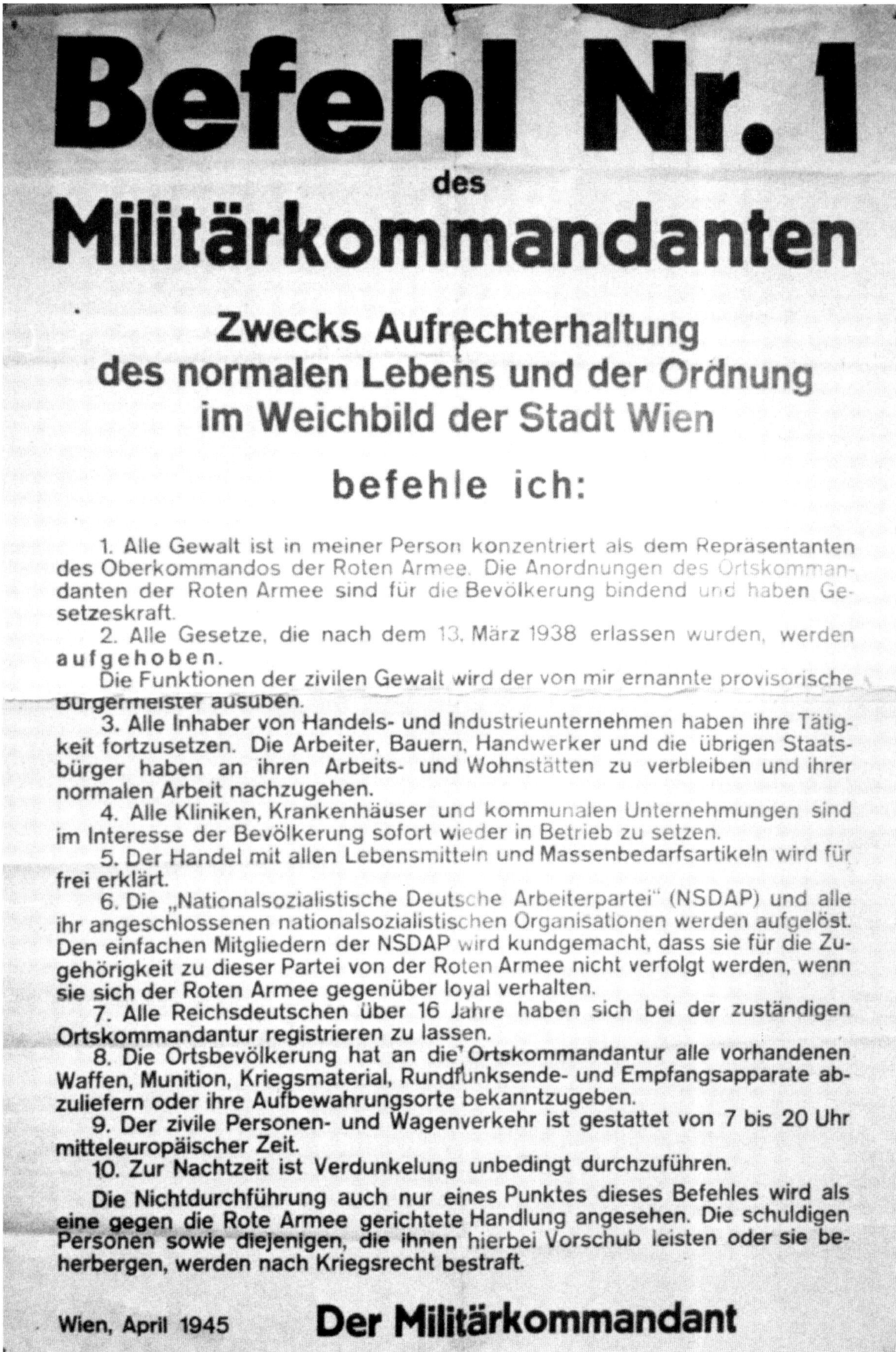

Befehl Nr. 1
des
Militärkommandanten

Zwecks Aufrechterhaltung des normalen Lebens und der Ordnung im Weichbild der Stadt Wien

befehle ich:

1. Alle Gewalt ist in meiner Person konzentriert als dem Repräsentanten des Oberkommandos der Roten Armee. Die Anordnungen des Ortskommandanten der Roten Armee sind für die Bevölkerung bindend und haben Gesetzeskraft.

2. Alle Gesetze, die nach dem 13. März 1938 erlassen wurden, werden aufgehoben.

Die Funktionen der zivilen Gewalt wird der von mir ernannte provisorische Bürgermeister ausüben.

3. Alle Inhaber von Handels- und Industrieunternehmen haben ihre Tätigkeit fortzusetzen. Die Arbeiter, Bauern, Handwerker und die übrigen Staatsbürger haben an ihren Arbeits- und Wohnstätten zu verbleiben und ihrer normalen Arbeit nachzugehen.

4. Alle Kliniken, Krankenhäuser und kommunalen Unternehmungen sind im Interesse der Bevölkerung sofort wieder in Betrieb zu setzen.

5. Der Handel mit allen Lebensmitteln und Massenbedarfsartikeln wird für frei erklärt.

6. Die „Nationalsozialistische Deutsche Arbeiterpartei" (NSDAP) und alle ihr angeschlossenen nationalsozialistischen Organisationen werden aufgelöst. Den einfachen Mitgliedern der NSDAP wird kundgemacht, dass sie für die Zugehörigkeit zu dieser Partei von der Roten Armee nicht verfolgt werden, wenn sie sich der Roten Armee gegenüber loyal verhalten.

7. Alle Reichsdeutschen über 16 Jahre haben sich bei der zuständigen Ortskommandantur registrieren zu lassen.

8. Die Ortsbevölkerung hat an die Ortskommandantur alle vorhandenen Waffen, Munition, Kriegsmaterial, Rundfunksende- und Empfangsapparate abzuliefern oder ihre Aufbewahrungsorte bekanntzugeben.

9. Der zivile Personen- und Wagenverkehr ist gestattet von 7 bis 20 Uhr mitteleuropäischer Zeit.

10. Zur Nachtzeit ist Verdunkelung unbedingt durchzuführen.

Die Nichtdurchführung auch nur eines Punktes dieses Befehles wird als eine gegen die Rote Armee gerichtete Handlung angesehen. Die schuldigen Personen sowie diejenigen, die ihnen hierbei Vorschub leisten oder sie beherbergen, werden nach Kriegsrecht bestraft.

Wien, April 1945 **Der Militärkommandant**

Wr. Stadt- und Landesbibliothek

Riesige Flüchtlingsströme wurden quer durch Europa – und Österreich – geschleust. Bildarchiv der ÖNB

Die Sowjetunion war allerdings das Opfer eines Angriffs – Konstruktionen, Hitler sei Stalin im Sommer 1941 nur zuvorgekommen, sind trotz angeblicher „neuer Dokumente aus Moskau" nicht stichhaltig. Nur Stalin war selbst kein Opfer. Er nutzte die Gelegenheit, die ihm Hitler gab, um tief nach Mitteleuropa vorzudringen und die Länder des späteren Ostblocks zu besetzen und ihnen sein politisches (Terror-)System aufzuzwingen. Wo die Rote Armee stand, dort herrschte der Kommunismus. Aber eben nur dort. Europa war bei der Konferenz von Jalta im Februar eben nicht „aufgeteilt" worden. Die Westmächte erkannten pragmatisch an, daß die Sowjets dort, wo sie militärisch standen, nicht wieder vertrieben werden konnten.

Österreich war auch hier ein Sonderfall. Stalin machte keine sonderlichen Anstrengungen, den von seinen Truppen besetzten Ostteil des Landes einer kommunistischen Herrschaft zu unterwerfen. Er wußte, daß er nicht ganz Österreich einsacken konnte.

Den kleinen Ostteil mit der Hauptstadt Wien abzutrennen, wie später die SBZ („sowjetisch besetzte Zone") in Deutschland (noch später: DDR), machte auch wirtschaftlich keinen Sinn. Deshalb genügte es dem sowjetischen Diktator, in Österreich eine Regierung zu haben, die den sowjetischen Absichten zumindest nicht feindlich gegenüberstand und zu den Amerikanern wenig innere Beziehung hatte. Auf den künftigen Kanzler Karl Renner traf das voll und ganz zu.

Offiziere der Roten Armee – hier bereits einer in Sommeruniform – ließen sich gern von privaten Fotostudios in heroischen Posen abbilden.
Bildarchiv der ÖNB

Die Regierung Renner steht

23. April 1945

Die Amerikaner und Briten sind jedoch mißtrauisch

Preis 10 Pfennig

Preis 10 Pfennig

Neues Oesterreich

Organ der demokratischen Einigung

Folge 1 | Montag, 23. April 1945 | 1. Jahrgang

Österreicher!

Zum erstenmal seit sieben Jahren dürft Ihr nun wieder in aller Öffentlichkeit mit diesem uns allen so teuren Namen angesprochen werden. Die von Millionen Menschen unseres Vaterlandes so lange und so heiß ersehnte Stunde der Befreiung von der nazistischen Zwingherrschaft ist gekommen.

Durch den siegreichen Vormarsch der Roten Armee ist ein großer Teil unserer geliebten Heimat den nazistischen Unterdrückern bereits entrissen; die Befreiung des restlichen Gebietes nimmt ihren Fortgang. Wir dürfen wieder Österreicher sein! Und d a ß wir es sind, darauf kommt nun alles an.

Denn jetzt geht es darum, aus dem unermeßlichen Leid und dem namenlosen Unglück, das der Nazismus über unser österreichisches Volk und Land gebracht hat, den Weg in eine bessere Zukunft zu beschreiten. Das aber ist nur möglich, wenn alle heimattreuen und freiheitliebenden Österreicher einträchtig zusammenstehen und mit vereinten Kräften an den Wiederaufbau herangehen.

Auf einem Trümmerfeld von gigantischen Ausmaßen soll diese Neugestaltung sich vollziehen. Jeder Österreicher und vor allem jeder Wiener weiß, was es bedeutet, unter den gegebenen Verhältnissen unsere Ernährung zu sichern, die Verkehrsmittel wieder in Gang zu setzen, die Wohnungs-

Mit vereinten Kräften

Wien ist wieder frei, nach sieben Schreckensjahren der deutschen Okkupation. Die Rote Armee hat die Naziherrschaft hinweggefegt. Aus Bombenkellern und Katakomben, aus einem Abgrund von Blut und Tränen tritt das Volk, um wieder frei zu atmen und seinen eigenen österreichischen Staat aufzurichten.

Es ist ein geschichtlicher Augenblick, der von uns höchste Bewährung erfordert. Die deutschen Kriegsverbrecher haben einen Trümmerhaufen zurückgelassen. Planmäßig haben sie Wien zerstört, diese Weltuntergangster. Mit ihren geübten Verbrecherhänden haben sie den Stephansdom und viele andere geheiligte Denkmäler unserer Kultur und Geschichte vernichtet. Vor ihrem Abzug haben sie die Vorratslager aufgebrochen und der Plünderung preisgegeben, Getreidespeicher und Magazine in Brand gesteckt, die Ausrüstung der Feuerwehr weggeschleppt und

Am 23. April 1945 erschien erstmals das „Neue Österreich".

Neues Österreich, 23. 4. 1945

Die Nummer 1 der Zeitung „Neues Österreich" erscheint. Erster Chefredakteur ist der Kommunist Ernst Fischer. Karl Renner einigt sich mit Vertretern der drei Parteien über die Bildung der Provisorischen Regierung. In Deutschland erreichen die westlichen Alliierten die ersten KZs.

„Österreicher!
Zum erstenmal seit sieben Jahren dürft Ihr nun wieder in aller Öffentlichkeit mit diesem uns allen so teuren Namen angesprochen werden. Die von Millionen Menschen unseres Vaterlandes so lange und heiß ersehnte Stunde der Befreiung von der nazistischen Zwingherrschaft ist gekommen. Die Befreiung des restlichen Gebietes nimmt ihren Fortgang. Wir dürfen wieder Österreicher sein!"

Mit diesem Leitartikel erschien am 23. April 1945 die Erstausgabe des „Neuen Österreich".

Die neue Zeitung kostete 10 Pfennig, der Schilling war noch nicht eingeführt. Auch die alten Briefmarken mit dem Bild Hitlers wurden noch verwendet, wenngleich überdruckt mit „Österreich".

Erster Chefredakteur war der kommunistische Intellektuelle Ernst Fischer, der später beim Einmarsch der Warschauer-Pakt-Staaten in die Tschechoslowakei 1968 mit der Partei brach.

Seine Stellvertreter waren der Sozialdemokrat Paul Deutsch und der Volksparteiler Leopold Husinsky. Im Redaktionsstab waren alle drei Parteien vertreten, die Zeitung das „Organ der demokratischen Einigung".

Herausgeber der Zeitung waren unter anderen Leopold Figl, der Publikumsliebling und Widerständler Paul Hörbiger und Paul Speiser.

Karl Hans Heinz verfaßte über das „Neue Österreich" den Essay „Das erste freie Wort":

„Wie wertvoll den Wienern das ‚Neue Österreich' war, um das sie sich schon um fünf Uhr anstellten, beweist die Tatsache, daß sich seiner sogar der Schleichhandel bemächtigte, der bis zu 20 Mark erzielte."

Die Zeitzeugin Adele Hufnagel (Historikerkommission Wien 1945) schrieb am 23. April in ihr Tagebuch: „Endlich erscheint die erste Zeitung, und zwar das ‚Neue Österreich'. Sie ist ein demokratisches Organ aller Parteien. Ich freue mich, als ob es Brot wäre."

Das „Neue Österreich" sollte neben der „Österreichischen Zeitung" der Roten Armee bis Sommer 1945 die einzige erscheinende Zeitung bleiben. Später gründeten die Parteien ihre eigenen Blätter „Arbeiter-Zeitung", „Volksblatt", „Volksstimme", aber auch Besatzungsmächte gaben Zeitungen heraus – der KURIER war von 1945 bis 1954 eine „amerikanische" Zeitung, ehe er verkauft wurde.

Nicht alle hatten offenbar Zugang zur neuen Zeitung. Dr. Karl König notierte: „Der Krieg soll im Mai aus sein, Berlin soll schon besetzt sein? Wer weiß, was daran wahr ist. Seit dem Einzug der Russen und dem Ausfall des elektrischen Stromes wissen wir gar nichts mehr. Wir leben wie am Mond".

Am selben Tag kam es in Wien zur Einigung über die Bildung der Regierung.

Der spätere Vizekanzler und Bundespräsident Adolf Schärf (Wiener Geschichtsblätter: Wien 1945) erinnert sich: „Die Provisorische Staatsregierung, wie sie auf Grund der Besprechungen vom 23. April 1945 zustande kam, sah ganz anders aus, als sich's Dr. Renner ursprünglich vorgestellt hatte; die Kommunisten hatten bei den ersten Zusammenkünften einen Vizekanzler, die Ministerien oder Staatsämter für das Innere und für Unterricht und Propaganda begehrt, Machtstellungen, die ihnen Dr. Renner nicht einräumen wollte, er mußte aber nachgeben."

Mit dem Schubkarren von der Mariahilferstraße zum Gürtel.
Bildarchiv der ÖNB

„Auf jeden Fall zeitigte seine listige Unterordnung unter die gegebenen Umstände Erfolg", urteilt der Historiker Walter Rauscher in seiner neuen Renner-Biographie („Ein österreichischer Mythos" – Ueberreuter, Wien 1995). Renners Ernennung stieß auf Unglauben und Ablehnung, vor allem wegen seiner fatalen Unterstützungserklärung für den „Anschluß" 1938.

„Renner? Des gibt's net!" rief der kommunistische Intellektuelle und spätere Wiener Kulturstadtrat Viktor Matejka aus, als er davon hörte. Und der österreichische Patriot Josef Schöner, der inzwischen bereits im (dem Kanzleramt angeschlossenen) Außenministerium wieder amtierte,

„Ich freue mich über die neue Zeitung, als ob es Brot wäre."

Adele Hufnagel über das „Neue Österreich"

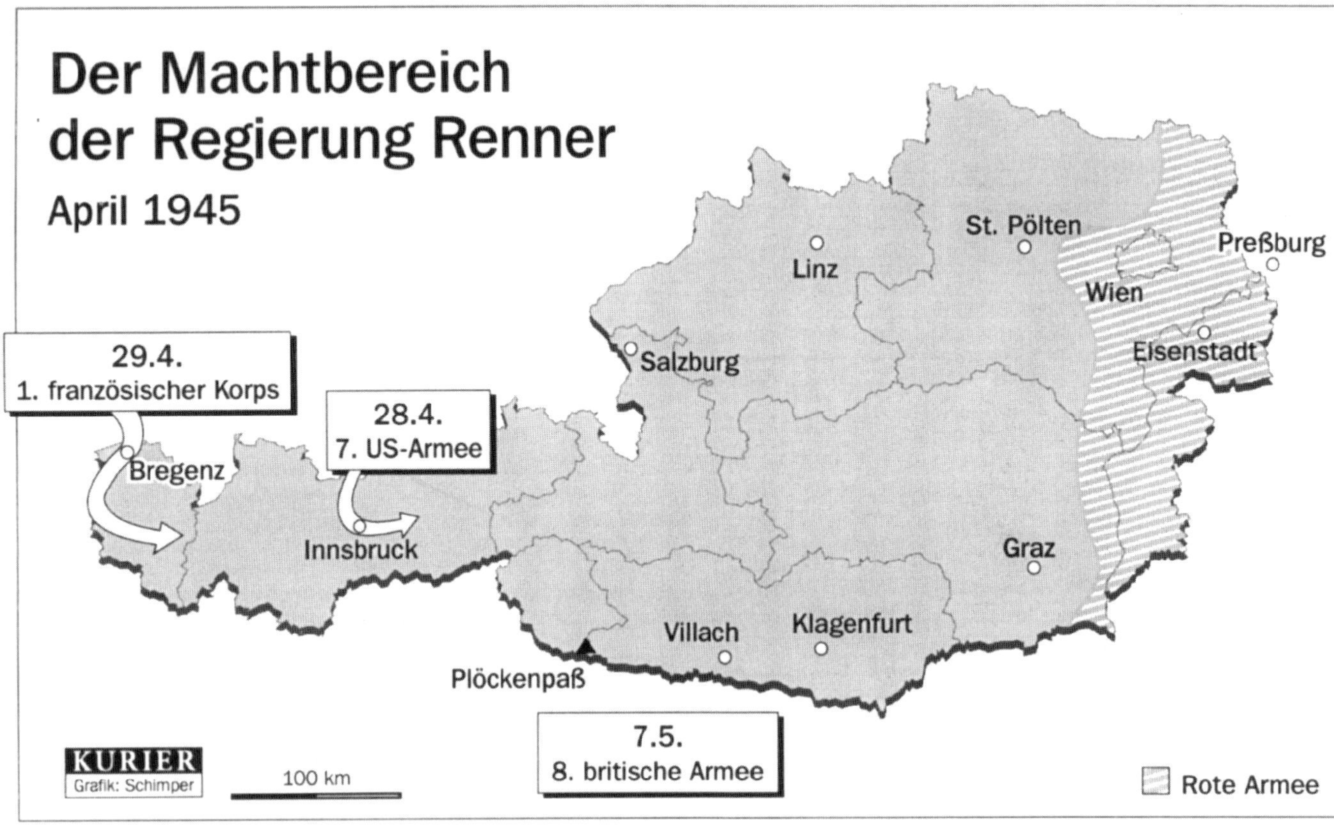

Ende April stand erst ein kleines Stück Österreich – allerdings mit der Hauptstadt – im „Machtbereich" der Regierung Renner.

„Fraglos erwies er sich gegenüber den Sowjets als Meister der Gratwanderung."

Walter Rauscher, Historiker, in seinem Buch „Karl Renner"

notierte einige Tage später, nach Renners interner Amtsantrittsrede: „Bis auf seine antifaschistischen Tiraden hat er gesprochen wie ein alter Großdeutscher oder Deutschnationaler."
Doch Walter Rauscher wird recht haben mit seiner Feststellung: „Noch nie zuvor hatte Renners Fähigkeit, andere, oft gegensätzliche Meinungen anzunehmen und für das Wohl des Staates anzuwenden, sein Taktieren und bisweilen befremdliches Lavieren solch positive Auswirkungen nach sich gezogen. Fraglos erwies er sich gegenüber den Sowjets als Meister der Gratwanderung zwischen unterwürfiger Dankbarkeit und eigenständigem, selbstbewußtem Auftreten, das selbst bei hohen Offizieren der Roten Armee nachhaltige Wirkung hinterließ."
Renner bildete mit den drei Staatssekretären ohne Portefeuille Adolf Schärf, Leopold Figl und dem Kommunisten Johann Koplenig eine Art „Exekutivausschuß", den „Politischen Kabinettsrat", der die eigentlichen Grundsatzentscheidungen fällte. Von den später bekanntgewordenen Politikern ist Julius Raab zu nennen, der das Bautenressort übernahm, der ÖGB-Präsident Johann Böhm übernahm „Soziales" (seither „Erbhof" des ÖGB). Um den provisorischen Charakter der Regierung zu unterstreichen, setzte Renner die Begriffe „Staatskanzler" und „Staatssekretär" für „Bundeskanzler" und „Minister".
Doch die frischbestallte Regierung erlitt, wie Adolf Schärf notierte, gleich ihren ersten Schock, als sie sich zu Marschall Tolbuchin begab: „Dieser teilte uns mit, daß die Provisorische Staatsregierung anerkannt sei, allerdings bloß von den Kommandostellen der Roten Armee, die dazu von Moskau autorisiert seien; über eine Anerkennung durch die Alliierten könne er keine Mitteilung machen, doch sei zu erwarten, daß sie bald nachfolgen werde. Diese Eröffnung enttäuschte, denn alle für die Regierung in Aussicht genommenen Personen hatten es bis dahin für selbstverständlich gehalten, daß die Russen sozusagen für alle Alliierten auftraten; daß zwischen den Alliierten Meinungsverschiedenheiten über Österreich bestehen könnten, war uns gar nicht in den Sinn gekommen."
Tatsächlich berichtete am 1. Mai die „New York Tribune" auf der ersten Seite unter dem Titel „US und Großbritannien ignorieren neue Herr-

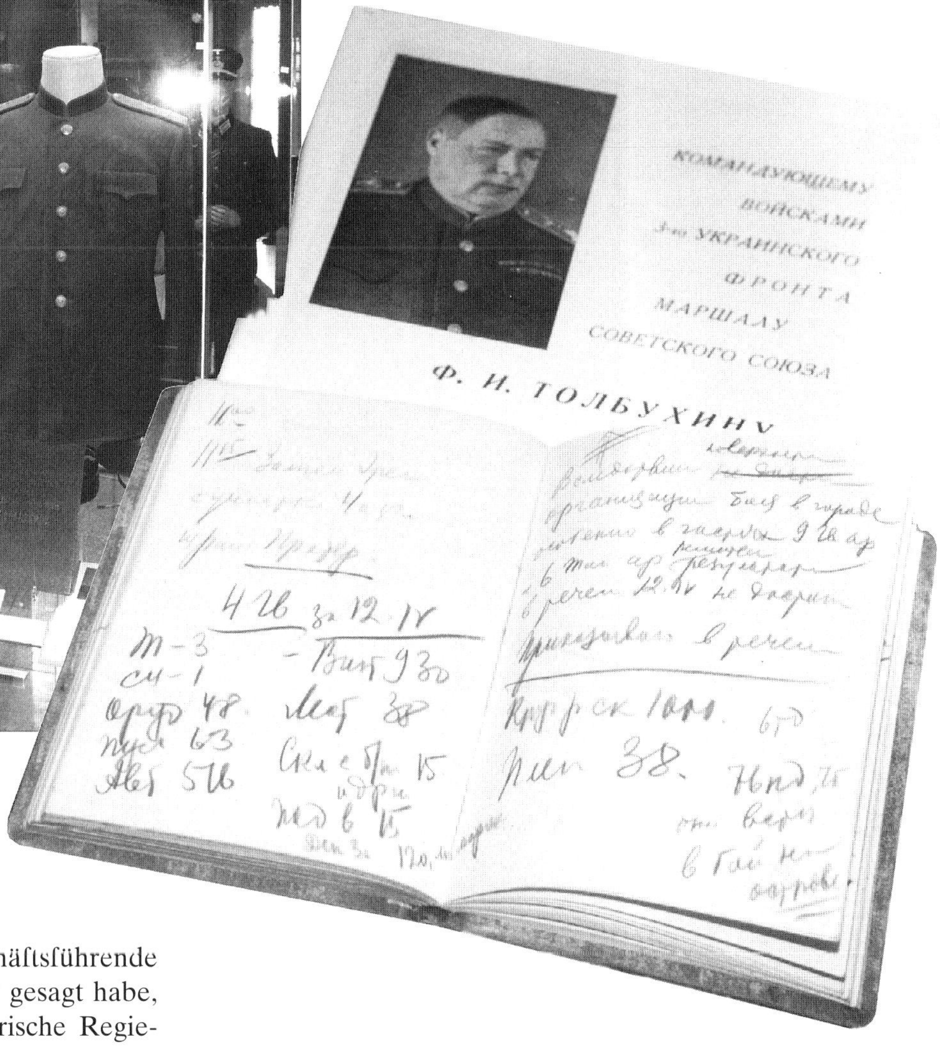

schaft in Österreich", daß der geschäftsführende US-Außenminister Joseph C. Grew gesagt habe, die USA würden Renners provisorische Regierung in Österreich nicht anerkennen. Amerikaner und Briten zeigten sich aber eher verstimmt über die Art, wie die Russen vollendete Tatsachen geschaffen hatten.

Aber wo waren überhaupt die Westalliierten?

Uniform und Notizbuch von Marschall Tolbuchin in der Ausstellung des Heeresgeschichtlichen Museums.
KURIER-Fotoredaktion / Sokol

Wo bleiben die Westalliierten?

24. April 1945

Die Angst vor der deutschen „Alpenfestung“

US-Soldaten im Tiroler Außerfern: Erst am 28. April überschritt die US Army die Grenze. Tiroler Landesarchiv

Als erstes Kino eröffnet am 24. 4. das Apollo mit dem sowjetischen Film „Iwan IV.“. Bürgermeister Körner ersucht bei den Russen um besonderen Schutz für die von Staat und Stadt nach Ober- und Niederösterreich ausgelagerten Kulturgüter. Die Ortschaft Alland im Wienerwald, um die seit 6. April gekämpft wurde, wird endgültig von den Russen eingenommen.

Die Nachricht über die am Vortag erfolgte Bildung der provisorischen Regierung Renners verbreitete sich schnell auch im restlichen Österreich. Der spätere Unterrichtsminister Herbert Moritz erfuhr sie sogar als junger Soldat einer deutschen Einheit, die in der Nähe von München stand. Er erinnert sich: „Jemand von unserer Funkgruppe brachte die Nachricht, daß sich in Österreich, hinter den russischen Linien, eine

österreichische Regierung gebildet und die Unabhängigkeit von Deutschland verkündet habe.
Bei dem begrenzten Stand unserer Information nahmen wir an, daß ganz Österreich sich bereits der Hoheit der Regierung Renner unterstellt hätte und aus dem Krieg ausgeschieden war. Die meisten aus Deutschland stammenden Soldaten meiner Einheit schlossen sich dem Ausbruch nach Süden an, um in Österreich das Ende des Krieges – wie sie meinten, in Sicherheit – abzuwarten. Die Hoffnungen sollten sich nicht erfüllen. Am gleichen Tag, an dem wir von der Bildung der Regierung Renner erfuhren, wurde Salzburg noch einmal schwer bombardiert. Weder deutsche noch amerikanische Kommandostellen änderten ihre Entscheidungen, und die Kampfhandlungen setzten sich auf österreichischem Gebiet fort."
Der frühere ÖGB-Präsident Anton Benya verbrachte die letzten Apriltage des Jahres 1945 in Achenkirchen in Tirol. Im KURIER-Gespräch erinnert er sich: „Wir haben damals für die Rüstungsindustrie Flug-, Sende- und Empfangsgeräte gefertigt, in Gasthäusern wurde eine Fertigungsproduktion eingerichtet. Von beiden Seiten, vom Inntal her und auch von Bayern, sind dann Restgruppen des Militärs und der SS in die ‚Alpenfestung' gekommen, um sich hier noch einmal zu verschanzen."
Die Westalliierten, also Amerikaner, Briten und die kleineren französischen Einheiten, waren an Ostösterreich militärisch zunächst nicht so interessiert. Der Oberkommandierende Eisenhower überließ auch bewußt den Kampf um die deutsche Hauptstadt Berlin den Russen, weil er wußte, daß dieser Teil des Reiches als russische Besatzungszone vorgesehen war. Ähnlich stand es um Ostösterreich. Die Amerikaner schwenkten mit einem Teil ihrer Streitkräfte vom Rhein nach Südosten – Bayern und Nordböhmen –, um das Aufkommen eines stärkeren Widerstands in der bayrischen und österreichischen Alpenregion zu verhindern.
Inwieweit es die „Alpenfestung" auch nur ansatzweise wirklich gegeben hat, darüber gehen die Meinungen der Historiker auseinander. Manfried Rauchensteiner schreibt, im April 1945 wäre sie nur mehr „eine Illusion gewesen". In der „Süddeutschen Zeitung" meint jetzt eine neuere Studie, Eisenhower hätte die militärische Lage richtig eingeschätzt, als er sich entschloß, mit allen verfügbaren Mitteln auf schnellstem Wege nach Süden vorzurücken, um das Zurückziehen deutscher Elite-Einheiten in die Alpen zu verhindern.
Auch wenn Hitler das Angebot des Tiroler Gauleiters Franz Hofer, der sogar am 11. April zu ihm nach Berlin geflogen war, zur Flucht in die „Alpenfestung" ablehnte, so existieren doch Pläne anderer NS-Größen und SS-Einheiten, hier einen „letzten Stand" zu veranstalten. Ein Teil floh dann tatsächlich auch (ohne größere Truppeneinheiten) ins steirische Salzkammergut nach Altaussee. Die „Alpenfestung" hätte von Vorarlberg bis Niederösterreich, vom Gardasee bis hinauf nach Bayern reichen sollen.
Ende April 1945 bewegten sich jedenfalls die Armeen der Westalliierten von Norden, Westen und Süden auf Österreich zu. Die Amerikaner standen in Süddeutschland, die Franzosen kamen vom Nordwesten, die Engländer waren im Süden noch relativ weit von der Grenze entfernt.
Erst am 28. 4., einen Monat nach den Russen, sollten amerikanische Truppen erstmals bei Vils in Tirol auf österreichisches Gebiet übertreten, die Franzosen taten dies einen Tag später in Vorarlberg. Am 4. Mai trafen die 7. US-Armee von Norden und die 5. US-Armee von Süden an der Brenner-Grenze zusammen.
Tage später rückten die Briten, von Süden her kommend, in Kärnten ein. Dort waren zu diesem Zeitpunkt aber bereits die Tito-Partisanen, die die Eingliederung Südkärntens und Klagenfurts in das neue, kommunistische Jugoslawien anstrebten. Den Briten und Amerikanern sollte es erst später, mit massivem militärischen Druck gelingen, Tito in die Schranken zu weisen.

„Reste der SS sind in die ‚Alpenfestung' gekommen, um sich zu verschanzen."

Anton Benya, ehemaliger ÖGB-Präsident

„Ja, ich bettle viel um Brot“

25. April 1945

Der Hunger wird zum zentralen Problem

Anstellen um Essen. Bildarchiv der ÖNB

Letzter Großangriff der US-Luftwaffe auf Linz und Wels in Oberösterreich. Die SPÖ teilt dem Wiener Bürgermeister mit, daß in den verschiedenen Bezirken Wiens wahllos Männer zwischen 20 und 60 Jahren angehalten und verhaftet werden, die anschließend spurlos verschwinden.
Amerikanische und russische Truppen treffen an der Elbe zusammen.

In Wien ist neben den fehlenden Nahrungsmitteln die Wohnungssituation eines der größten Probleme dieser Tage.
Stadtrat Felix Slavik, der spätere Bürgermeister von Wien, ordnet eine Wohnungszuteilung an. Durch die Kriegsereignisse war ca. die Hälfte aller Wiener Wohnhäuser ganz zerstört oder beschädigt worden.
Es gab in Wien viele Tausende Obdachlose. Alle frei gewordenen Wohnungen – einerlei, ob sie durch Wegzug des Wohninhabers oder durch dessen Flucht verfügbar geworden waren – mußten beim Wohnungsamt der Stadt Wien gemeldet werden. Alle in Groß-Wien gelegenen Wohnräume, die einen geringeren tatsächlichen Gesamtbelag als zwei Personen pro Zimmer und eine Person pro Kabinett aufweisen, waren zu melden.

Deutsche Staatsbürger werden aus Österreich abgeschoben. Bildarchiv der ÖNB

Die ehemalige Widerstandsorganisation O5 begann sich der Ernährungsprobleme der Stadt Wien anzunehmen.
Direktor Anton Achtsnit, ein späterer Bezirksrat, übermittelte seine Erinnerungen im Jahr 1975 der Historikerkommission „Wien 1945“:
„Wir haben uns damals in der O5 zusammengetan, weil die Bevölkerung damals sehr gehungert hat. Wir wußten, daß Bäcker noch Mehl und Milchhändler noch Milch hatten. So taten wir uns auf eigene Initiative zusammen und haben ein Ernährungskomitee gegründet. Wir haben uns Armbinden mit einem weißen Punkt angefertigt und haben die Bäcker zum Aufsperren veranlaßt. Durch Maueranschlag wurde der Bevölkerung kundgemacht, daß jeder ein Drittel Laib Brot ausgefolgt bekommt. Die Kontrolle über die Ausgabe des Brotes hatten wir.“
Wie groß die Hungersnot in Wien damals war, zeigt die Schilderung der Zeitzeugin Johanna Lewandoske:
„Aber nein, für Bettler gibt es nichts. Ein vernichtender Blick auf meine angesengten Ärmel, auf meine Füße ohne Strümpfe, auf meine staubigen, verschmutzten Schuhe. (Ein glühender, niederstürzender Balken hatte mich getroffen. Ein Fremder stieß mich zu Boden und erstickte somit die aufzügelnden Flämmchen.)
... Ja, ich bettle um viel Brot. Die Russen waren gut. Sie suchten in ihren verschmutzten Hosentaschen und sie gaben mir verkrümmeltes Brot für meine Mutter und meinen baumlangen, hungrigen Buben. Auch meine Schwester tat alles, um irgendetwas Eßbares zu bringen. Aber man kann den Hunger abstellen, wenn man nur will. Welche Mutter verzichtet nicht gerne auf ihre Fett- und Zuckerproportionen zu Gunsten ihres Kindes?
... Ich bekam für uns keine Lebensmittelkarten, 6 Wochen. Der Brandschein von der Polizei galt nicht und einen Bombenschein gab es für uns nicht. Wir waren ja ausgebrannt – nicht ausgebombt.

„Sie suchten in ihren verschmutzten Hosentaschen und gaben mir Brot.“

Johanna Lewandoske, Historikerkommission „Wien 1945“

Die Anzahl der Flüchtlinge, hier vor einem Wiener Bahnhof, ist groß. Oft sind sie ziellos unterwegs.
Institut für Zeitgeschichte, Wien

... Aber wo blieb das Essen? In der St. Veiterstraße kochten die Russen im Garten einer Villa in einem Waschkessel ihr Essen. Es waren 300 Soldaten. Also Mut! Ich nahm einen Korb und Häferl und ging hin, mitten unter die Schar der Soldaten. Wenn man keine Angst zeigte, dann waren die Russen wirklich Lämmer. Wehe, wenn sie alkoholisiert waren.
Nun verhandle ich mit ihnen, soweit mein Russisch aus der Jugendzeit reichte. Sie hatten Erbarmen, sie füllten meine Häferl mit guter nahrhafter Suppe. Soviel, daß ich im Haus noch verteilen konnte.
Aber nun kam ihnen mein Russisch aus der Zarenzeit doch verdächtig vor. Wenn ich eine geflüchtete Zaristin wäre – dann Kugel!! So mußte ich ihnen x-mal erklären, daß man in Wien gute Sprachschulen habe und sogar chinesisch lernen könne. So kam eines Nachmittags die Kriminalpolizei, 3 Mann hoch, und erklärte mir, ich sei keine Österreicherin und auch keine Lehrerin im öffentlichen Dienst. Alles sei Betrug. Sie durchsuchten die ganze Wohnung. Zum Glück hatte ich alle Dokumente und meinen Dienst schon angetreten, denn die Schulen waren schon in Betrieb.“

„Fräulein Wehle hat sich von einem toten Pferd 6 kg Fleisch abgeschnitten und ist damit nach Hause marschiert.“

Zeitzeuge Karl König

Dr. Karl König berichtet von Notmaßnahmen: „Fräulein Wehle hat sich von einem toten Pferd 6 kg Fleisch abgeschnitten und ist damit nach Hause marschiert. Weit haben wir es gebracht. ... dabei wäre ich froh, wenn ich auch irgendwo Fleisch erbeuten könnte! Bis jetzt haben wir nur Brot bekommen!

... Alle Leute mit denen man spricht, sind entsetzt, daß die Russen alle Maschinen fortschleppen. Das wird eine große Arbeitslosigkeit geben, wenn die Industrie zerstört ist und keine Arbeitsplätze sind! Wie wird unsere Zukunft? So lange der Krieg aber noch nicht aus ist, kann man nichts prophezeien.
... Wieder schießt man draußen auf der Gasse! Wie kindisch doch diese Menschen sind. Warum immer dieses Herumknallen? Soll die Bevölkerung auf diese Art eingeschüchtert werden? Noch immer haben wir kein Wasser, keinen Strom, kein Gas! Wie lange wird dieser unerträgliche Zustand dauern? Bis jetzt habe ich noch Petroleum und Karbid!“ Am 24. April gibt es im Apollo-Kino erstmals nach der Schlacht um Wien wieder eine Vorstellung, gezeigt wird „Iwan IV.“. Bürgermeister Theodor Körner wendet sich an den Stadtkommandanten Blagodatow mit dem Ersuchen, das Postsparkassenamt und vier weitere Gebäude der Postdirektion freizugeben.
Gleichzeitig finden in ganz Österreich gewaltige Bevölkerungsverschiebungen statt: Da sind die vielen Österreicher in den Gefängnissen, Konzentrationslagern, die Verschleppten und die, die immer noch in den Uniformen der Deutschen Wehrmacht für das „Dritte Reich“ kämpfen (müssen). „Insgesamt“, so der bekannte Militärhistoriker Manfried Rauchensteiner in einem Gespräch mit dem KURIER, „fehlt uns in diesem April 1945 eine Million Menschen“.
Umgekehrt drängen sich aber in Österreich mehrere hunderttausend Flüchtlinge, Volksdeutsche vom Balkan, aus Rumänien und Ungarn sowie Truppen aller möglichen Verbündeten des „Großdeutschen Reiches“.
In Österreich befanden sich zum Zeitpunkt der deutschen Kapitulation am 8. Mai etwa 1,65 Millionen Ausländer, hauptsächlich ehemalige Zwangsarbeiter, Kriegsgefangene, Überlebende der KZ's und geflüchteten faschistische Ungarn, Ukrainer, Jugoslawen, sowie etwa 20.000 bis 30.000 jüdische KZ-Häftlinge. All diese „Displaced Persons“ (DP), also alle nichtösterreichischen Zivilisten, die sich als Folge der Kriegsereignisse in Österreich aufhielten und in ihre jeweilige Heimat zurückkehren wolten, sollten die wenige Tage vor ihrer Gründung stehende Republik später noch vor fast unlösbare Aufgaben stellen.

26. April 1945

KZs von den Amerikanern befreit

Die US-Army stößt nun nach Süden vor

Am 5. Mai 1945 erreicht eine kleine Abteilung der US-Truppen das Todeslager Mauthausen. Häftlinge rissen den Reichsadler vom Tor. National Archives Washington / Repro: Nordico

Der Verkehrsknotenpunkt Lienz (Osttirol) ist Ziel eines US-Luftangriffes.
Die Rote Armee erobert Brünn und Stettin.
Das Kabinett Dr. Renner wird gebildet. Der politische Kabinettsrat besteht aus Dr. Adolf Schärf (SPÖ), Leopold Kunschak (ÖVP) und Johann Koplenig (KPÖ). Adolf Hitler entmachtet wegen „Verrats“ den Befehlshaber der Luftwaffe, Hermann Göring.

Der amerikanische Vorstoß drehte nun nach Süden, nach Österreich. Am 26. April gelang es den amerikanischen Streitkräften, über Cham und Regen in Richtung Passau vorzustoßen, der rechte Flügel der deutschen 1. Armee wurde über die Donau zurückgeworfen.
Die deutsche Verteidigung an der Westfront war zu diesem Zeitpunkt bereits fast völlig zusammen-

Der junge Viktor Frankl, Häftling vom Lager Dachau.
APA/Kodak

„Am selben Tag erfuhr ich, daß meine Mutter in Auschwitz ‚ins Gas' gegangen war."

Viktor Frankl über den Tag seiner Freilassung aus dem KZ

gebrochen, so machte allein das XX. US-Korps in einer einzigen Woche 25.000 Gefangene.
In Deutschland hatten die amerikanischen und britischen Truppen schon mehrere große Konzentrationslager – Bergen-Belsen oder Buchenwald – befreit. Was sie dort sahen, versetzte sie in tiefe Erschütterung. „Sagen Sie jetzt noch immer, daß Sie die Deutschen nicht hassen?" fragte General Eisenhower einen Offizier, als sie ein KZ verließen.
Relativ spät, am 5. Mai 1945, sollten die Amerikaner schließlich Mauthausen, das größte Konzentrationslager auf österreichischem Gebiet, erreichen. In Mauthausen und seinen 46 Nebenlagern wurden zu diesem Zeitpunkt noch 60.000 Häftlinge festgehalten. 86.000 der insgesamt 196.000 im Laufe des Krieges dort eingelieferten Menschen hatten die Haft nicht überlebt.
Der Pole Dr. Clemens M. Kwiatkowski war seit 1944 im KZ Mauthausen. Er erinnert sich das Ende von Mauthausen: „Im Lager spürten wir kurze Zeit vor der Befreiung eine Spannung, eine Nervosität. Man sprach von der Sprengung der Häftlinge in den Stollen von Gusen und wir sahen das Ende kommen. Wir haben gebetet und gewartet. Ende April verschwanden die SS-Leute und wurden durch Wiener Polizisten und Feuerwehrleute ersetzt. Dann kam plötzlich der Tag der Befreiung, die ich erst richtig wahrnahm, als am Turm die weiße Fahne wehte und um 13.15 Uhr die amerikanischen Panzerwagen einrollten."
Der Leidensweg der österreichischen Juden hatte 1938 begonnen. Bereits im Sommer 38 fielen rund 2000 Juden zumeist gezielten Denunziationen zum Opfer, wurden nach Dachau überstellt, wo sie ermordet wurden.
Eine „Zentralstelle für jüdische Auswanderer" wurde in Wien eingerichtet. Sie diente hauptsächlich der Ausplünderung der Vertriebenen und der Erfindung von immer neuen Schikanen. Viele der jüdischen Opfer erlebten den bürokratischen Hindernislauf nicht, wurden vor der Ausreise verhaftet und in eines der Konzentrationslager überstellt.
Bis Mitte November 1941 sind (laut Erika Weinzierl) von den 1938 in Österreich lebenden 185.246 Juden insgesamt 128.500 in alle Weltteile emigriert, darunter zahlreiche Wissenschafter und Künstler von Weltruf.
Von den 67.601 österreichischen Juden, die unter deutsche Herrschaft gerieten und in Konzentrationslager gebracht wurden, überlebten ganze 2142 das Ende des Krieges: 65.459 wurden ermordet.
Insgesamt kamen in den Lagern des nationalsozialistischen Deutschland sechs Millionen Juden ums Leben. Die Roma und Sinti (Zigeuner) hatten etwa 600.000 Tote zu beklagen.
Am 27. April 1945 wird Viktor Frankl aus dem Lager Dachau-Türkheim befreit. Er fuhr dann nach Wien, darüber schreibt er später („Zeitzeugen", Kremayr & Scheriau): „Immer wieder mußte ich mir die Frage anhören, besonders in Amerika: ‚Ja, um Gottes willen, warum sind Sie denn nach Wien zurückgegangen? Hat man Ihnen zu wenig angetan? Ihnen und den Ihren?' Aber ich erwiderte mit einer Gegenfrage: ‚Was hat mir wer angetan?' Wer von Kollektivschuld spricht, setzt sich selbst ins Unrecht".
Überlebt hat das KZ auch Leon Zelman, Präsident des Jewish Welcome Service in Wien.
In einem soeben erschienenen Buch (Leon Zelman: Ein Leben nach dem Überleben; Verlag Kremayr & Scheriau, Wien 1995) schreibt er: „Zur Zeit unserer Ankunft führten in Birkenau die Bahngleise bis knapp vor die Gaskammern. Die SS war stolz darauf, daß alles in Auschwitz-Birkenau wie am ‚Fließband' lief. Die meisten von ihnen gingen ahnungslos in den Tod …

Leon Zelman, Ende 1946. Privatbesitz

Ehe auch wir zu Tode gebracht werden sollten, hatte man uns „auf Eis gelegt", wie die SS es in ihrem Jargon ausdrückte. Der Hauptgrund dafür bestand keineswegs in wirtschaftlichen Rücksichten oder gar humanitären Überlegungen, sondern allein darin, daß die Vernichtungsmaschine an technische Kapazitätsgrenzen stieß."

Als Leon Zelman am 5. Mai 1945 von den Amerikanern aus dem KZ Mauthausen befreit wurde, war er 17 Jahre alt, 178 Zentimeter groß und wog 38 Kilo.

Wieviel war der Bevölkerung bekannt über das, was in den KZs geschah? Die einen beteuern, davon nichts gewußt zu haben. Die anderen meinen, jedem hätte diesbezüglich etwas auffallen müssen.

Herbert Fux, Filmschauspieler und Grüner Politiker der ersten Stunde, erzählt im KURIER-Interview von seiner Jugend in Salzburg-Stadt: „Daß es Konzentrationslager gegeben hat, das hat man schon 1938, 1939 gewußt. 1939 habe ich dann auch in Wien, ich war bei Verwandten auf Besuch, gesehen wie sie Juden weggebracht haben. Über die wahren Dimensionen – die Millionen von Toten – hat man erst nach dem Krieg genaues gewußt. Aber vorher hat man schon einiges geahnt. Eine Bekannte von uns hatte einen behinderten Sohn, der war pumperlg'sund. Der ist in ein KZ gekommen und nach zwei Wochen ist die Nachricht gekommen, daß er an einer schweren Krankheit gestorben ist. Da hat man sich natürlich gewundert. Wir in Salzburg haben auf die Amerikaner gewartet. Von deutscher Seite hat es letzte Durchhalteparolen gegeben, es war von der Alpenfestung die Rede. Wir haben feindliche Sender gehört und haben genau gewußt, wo die Amerikaner waren, daß sie schon in Rosenheim waren. Als die Amerikaner gekommen sind, war das eine ungeheure Befreiung. Die Nationalsozialisten waren auf einmal alle weg. Wie die Leute 1938 gejubelt haben, so jubelten sie auch jetzt. Durch das Hören der ausländischen Sender haben wir auch gewußt, daß die Russen schon in Wien waren. Wir haben gehofft, daß wir in die amerikanische Zone kommen".

„Ich war 17 Jahre alt, 178 Zentimeter groß und wog 38 Kilo."

Leon Zelman über den Tag seiner Befreiung aus dem KZ

Die Unabhängigkeits-Erklärung

27. April 1945

Das Gründungsdokument der Zweiten Republik

Das erste Bild des Kabinetts Renner. Anerkannt wurde die Konzentrationsregierung aus ÖVP, SPÖ und KPÖ zuerst nur von den Sowjets. Sie sollte bis zu den ersten freien Wahlen im November 1945 bestehen. Olga Lander

Unabhängigkeitserklärung und Kundmachung über die Bildung der provisorischen Regierung durch Karl Renner. Marschall Tolbuchin erkennt die Regierung an.
Die Westmächte reagieren mißtrauisch, die Anerkennung sollte erst im Oktober 1945 erfolgen. Der Erfinder der Logotherapie, Viktor Frankl, kommt aus dem Konzentrationslager Dachau frei.

Der 27. April gilt als die Geburtsstunde des neuen Österreich.
An diesem Tag wurde vom sowjetischen Oberkommandierenden Marschall Tolbuchin die provisorische Regierung Renner anerkannt und von dieser Regierung die Unabhängigkeit Österreichs erklärt. Der 1938 verschwundene Staat Österreich war damit wiederbegründet, auch

wenn er erst einen kleinen Teil des Bundesgebietes umfaßte.
Diese Erklärung ist ein Paradebeispiel für Renners hochpathetischen Stil – und seine Fähigkeit, die historische Wahrheit zu biegen. Die Präambel besteht aus einem einzigen unendlich langen Satz, der an der wiederkehrenden Formel „Angesichts der Tatsache" aufgehängt ist:
„Angesichts der Tatsache, daß der Anschluß des Jahres 1938 ... durch militärische Bedrohung von außen und den hochverräterischen Terror einer Minderheit eingeleitet, einer wehrlosen Staatsleitung abgelistet und abgepreßt, endlich durch militärische, kriegsmäßige Besetzung dem hilflos gewordenen Volke Österreichs aufgezwungen worden ist ...
... daß dieser Mißbrauch endlich dem österreichischen Volk seine geistigen und kulturellen Hilfsquellen verkümmert hat ...
... daß die vollzogene Annexion sofort mißbraucht worden ist, die vielhundertjährige glorreiche Residenzstadt zu einer Provinzstadt zu degradieren ...
... daß endlich die nationalsozialistische Reichsregierung Adolf Hitlers kraft dieser völligen politischen, wirtschaftlichen und kulturellen Annexion das macht- und willenlos gemachte Volk Österreichs in seinen sinn- und aussichtslosen Eroberungskrieg geführt hat, den kein Österreicher jemals gewollt hat, jemals vorauszusehen oder gutzuheißen instand gesetzt war, zur Bekriegung von Völkern, gegen die kein wahrer Österreicher jemals Gefühle der Feindschaft oder des Hasses gehegt hat ..."
Renner schrieb sich damit elegant über den Jubel von Hunderttausenden beim Einzug Hitlers hinweg; darüber, daß in Graz und Salzburg die Nazis schon vor dem Einmarsch der Wehrmacht praktisch die Herrschaft über die Straße errungen hatten; daß schließlich viele Österreicher begeistert im Krieg mitgemacht und ihren gewaltigen Anteil an den Verbrechen hatten.
Renner war nicht nur der Vater der Republik, sondern auch der Vater der Verdrängung. Seine – zweifellos nicht nur taktische, sondern auch echt empfundene – „Opfertheorie" mag in dieser ersten Stunde das Richtige gewesen sein. Sie legte jedoch das Fundament für eine Legendenbildung, deren Folgen dann viel später – auch heute noch – aufbrechen sollten.
Anderseits: Mit der Unabhängigkeitserklärung mußte sozusagen sofort bewiesen werden, daß Österreich die Nazi-Herrschaft abgeworfen hatte und wieder ein selbständiger Staat sein wollte; daß hier kein neuer Staat geschaffen, sondern ein seinerzeit zerstörter Staat „auf den Trümmern des Hitlerregimes wiedererrichtet" wurde (Regierungserklärung vom 27. April).
Die Unabhängigkeitserklärung selbst postulierte in fünf kurzen Artikeln die Wiedergeburt der Republik Österreich als parlamentarische Demokratie. Die wesentlichen Artikel lauten kurz und kraftvoll: „Artikel I: Die demokratische Republik Österreich ist wiederhergestellt und im Geiste der Verfassung von 1920 einzurichten."
„Artikel II: Der im Jahre 1938 dem österreichischen Volke aufgezwungene Anschluß ist null und nichtig."
Die drei restlichen Artikel erklärten noch die Einsetzung der provisorischen Regierung, forderten die Österreicher auf, ihren Eid auf Deutschland zu vergessen und fortan der Republik treu zu dienen.
Wichtig war der Hinweis auf den „Geist der Verfassung von 1920". Erstens war damit festgelegt, daß Österreich eine demokratische Verfassung einer parlamentarischen Demokratie anstrebte und nicht irgend ein anderes Modell - etwa einer „sozialistischen Demokratie" und zweitens ersparte man sich damit ein langwierige Verfassungsdiksussion. Renner hatte zwar überlegt, eine neue Verfassung selbst zu schreiben, war dadurch aber rasch überfordert. Man schloß also hauptsächlich aus praktischen Gründen an die Verfassung der Ersten Republik an, was viel später - nämlich heute - zu Auslegungsproblemen führt, etwa was die Befugnisse des Bundespräsidenten betrifft.
Ein Nachsatz der Unabhängigkeitserklärung beschäftigte sich mit dem Passus in der „Moskauer Deklaration" von 1943, in der Österreich aufgefordert wird, seinen eigenen Beitrag zu seiner Befreiung zu leisten. Das wird zwar „pflichtgemäß" versprochen, aber in unnachahmlicher „Wir san ja arme Hascherl"-Manier eingeschränkt: „Die Staatsregierung sieht sich jedoch genötigt festzustellen, daß dieser Beitrag angesichts der Entkräftung unseres Volkes und der Entgüterung unseres Landes nur bescheiden sein kann." Damit war auch gleich die spätere, höchst schäbige Linie bei der Entschädigung der jüdischen Mitbürger vorsorglich angemeldet.
Diese Unabhängigkeitserklärung wurde zum Dokument jener Geisteshaltung, die später so lange das kollektive Bewußtsein der Zweiten Republik bestimmte: Österreich und die Österrei-

„Der 1938 den Österreichern aufgezwungene Anschluß ist null und nichtig."

Unabhängigkeitserklärung

„Die demokratische Republik Österreich ist wiederhergestellt und im Geiste der Verfassung von 1920 einzurichten."

Aus der österreichischen Unabhängigkeitserklärung

cher waren nur Opfer, kein Wort über eigene Mitschuld; nur Klagen über die im Krieg „hingeopferte Jugend- und Manneskraft unseres Volkes", kein Wort über die hingemordeten, vertriebenen und ausgeraubten Mitbürger, seien es Gegner des Regimes oder die Juden.

Sosehr diese Erklärung auch das Werk eines einzelnen Mannes ist, sie wurde doch von den Vertretern der Regierungsparteien – Adolf Schärf für die SP, Leopold Kunschak für die VP, Johann Koplenig für die KP – unterschrieben.

Gleichzeitig rief Renner in seiner Regierungserklärung die Bevölkerung zum Wiederaufbau auf und baumelte den vielen Nazi-Mitläufern („jene freilich, die nur aus Willensschwäche, infolge ihrer wirtschaftlichen Lage, wider innere Überzeugung und ohne an den Verbrechen der Faschisten teilzuhaben, mitgegangen sind …") mit einem Vergebungsversprechen vor der Nase. Allerdings kündigte er gegen NS-Verbrecher eine harte Strafverfolgung an, die – zumindest in der ersten Zeit – auch tatsächlich in die Tat umgesetzt wurde. Für ein generelles Strafgericht hatte es aber einfach zu viele NS-Anhänger (700.000 eingetragene Mitglieder am Höhepunkt März 1943) gegeben.

Die Russen akzeptierten die Erklärung und die Regierung; aber was war mit den Westalliierten?

Aufräumungsarbeiten Bildarchiv der ÖNB

I. Proklamation

Angesichts der Tatsache,

daß der Anschluß des Jahres 1938 nicht, wie dies zwischen zwei souveränen Staaten selbstverständlich ist, zur Wahrung aller Interessen durch Verhandlungen von Staat zu Staat vereinbart und durch Staatsverträge abgeschlossen,

sondern durch militärische Bedrohung von außen und den hochverräterischen Terror einer nazifascistischen Minderheit eingeleitet, einer wehrlosen Staatsleitung abgelistet und abgepreßt,

endlich durch militärische kriegsmäßige Besetzung des Landes dem hilflos gewordenen Volke Österreichs aufgezwungen worden ist,

angesichts der weiteren Tatsachen,

daß die so vollzogene Annexion des Landes sofort mißbraucht worden ist,

alle zentralen staatlichen Einrichtungen der ehemaligen Bundesrepublik Österreich, seine Ministerien und sonstigen Regierungseinrichtungen zu beseitigen und deren Bestände nach Berlin wegzuführen, so den historisch gewordenen einheitlichen Bestand Österreichs aufzulösen und vollkommen zu zerstören,

Österreichs Hauptstadt Wien, die vielhundertjährige glorreiche Residenzstadt, zu einer Provinzstadt zu degradieren,

die Bundesländer aller ihrer geschichtlichen Selbstregierungsrechte zu berauben und zu willenlosen Verwaltungssprengeln unberufener und dem Volke unverantwortlicher Statthalter zu machen,

und darüber hinaus angesichts der Tatsachen,

daß diese politische Annexion Österreichs zur wirtschaftlichen und kulturellen Beraubung Wiens und der österreichischen Bundesländer ausgenützt und mißbraucht worden ist,

die Österreichische Nationalbank aufzuheben und ihren Goldschatz nach Berlin zu entführen, alle großen Unternehmungen Österreichs reichsdeutschen Firmen einzuverleiben

und so das österreichische Volk aller selbständigen Verfügung über die natürlichen Quellen seines Wohlstandes zu berauben,

daß dieser Mißbrauch endlich dem österreichischen Volke auch seine geistigen und kulturellen Hilfsquellen verkümmert hat, indem er die unermeßlichen Kunst- und Kulturschätze des Landes, welche selbst der harte Friede von Saint-Germain durch ein 20jähriges Verbot vor jeder Veräußerung geschützt hat, der Verschleppung außer Landes preisgegeben hat,

und endlich angesichts der Tatsache,

daß die nationalsozialistische Reichsregierung Adolf Hitlers kraft dieser völligen politischen, wirtschaftlichen und kulturellen Annexion des Landes das macht- und willenlos gemachte Volk Österreichs in einen sinn- und aussichtslosen Eroberungskrieg geführt hat, den kein Österreicher jemals gewollt hat, jemals vorauszusehen oder gutzuheißen instand gesetzt war, zur Bekriegung von Völkern, gegen die kein wahrer Österreicher jemals Gefühle der Feindschaft oder des Hasses gehegt hat,

in einen Eroberungskrieg, der von den Eisfeldern des hohen Nordens bis zu den Sandwüsten Afrikas, von der stürmischen Küste des Atlantiks bis zu den Felsen des Kaukasus

Viele Hunderttausende der Söhne unseres Landes, beinahe die ganze Jugend- und Manneskraft unseres Volkes, bedenkenlos hingeopfert hat,

um zum Schlusse noch unsere heimatlichen Berge als letzte Zuflucht gescheiterter Katastrophenpolitiker zu benützen und kriegerischer Zerstörung und Verwüstung preiszugeben,

angesichts dieser Tatsachen und in Hinblick darauf,

daß durch die drei Weltmächte in wiederholten feierlichen Deklarationen, insbesondere in der Deklaration der Krimkonferenz und in der Konferenz der Außenminister Hull, Eden und Molotow zu Moskau Oktober 1943 festgelegt worden ist:

„Die Regierungen Großbritanniens, der Sowjetunion und der Vereinigten Staaten von Amerika kamen überein, daß Österreich, das erste freie Land, das der Hitlerschen Aggression zum Opfer gefallen ist, von der deutschen Herrschaft befreit werden muß.

Sie betrachten den Anschluß, der Österreich am 15. März 1938 von Deutschland aufgezwungen worden ist, als null und nichtig.

Sie geben ihrem Wunsche Ausdruck, ein freies und wiederhergestelltes Österreich zu sehen und dadurch dem österreichischen Volke selbst, ebenso wie anderen benachbarten Staaten, vor denen ähnliche Probleme stehen werden, die Möglichkeit zu geben, diejenige politische und wirtschaftliche Sicherheit zu finden, die die einzige Grundlage eines dauerhaften Friedens ist",

angesichts der angeführten Tatsachen und in Hinblick auf die feierlichen Erklärungen der drei Weltmächte, denen sich inzwischen beinahe alle Regierungen des Abendlandes angeschlossen haben,

erlassen die unterzeichneten Vertreter aller antifaschistischen Parteien Österreichs ausnahmslos die nachstehende

Unabhängigkeitserklärung.

Art. I: Die demokratische Republik Österreich ist wiederhergestellt und im Geiste der Verfassung von 1920 einzurichten.

Art. II: Der im Jahre 1938 dem österreichischen Volke aufgezwungene Anschluß ist null und nichtig.

Art. III: Zur Durchführung dieser Erklärung wird unter Teilnahme aller antifaschistischen Parteirichtungen eine Provisorische Staatsregierung eingesetzt und vorbehaltlich der Rechte der besetzenden Mächte mit der vollen Gesetzgebungs- und Vollzugsgewalt betraut.

Art. IV: Vom Tage der Kundmachung dieser Unabhängigkeitserklärung sind alle von Österreichern dem Deutschen Reiche und seiner Führung geleisteten militärischen, dienstlichen oder persönlichen Gelöbnisse nichtig und unverbindlich.

Art. V: Von diesem Tage an stehen alle Österreicher wieder im staatsbürgerlichen Pflicht- und Treueverhältnis zur Republik Österreich.

In pflichtgemäßer Erwägung des Nachsatzes der erwähnten Moskauer Konferenz, der lautet:

„Jedoch wird Österreich darauf aufmerksam gemacht, daß es für die Beteiligung am Kriege auf seiten Hitlerdeutschlands Verantwortung trägt, der es nicht entgehen kann, und daß bei der endgültigen Regelung unvermeidlich sein eigener Beitrag zu seiner Befreiung berücksichtigt werden wird",

wird die einzusetzende Staatsregierung ohne Verzug die Maßregeln ergreifen, um jeden ihr möglichen Beitrag zu seiner Befreiung zu leisten, sieht sich jedoch genötigt, festzustellen, daß dieser Beitrag angesichts der Entkräftung unseres Volkes und Entgüterung unseres Landes zu ihrem Bedauern nur bescheiden sein kann.

Wien, den 27. April 1945.

Urkund dessen die eigenhändigen Unterschriften der Vorstände der politischen Parteien Österreichs:

Für den Vorstand der Österreichischen Sozialdemokratie, nunmehr Sozialistische Partei Österreichs (Sozialdemokraten und Revolutionäre Sozialisten):

Dr. Karl Renner m. p. Dr. Adolf Schärf m. p.

Für den Vorstand der Christlichsozialen Volkspartei bzw. nunmehr Österreichische Volkspartei:

Leopold Kunschak m. p.

Für die Kommunistische Partei Österreichs:

J. Koplenig m. p.

II. Kundmachung

Im Einvernehmen ausnahmslos aller antifaschistischen Parteien Österreichs und damit im Sinn und Willen der großen Mehrheit des österreichischen Volkes und in Übereinstimmung mit der Deklaration der Moskauer Konferenz:

„Die Regierungen Großbritanniens, der Sowjetunion und der Vereinigten Staaten von Amerika geben ihrem Wunsche Ausdruck, ein freies und unabhängiges Österreich wiederhergestellt zu sehen",

wird mit der Aufgabe, die selbständige und unabhängige Republik Österreich auf den Trümmern des Hitlerregimes wieder aufzurichten, die nachfolgende Provisorische Regierung eingesetzt:

1. Staatskanzlei (Präsidium, auswärtige Angelegenheiten, Heerwesen):
   Staatskanzler: Dr. Karl Renner S.D.
   Politischer Beirat des Staatskanzlers, Staatssekretäre ohne Portefeuille:
   Leopold Kunschak C.S.
   Johann Koplenig K.P.
   eine Stelle offen L.B.
   Unterstaatssekretär für Heerwesen: Oberstleutnant Dr. Franz Winterer.
2. Staatsamt für Inneres:
   Staatssekretär: Franz Honner K.P.
   Unterstaatssekretäre: Oskar Helmer S.D.
   eine Stelle offen C.S.
3. Staatsamt für Volksaufklärung, für Unterricht und Erziehung und für Kultusangelegenheiten:
   Staatssekretär: Ernst Fischer K.P.
   Unterstaatssekretäre: Dr. Karl Lugmayer C.S.
   Josef Enslein S.D.
   Unterstaatssekretär für Kultus:
   Min.Rat a. D. Ernst Hefel C.S.
4. Staatsamt für Justiz:
   Staatssekretär: Dr. Josef Gerö parteilos.
   Unterstaatssekretäre: Dr. Altmann K.P.
   Dr. Max Scheffenegger S.D.
   Dr. Nagl C.S.
5. Staatsamt für Finanzen:
   Staatssekretär: Min.-Rat a. D. Dr. Georg Zimmermann parteilos.
   Unterstaatssekretäre: Drei Stellen offen für parteilose Fachleute.
6. Staatsamt für Ackerbau und Forstwirtschaft:
   Staatssekretär: Rudolf Buchinger C.S.
   Unterstaatssekretäre: Alois Mentasti S.D.
   Laurenz Genner K.P.
   eine Stelle offen L.B.
7. Staatsamt für Industrie, Gewerbe, Handel und Verkehr:
   Staatssekretär: Eduard Heinl C.S.
   Unterstaatssekretäre: Ing. Karl Waldbrunner S.D.
   eine Stelle offen K.P.
8. Staatsamt für Volksernährung:
   Staatssekretär: Andreas Korp S.D.
   Unterstaatssekretäre: Helene Postranecki K.P.
   Josef Kraus C.S.
   eine Stelle offen L.B.
9. Staatsamt für soziale Verwaltung:
   Staatssekretär: Johann Böhm S.D.
   Unterstaatssekretäre: Dr. Franz David K.P.
   Alois Weinberger C.S.
10. Staatsamt für öffentliche Bauten, Übergangswirtschaft und Wiederaufbau:
    Staatssekretär: Ing. Rudolf Raab C.S.
    Unterstaatssekretäre: Heinrich Schneidmadl S.D.
    eine Stelle offen K.P.

Die Provisorische Regierung wird sofort die Vorbereitungen zur Berufung einer Volksvertretung im Wege allgemeiner, gleicher und freier Wahlen treffen, wird diese, sobald die Kriegsumstände es gestatten, durchführen und der Volksvertretung ohne Verzug Rechenschaft ablegen.

III. Regierungserklärung

Männer und Frauen von Österreich!

In den Tagen größter Bedrängnis durch Krieg und Kriegsfolgen richten wir an Euch alle unser Wort!

Rafft Euch auf! Wirkt zusammen zu unser aller Befreiung! Helft mit, das vormalige, unabhängige Gemeinwesen der Republik Österreich wieder aufzurichten!

Nur im Rahmen eines geeinigten Staates und mit Hilfe einer geordneten Staatsregierung ist Rettung möglich. Der einzelne Staatsbürger wie die vereinzelte Gemeinde kann nicht Schutz und Rettung bringen. Ohne Wiederaufbau Eures Staates gibt es kein Heil für Euch, für Eure Familien, für Euer Heim, für Eure Arbeits- und Betriebsstätten.

Die Nazifaschisten haben zuerst alle staatlichen Behörden und Ämter mit ihren stellenhungrigen Parteigenossen besetzt, haben jetzt, in der Stunde der Not, ihre Posten feige im Stiche gelassen und damit Land und Volk dem Chaos preisgegeben. Die Stunde ist gekommen, wo Ihr selbst alle Eure öffentlichen Einrichtungen auf demokratischem Wege wiederaufbauen müßt, Eure Gemeinden, Eure autonomen Bezirks- und Landesverwaltungen und Euren gemeinsamen Staat!

Viele Gemeinden, unter ihnen vor allem die Stadt Wien, haben mit diesem Werke bereits begonnen.

Nunmehr haben sich ausnahmslos alle antifaschistischen Parteieinrichtungen, die Sozialdemokraten, die Sozialrevolutionäre, die Christlichsozialen, die Kommunistische Partei, der antifaschistische Teil des Landbundes, damit alle Klassen und Berufsstände, Arbeiter, Bauern und Bürger, zusammengefunden, um eine Provisorische Staatsregierung einzusetzen. Diese hat sich konstituiert und fordert nun von Euch allen, von jedem einzelnen, von Euren Gemeinden und Bezirken, von Euren sämtlichen öffentlichen Anstalten und Einrichtungen

verständnisvolle Mitarbeit und treue Folgeleistung.

Vergeßt nicht, daß diese ersten Schritte nur dadurch ermöglicht worden sind, daß die Rote Armee große Teile unseres Staatsgebietes vom Drucke der Hitlerarmee erlöst hat. Unsere Hauptstadt Wien sowie beträchtliche Teile von Niederösterreich und Steiermark sind zur Stunde von direkten Kriegsmaßnahmen frei und Herren ihrer selbst. Auf diesem Freiland ist es möglich geworden, eine Regierung zu bilden, die vorerst für das ganze Österreich handelt, nach Maßgabe der fortschreitenden Befriedung des Landes aus den hinzukommenden Gebieten Ergänzung oder Ersatz finden soll.

Die Gesamtregierung ist aus Vertretern aller antifaschistischen Parteien zusammengesetzt und auch jedes Staatsamt wird, wenn es auch unter Führung des Staatssekretärs einer Richtung steht, von Unterstaatssekretären der anderen Richtungen mitverwaltet — Parteilichkeit, Einseitigkeit und Willkür in der Verwaltung ist damit ausgeschlossen. Ihr könnt Euch darum ohne Vorbehalt und ohne Besorgnis der neuen Staatsleitung anvertrauen.

Tatkraft und Strenge müssen in der heutigen Lage unseres Landes herrschen, dabei aber ist durch die Zusammensetzung der Staatsregierung Unparteilichkeit und Gerechtigkeit verbürgt!

Nur jene, welche aus Verachtung der Demokratie und der demokratischen Freiheiten ein Regime der Gewalttätigkeit, des Spitzeltums, der Verfolgung und Unterdrückung über unserem Volke aufgerichtet und erhalten, welche das Land in diesen abenteuerlichen Krieg gestürzt und es der Verwüstung preisgegeben haben und noch weiter preisgeben wollen, sollen auf keine Milde rechnen können. Sie werden nach demselben Ausnahmsrecht behandelt werden, das sie selbst den anderen aufgezwungen haben und jetzt auch für sich selbst für gut befinden sollen.

Jene freilich, die nur aus Willensschwäche, infolge ihrer wirtschaftlichen Lage, aus zwingenden öffentlichen Rücksichten wider innere Überzeugung und ohne an den Verbrechen der Faschisten teilzuhaben, mitgegangen sind, sollen in die Gemeinschaft des Volkes zurückkehren und haben somit nichts zu befürchten.

Ihr alle aber, die Ihr Vaterland und Freiheit liebt, nehmt teil an dem Wiederaufbau der Republik Österreich!

Keine der drei beteiligten Weltmächte will anderes oder mehr als die Selbständigkeit und Unabhängigkeit Österreichs, als die Befreiung von der Hitlertyrannei von außen und von dem Terror des Faschismus im Inneren. Keine will irgend eine Gebietsabtretung, keine einen Eingriff in die überlieferte innere staatsbürgerliche und wirtschaftliche Ordnung. Österreich soll sich innerhalb seiner Grenzen frei selbst regieren und selbst verwalten.

Feierliche Erklärungen aller drei verbündeten Weltmächte verbürgen uns diese Selbstbestimmung, die Unverletzlichkeit des Eigentums, die Freiheit aller religiösen Bekenntnisse, die staatsbürgerlichen Grundrechte und vor allem die Gleichheit vor dem Gesetze.

Alle erdenklichen Zweifel behebt in diesem Punkte die Erklärung der Sowjetregierung über Österreich, die besagt, daß ihr Ziel nicht sei, die gesellschaftliche Ordnung Österreichs zu ändern.

Nehme also jeder auf seinem Besitztum, in seiner Werkstatt, in seinem Bureau unbesorgt die Arbeit wieder auf, damit das normale Wirtschaftsleben so bald als möglich wiederkehre!

Zur Verwirklichung dieser Bürgschaften werden die sogenannten Nürnberger Gesetze Hitlers, seine Rassengesetze, aber auch alle seine sonstigen Anordnungen, die den Grundsätzen unserer Verfassung von 1920 widersprechen, für alle Zeiten aufgehoben und die staatsbürgerlichen Grundrechte wieder in Kraft gesetzt werden.

Zugleich mit diesen Aufgaben der Gesetzgebung wird die Staatsregierung ihre ganze Tatkraft für die Rettung unseres Volkes aus der wirtschaftlichen Drangsal, insbesondere vor der drohenden Hungersnot, sowie zur Behütung vor Seuchen einsetzen, Anbau und Ernte sicherzustellen suchen und neben einer bescheidenen Wehrmacht eine ausreichende Sicherheitspolizei zur Aufrechterhaltung von Ruhe und Ordnung wie zur Sicherung aller Wohn-, Betriebs- und Arbeitsstätten einrichten.

Alle diese Aufgaben können nur erledigt werden unter williger und wirksamer Mitwirkung des gesamten Volkes. Aber diese Mitwirkung wird oft, wo sie allein nicht ausreicht, den Beistand der Roten Armee erfordern.

Das Kommando der Roten Armee hat schon heute der Staatsregierung bei Erfüllung dieser Pflichten bereitwillig ihre Unterstützung zugesagt, zunächst für jene Teile des Staatsgebietes, die von kämpfenden Truppen schon befreit und unter ruhiger und normaler Besetzung stehen werden.

Es ist das gebieterische Interesse unseres Volkes, daß der längst verlorene Krieg beendet werde. Daher ist es unser aller Pflicht, mitzuhelfen, daß mit diesem Kriege Schluß gemacht werde. Darum fordert die Staatsregierung unter einem die österreichischen Soldaten, wo immer sie stehen, auf, wenn irgend möglich die Waffen niederzulegen, die reichsdeutschen Truppen aber unsere Heimat in Ruhe und Ordnung zu verlassen. Unterstützt darum die Rote Armee in jeder Weise in ihrem Bestreben, den Waffengang abzukürzen und unserem Lande den Frieden wiederzugeben.

Die verzweifelte Katastrophenpolitik der Hitlerleute beabsichtigt, die ganze Nation mit sich in den Abgrund zu reißen, beabsichtigt den Wahnsinn ihres Unterfangens zugleich mit der Schmach ihrer Untaten, die noch in ferner Zukunft auf dem deutschen Namen lasten wird, unter den Ruinen des Reiches und den Leichen seiner Bürger zu begraben. In dieser Absicht schreien sie in die Welt, die Zusammenarbeit mit den besetzenden Mächten sei Verrat an der Nation, und sie bedrohen so jeden, der mittut, sich selbst und sein Volk aus der Katastrophe mit den geringsten Opfern herauszuführen, mit neuerlichen Untaten.

Männer und Frauen Österreichs!

Verachtet diese Drohungen! Suchet das Verständnis und die Hilfe der erreichbaren Befehlsstellen der Roten Armee! Arbeitet dort, wo die unmittelbaren Kriegshandlungen vorbeigezogen sind und der ruhigen Besetzung Platz gemacht haben, mit den Kommanden der Roten Armee zusammen — wir wissen, sie haben von ihrem Obersten Befehlshaber den Auftrag, nach Einstellung der Feindseligkeiten alle Bestrebungen der österreichischen Staatsregierung, das Land im Innern in geordnete Verhältnisse zurückzuführen und wirtschaftlich wieder aufzurichten, werktätig zu unterstützen.

Nach außen hin aber wird die Provisorische Staatsregierung sich bemühen, durch ihre Maßnahmen das Vertrauen der drei Weltmächte wieder zu gewinnen, alle Bürgschaften für die künftige Erlösung des Landes von der Besetzung so rasch als möglich herbeizuschaffen und die Republik wieder in die Reihen der souveränen Staaten zurückzuführen. Sie wird sich bemühen, mit den zahlreichen Völkern, die Hitler mit Krieg überzogen hat, zu denen jedoch kein Österreicher jemals andere als Gefühle der Freundschaft gehegt hat, zu denen ein selbständiges Österreich niemals vorher in feindselige Beziehungen geraten ist und in Hinkunft geraten wird, Friedens- und Freundschaftsverträge zu schließen, vor allem aber mit seinen unmittelbaren Nachbarn, mit denen das österreichische Volk — trotz aller politischen Wirren der Vergangenheit — im Austausch der Wirtschafts- und Kulturgüter durch lange Jahrhunderte zusammengearbeitet und zusammengelebt hat.

Die wechselvollen, oft entzweienden Auseinandersetzungen früherer Geschichtsepochen liegen seit der Aufrichtung der Republik im Jahre 1918 nunmehr länger als ein Menschenalter zurück, gehören der Vergangenheit an und sollen der Vergessenheit verfallen. Der Freistaat Österreich will in ungetrübter Freundschaft mit den Völkern des Donauraumes sich selbst leben und mit sämtlichen Nachbarn in Friede und Freundschaft zusammenarbeiten zum Besten aller.

Die Provisorische Regierung Österreichs begrüßt die Aufrichtung einer neuen politischen und wirtschaftlichen Weltordnung durch die drei führenden Weltmächte und alle ihre Verbündeten. Möge es der Republik vergönnt sein, bald an der Gemeinschaft aller Staaten und Völker der Welt teilzuhaben und mit ihren bescheidenen Kräften und Mitteln mitzuarbeiten an den erhabenen Zielen, die diese Mächte sich gesetzt haben.

Österreicher!

Dies die Aufträge, die Eure Provisorische Regierung übernommen hat und durchführen will!

Verzagt nicht! Fasset wieder Mut! Schließt Euch zusammen zur Wiederaufrichtung Eures freien Gemeinwesens und zum Wiederaufbau Eurer Wirtschaft! Vertagt allen Streit der Weltanschauungen, bis das große Werk gelungen ist! Und folgt in diesem Geiste willig Eurer Regierung!

Es lebe das österreichische Volk, es lebe die Republik Österreich!

Unterzeichnet vom Staatskanzler Österreichs Dr. Karl Renner und den Regierungsmitgliedern.

Unabhängigkeits- und Regierungserklärung-Plakat Wr. Stadt- und Landesbibliothek

Russische Marionettenregierung?

28. April 1945

Renner schreibt nun auch einen Brief nach Washington

Amerikanische Soldaten und Offiziere der Waffen-SS als Parlamentäre in Schärding, OÖ. ORF-Fotodienst

„Wir haben zusammengehalten, wir wußten, es geht nur gemeinsam."

Hermann Withalm, späterer Generalsekretär der ÖVP

Die Amerikaner überschreiten die Tiroler Nordgrenze bei Vils. Die von Renner, Schärf, Kunschak und Koplenig unterzeichnete Unabhängigkeitserklärung wird im „Neuen Österreich" veröffentlicht. Die Volkshochschule Ottakring öffnet ihre Pforten. Körner veröffentlicht zu seinem Amtsantritt einen Aufruf an die Wiener. Der „Duce" Benito Mussolini wird gefangengenommen.

Der Bevölkerung wurde die am 27. proklamierte Unabhängigkeit am 28. per Aushang und in der Zeitung kundgetan. Nach der Proklamation lud Tolbuchin die Regierung zu einem opulenten Mahl, am Abend gab es ein Philharmonisches Konzert.

Zwei Dinge waren jetzt noch zu tun: das Volk durch irgendeinen öffentlichen Akt mit einzubinden und – ebenso wichtig – die mehr als skeptischen Westalliierten, besonders die Amerikaner, auch davon zu überzeugen, die Regierung anzuerkennen.

Beides hatte sich Renner für die nächsten Tage

vorgenommen. Am 28. schrieb er wieder einen Brief, diesmal schlicht „An die Regierung der Vereinigten Staaten von Amerika". Die Expedierung übernahmen die Sowjets. Diesmal faßte Renner sich kurz: er setzte die Amerikaner in Kenntnis, daß Wien von den Sowjets befreit worden sei (was sie natürlich wußten) und daß die Vertreter sämtlicher politischer Parteien beschlossen hätten, unter Bezug auf die „Moskauer Deklaration" der Alliierten ein selbständiges Österreich wiederaufzurichten. Er ersuche „um Anerkennung des wieder erstandenen Staatswesens".

Dieser Brief erreichte Washington über den Umweg Belgrad erst am 11. Mai. Inzwischen hatte der große amerikanische Diplomat und Osteuropakenner George Kennan aus Moskau bereits eine negative Beurteilung nach Washington geschickt: es sei fraglich, ob der „ältliche Staatsmann den Kommunisten gewachsen sei". Auch der britische Premier Churchill sandte dem amerikanischen Präsidenten Truman am 30. April ein besorgtes Telegramm. Kurzum, man befürchtete, daß Renner eine sowjetische Marionettenregierung führte, wie sie in Polen, Ungarn, Rumänien und Bulgarien bereits existierte.

Truman reagierte aber sehr pragmatisch: man möge gegen die Einsetzung der Regierung Renner protestieren, aber nichts wirklich dagegen unternehmen – Prinzip: wait and see. Im Interview mit Hugo Portisch berichtet dann der US-Zuständige für Mitteleuropa im State Department, James Riddleberger, wie sich die Meinung der Amerikaner über Renner änderte: „Wie sich später herausstellte, erwies sich Renner als ein sehr standhafter Mann."

Die Amerikaner hatten aber schon zu einer Zeit, als ihre Truppen nur in Westösterreich standen, die Möglichkeit zu einem zumindest indirekten Kontakt mit Renner. In einem Bericht des Geheimdienstes OSS (Office of Strategic Services – Vorläufer des CIA) heißt es: „Informant sprach im Mai mit Renner. Er hört, daß Renner ständig von Russen begleitet wird, was einen freien Kontakt mit Österreichern für ihn unmöglich macht. Renner soll das Gefühl haben, daß die Amerikaner ihn abgelehnt haben, und ihn dadurch zwangen, ausschließlich mit den Russen zu kooperieren. Er soll auch glauben, daß eine zweite nationale Regierung in Innsbruck gebildet wird" (zit.aus: Oliver Rathkolb, Hrsg. „Gesellschaft und Politik am Beginn der Zweiten Republik", Böhlau, Wien 1985).

Und nun beeilten sich die Amerikaner auch, nach Österreich vorzudringen: am 28. überschritten sie die Tiroler Grenze.

Beeindruckt mögen die Westalliierten dann auch von dem Zusammenarbeitswillen der politischen Parteien gewesen sein. Hermann Withalm, Alt-Grande der ÖVP, im KURIER-Gespräch: „Natürlich wußten wir von der Regierung Renner, wir haben ja Radio gehört. Die Kameraden waren untereinander natürlich unterschiedlicher politischer Meinung, wir waren uns jedoch bewußt, daß wir in dieser schwierigen Zeit zusammenhalten müssen. Wir wußten, es geht nur gemeinsam."

Und der spätere Präsident des Gewerkschaftsbundes, Anton Benya, der damals als Radiotechniker in einer ausgelagerten Firma in Tirol arbeitete, war überhaupt bestens informiert: „Wir haben als Radiotechniker natürlich von der Regierung Renner gewußt. Es war zwar klar, daß die Kommunisten auch mitmachen werden, wir waren aber trotz allem sicher, daß die Menschen nach dem System der Vaterländischen Front, das ein halbfaschistisches war, und dem nationalsozialistischen Regime eher den Sozialdemokraten trauen werden. Wir waren überzeugt davon, daß die Sozialistische Partei die stärkste Partei werden wird.

Es war auch klar, daß man sich bemühen wird, ein demokratisches Land wieder aufzubauen."

Der Zeitzeuge Erwin Chvojka, der sich selbst als Sozialdemokrat deklariert, notiert in sein Tagebuch: „Samstag, 28. April: Gestern wurde die Republik Österreich wieder hergestellt und Dr. Renner zum Staatskanzler ernannt. Es gab keine besondere Feierlichkeit, aber das ist ja in der heutigen Zeit gerade das Richtige: Arbeit und wieder Arbeit.

Überhaupt wird jetzt, wenn auch die Ernährung problematisch ist, wenigstens die Verwaltung täglich besser werden. Wir sind nun doch etwas unabhängiger von den Russen, was sich auch darin zeigt, daß nicht mehr Russen, sondern eigene Polizei die Leute zusammenfangen. In den jenseits des Gürtels gelegenen Gebieten fährt ab morgen streckenweise die Straßenbahn. Jenseits des Donaukanals überall Wasser und Strom. Neue Kinos spielen. Nur auf unserer Affeninsel (2. Bezirk) geht nichts weiter. Ab 1. Mai Arbeiterbibliotheken und Ottakringer Volksbildungsheim geöffnet. Gestern erstes Konzert der Wiener Philharmoniker. Die Nahrungsfrage ist zwar leicht entspannt, aber lange, lange

„Renner soll das Gefühl haben, daß ihn die Amerikaner ablehnen und dadurch zwingen, ausschließlich mit den Russen zu kooperieren."

US-Geheimdienstbericht vom Mai 1945

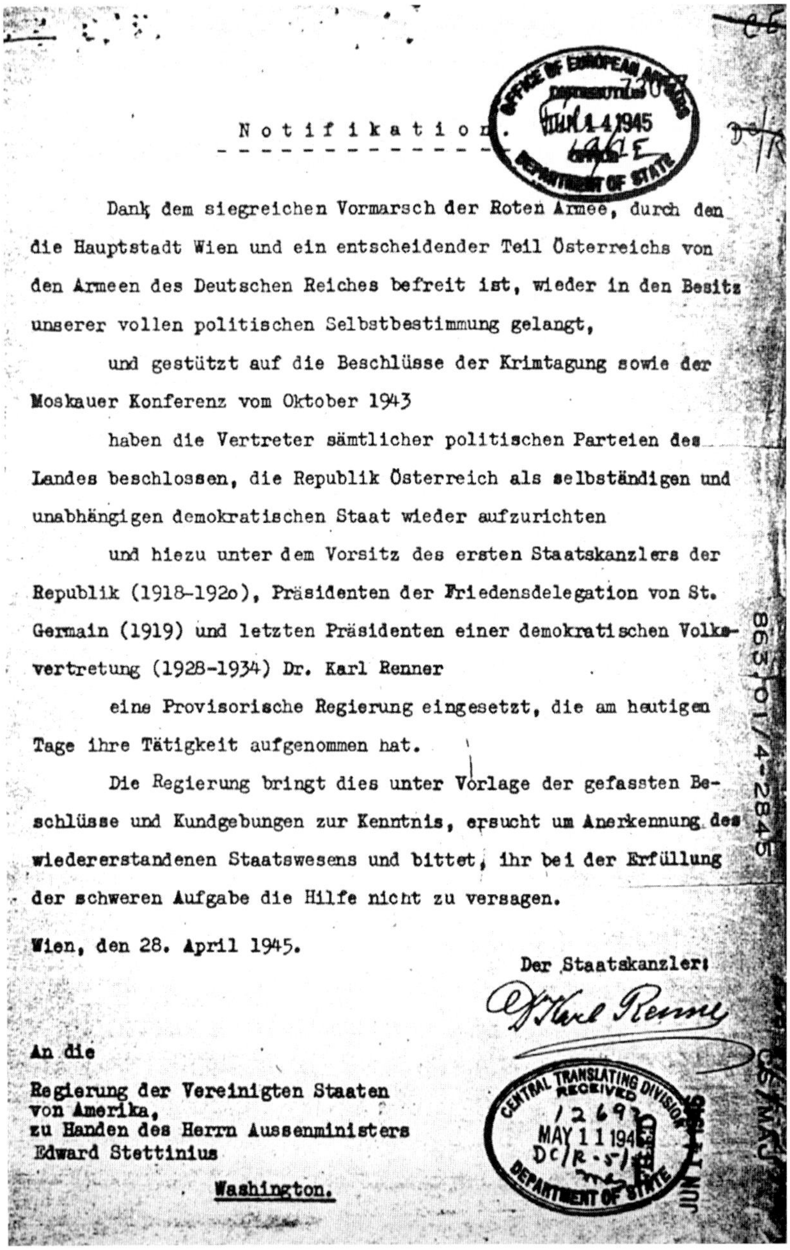

Notifikation.

Dank dem siegreichen Vormarsch der Roten Armee, durch den die Hauptstadt Wien und ein entscheidender Teil Österreichs von den Armeen des Deutschen Reiches befreit ist, wieder in den Besitz unserer vollen politischen Selbstbestimmung gelangt,

und gestützt auf die Beschlüsse der Krimtagung sowie der Moskauer Konferenz vom Oktober 1943

haben die Vertreter sämtlicher politischen Parteien des Landes beschlossen, die Republik Österreich als selbständigen und unabhängigen demokratischen Staat wieder aufzurichten

und hiezu unter dem Vorsitz des ersten Staatskanzlers der Republik (1918-1920), Präsidenten der Friedensdelegation von St. Germain (1919) und letzten Präsidenten einer demokratischen Volksvertretung (1928-1934) Dr. Karl Renner

eine Provisorische Regierung eingesetzt, die am heutigen Tage ihre Tätigkeit aufgenommen hat.

Die Regierung bringt dies unter Vorlage der gefassten Beschlüsse und Kundgebungen zur Kenntnis, ersucht um Anerkennung des wiedererstandenen Staatswesens und bittet, ihr bei der Erfüllung der schweren Aufgabe die Hilfe nicht zu versagen.

Wien, den 28. April 1945.

Der Staatskanzler:

Dr. Karl Renner

An die

Regierung der Vereinigten Staaten von Amerika,
zu Handen des Herrn Aussenministers
Edward Stettinius

Washington.

863.01/4-2845

Renners Brief an Washington mit dem Ersuchen um Anerkennung stieß zunächst auf Skepsis.

National Archives Washington

nicht auch nur im geringsten behebbar. In verschiedenen Stadtteilen zündet die illegale Nazi-Organisation Werwolf die Häuser an. So brannte heute der am 12. März schwer beschädigte Heinrichshof bei der Oper nieder. Das Jugendreferat im Magistrat löst sich auf. Nahm mir heute nachmittags und morgen frei, da ich letztes Wochenende durcharbeitete."

Und nun hatte die Regierung vor allem eines zu tun: Die neue Republik auch dem Volk zu verkünden und mit dem Volk zu feiern.

29. April 1945

„Jubel vor dem Parlament“

Die neue Regierung feiert mit dem Volk

„Fasset wieder Mut! Vertagt allen Streit der Weltanschauungen.“

Regierungserklärung am 29. April 1945

„Walzer der Freiheit“ – zu den Klängen einer russischen Militärkapelle tanzte die Bevölkerung. Votava, Wien

Auf der Rampe vor dem Parlament tritt dem neuen Staatskanzler Karl Renner der sowjetische Stadtkommandant von Wien, General Blagodotow, entgegen.

Zentralarchiv der UDSSR

Die Bevölkerung nahm regen Anteil, die Feiern vor dem Parlament nahmen Volksfestcharakter an. Institut für Zeitgeschichte, Wien

Sonderkapitulation der Heeresgruppe C (von Vietinghoff). Bei Hohenweil überschreiten die Franzosen die Vorarlberger Grenze. Konstituierung der Provisorischen Staatsregierung. In Wien nimmt die RAVAG den Sendebetrieb auf, die ersten Straßenbahnen verkehren wieder.

An diesem 29. April 1945 feiert die Republik ihre Wiedergeburt mit dem Volk. Ein paar tausend, die am Rathausplatz, an der Ringstraße und vor dem Parlament die neue Regierung erwarten. Aber das konnte angesichts der Situation im zerstörten Wien kaum anders sein.
Zuerst konstituiert sich die Regierung im Stadtratssaal des Wiener Rathauses. Danach ziehen Renner, Figl, Schärf, Bürgermeister Körner, die Kommunisten Honner, Koplenig und Fischer und die anderen über die Ringstraße zum Parlament, um es für die künftige österreichische Volksvertretung feierlich in Besitz zu nehmen. Die ehrfurchtgebietenden Gestalten der beiden weißbärtigen Männer an der Spitze geben den Zuschauern ein gewisses Sicherheitsgefühl. Renner und Körner stammen beide in ihrem Denken aus der Monarchie – Österreich muß nun endgültig darangehen, aus seiner Situation als Kleinstaat etwas zu machen. Renner hat da übrigens schon eine Idee: Er denkt über die Neutralität nach.
Es gibt Tränen der Freude in der Menschenmenge. Unter der Aufsicht russischer Soldaten werden erstmals wieder rot-weiß-rote Fahnen vor dem Parlament aufgezogen. Das Hakenkreuz flog schon tags zuvor herunter.
Auf der Rampe des Parlaments begrüßt dann der sowjetische Stadtkommandant, General Blagodatow, die Regierung. Daß der sowjetische General und seine Offiziere vor Renner salutieren – was diesen sichtlich verblüfft –, ist eine politische Geste.
Renner hält eine kurze Ansprache, die aber der Bevölkerung erstmals ein klares Signal gab, daß die Rückkehr zur parlamentarischen Demokratie so schnell wie möglich vollzogen werden sollte. „Zur Stunde hindert uns der Umstand, daß so viele unserer Männer aller Altersstufen noch im Felde stehen, so viele Kriegsgefangen oder verschollen sind, daß der Kampf gegen Hunger und Seuchen unsere nächste Pflicht ist

und keine Minute Unterbrechung duldet, dieser Umstand hindert uns, sofort Neuwahlen auszuschreiben“.
Aber: „Wir nehmen die heilige Verpflichtung auf uns, sobald nur irgend möglich, das Volk zu freien demokratischen Wahlen aufzurufen, damit es eine definitive Regierung bestellt“.
Damit sollen alle Zweifel ausgeräumt werden, daß Renner und sein ostösterreichisches Provisorium von Gnaden der Sowjets vielleicht in eine Art Dauerzustand hinübergleiten würde. Danach begeben sich die Regierungsmitglieder in Begleitung der sowjetischen Offiziere in den alten Sitzungssaal des österreichischen Reichsrates, der von Zerstörungen halbwegs verschont worden war. Dort ergreift Renner noch einmal das Wort: „Und so grüßen wir in tiefer Erschütterung dich, altehrwürdiges Haus der Volksvertretung, heute mit dem Gelöbnis, diese Ruinenstätte zu säubern und zu entsühnen und wieder zum herrlichen griechischen Tempel der Freiheit neu einzuweihen. Möge der dann dem wiedererstandenen neuen Österreich Heil und Segen bringen! Es lebe die unabhängige, freie Zweite Republik Österreich!“
Dann die Regierungserklärung, sie endet mit einem flammenden Appell: „Österreicher! Verzagt nicht! Fasset wieder Mut! Vertagt allen Streit der Weltanschauungen, bis das große Werk gelungen ist! Und folgt in diesem Geist willig eurer Regierung!“
Österreich hat noch keine Hymne. Da spielen die russischen Militärmusiker die inoffizielle Hymne des Landes den Donauwalzer. Zaghaft beginnen sich die ersten Paare zu drehen, auch russische Offiziere tanzen. Der Dokumentarfilm, der davon existiert, ist allerdings am nächsten Tag noch einmal nachgedreht worden, da die Tanzlaune offenbar nicht freudig genug war.
Adele Hufnagel erinnert sich in ihrem Tagebuch an diesen Tag: „Die Regierung zieht ins Parlament, Jubel am Ring. Die Russen spielen ‚O du mein Österreich‘. Die Russen haben der Regierung ein Maigeschenk überreicht. 12.000 Tonnen Lebensmittel: Öl, Mehl, Brotgetreide, Erbsen, Salz. Das ist eine große Hilfe für uns. Brot ist so wichtig, viele Leute hungern.“
Zeitzeuge Erwin Chvojka in seinem Tagebuch: „Samstag, 29. April: Ab morgen Raimundtheater, ab 1. Mai Volksoper, ab heute RAVAG, ab 2. Mai Briefpost. Heute zog die Regierung ins Parlament ein. Als ich bei einem aus diesem Grund ausgeführten Umzug wieder die alten

Wiederaufbau: Die „Trümmerfrauen“ reinigen Ziegel von Bombenruinen. Bildarchiv der ÖNB

roten Fahnen und die roten Nelken, die Kapellen, die Transparente, seit 12 Jahren zum ersten Mal wieder sah, hatte ich Tränen in den Augen“.
Die weiteren Stationen der echten Staatswerdung Österreichs mußten aber noch passiert werden. Zunächst die stillschweigende Duldung der Regierung Renner durch die westlichen Alliierten, bis zur endgültigen Anerkennung im Oktober.
Nach der Befreiung des restlichen Österreich – zum Teil noch gegen den Widerstand rabiater Supernazis wie etwa des oberösterreichischen Gauleiters Eigruber, der die in Altaussee gelagerten, von und für Hitler in ganz Europa zusammengestohlenen Kunstschätze von ungeheurem Wert in die Luft sprengen wollte – mußte überhaupt erst die Landeseinheit hergestellt werden. Die westlichen Bundesländer – in Tirol hatte der spätere Außenminister Karl Gruber in Innsbruck die Macht übernommen – mußten ebenfalls dazu gebracht werden, den Wienern zu vertrauen. Die Spaltung des Landes entlang der Ennslinie war eine Zeitlang eine Möglichkeit. Der O5-Mann Herbert Braunsteiner schwamm über die Enns, um Kontakt mit den neuen politischen Kräften in Westösterreich aufzunehmen. Erst mit der „Länderkonferenz“ im September, zu der die westlichen Vertreter unter abenteuerlichen Umständen nach Wien reisten, war der Zusammenhalt gesichert.
Schließlich waren die Krönung der demokratischen Entwicklung die Wahlen am 25. November, bei der die Kommunisten mit fünf Prozent eine schwere Enttäuschung erlitten. Renner trat daraufhin als Staatskanzler zurück und wurde von National- und Bundesrat zum Bundespräsidenten gewählt. Der Wahlsieger Figl wurde Kanzler. Normalität des Lebens kehrte noch lange nicht ein, aber ein Anfang war gemacht.

„Die Regierung zieht ins Parlament, die Russen spielen ‚O, Du mein Österreich‘.“

Zeitzeugin Adele Hufnagel

Kühe weiden im Garten des Belvedere.

Peter S. Croy

„Nichts anderes als Österreicher“

29. April bis 24. Dezember 1945

Von der Kapitulation bis zu den ersten freien Wahlen

Kapitulation auch in Süd- und Westösterreich – Provisorische Regierung beschließt NS-Gesetze – Alliierte beschließen die Teilung in vier Besatzungszonen – Länderkonferenz sichert die Kompetenz der Regierung Renner für ganz Österreich – Erste freie Wahlen – Koalitionsregierung Figl

„Schnelles Ende einer Lügenmeldung. Der Kampf im Osten geht weiter.“

Schlagzeile der „Kleinen Zeitung“ vom 8. Mai, Tag der Kapitulation.

„Wir bekamen pro Kopf 12 dkg reines Salzfleisch und 3 dkg Knochen. Hitler und Goebbels sollen Selbstmord begangen haben.“

Zeitzeuge Karl König

Während am 29. April die Wiener auf der Ringstraße die neue Republik eintanzten, versuchte sich die hauptsächlich aus Österreichern bestehende „Heeresgruppe E“ von Jugoslawien nach Hause durchzuschlagen. Die Heeresgruppe in deren Stab Oberleutnant Kurt Waldheim als „Ic“ jene Jahre verbracht hatte, die ihm 40 Jahre später solche Probleme bereiteten, stand unter dem Kommando von Generaloberst Alexander Löhr. Der altösterreichische Offizier, der nach dem Anschluß Karriere als Luftflottenbefehlshaber machte, erließ an diesem Tag noch einen markigen Durchhaltebefehl: „Der Krieg hat seinen Höhepunkt erreicht. Im heroischen Kampf um Berlin unter dem Befehl unseres Führers erringt sich das deutsche Volk das Anrecht auf seine Zukunft. Wer jetzt nicht das Letzte im Kampf gibt, wer jetzt schwach wird, gibt sich selbst und die Seinen auf“. Gleichzeitig versuchte Löhr, der wohl kein fanatischer Nazi, sondern eher ein typischer Pflichterfüller war, mit den Briten Kontakt aufzunehmen. Vergebens, Löhr fiel in die Hände der Tito-Armee und wurde später wegen des Bombardements von Belgrad und dem Wüten seiner Heeresgruppe auf dem Balkan als Kriegsverbrecher hingerichtet. Oberleutnant Waldheim gelangte glücklich über Kärnten in die Steiermark, wo er seine Familie traf.

Am 30. April beging Hitler in seinem Berliner Bunker Selbstmord. Die Nachricht wurde damals von vielen Zeitgenossen verspätet und mit einer Mischung aus den Unglauben und Apathie aufgenommen. „Gerüchte über den Tod Hitlers gehen überall um“, notierte an diesem Datum der Diplomat Josef Schöner in sein Tagebuch. Erst Tage später, am 4. Mai, schreibt Zeitzeuge Dr. Karl König nach längeren Abhandlungen über die Ernährungslage („Die Leute waren seit fünf Uhr früh angestellt. Wir bekamen pro Kopf 12 dkg reines Salzfleisch und 3 dkg Knochen!“) in sein Tagebuch: „Hitler und Goebbels sollen Selbstmord begangen haben. Ich glaube es nicht und bin sehr neugierig, wie die Dinge wirklich liegen“.

Hitler hatte Großadmiral Dönitz zu seinem Nachfolger ernannt. Der bedingungslose Führerverehrer und Techniker des Krieges ließ weiterkämpfen, weil er noch dem völlig irrealen Glauben anhing, die bedingungslose Kapitulation vermeiden und sogar gemeinsam mit den Westmächten gegen die Russen Front machen zu können. Diese Illusion zerbrach jedoch bald, und die Wehrmacht kapitulierte – gleich zweimal, um 2 Uhr 41 am 8. Mai in Reims im Hauptquartier Eisenhowers und am 9. Mai um 0 Uhr 16 in Karlshorst im Hauptquartier Schukows.

In Ostösterreich begann die proklamierte Wiedergeburt Österreichs langsam ins Bewußtsein auch der einfachen Menschen zu sickern.

Der damals 14jährige Heribert Klemencic erlebte im steirischen Leibnitz den für ihn nur schwer begreiflichen Übergang von der Diktatur zur Demokratie: „Ganz in unserer Nähe, da hängt eine rotweißrote Fahne, eine nagelneue rotweißrote Fahne. Und i steh do und schau die Fahne an und denk mir: ‚Spinnt der? Jetzt hängt der do die Hitlerjugendfahne auf und hot nur des Hakenkreuz herausgetrennt – der muaß jo spinnen‘. Dann komm ich heim und erzähl das sofort der Mutter. ‚Du, die haben eine Fahne aufgehängt und haben nur das Hakenkreuz von der HJ-Fahne herausgetrennt und sonst gar nichts‘. Darauf sagt meine Mutter: ‚Ja, das ist jetzt die Fahne von Österreich‘“ (zit. aus: Dieter Dorner, Hrsg.: „50 Jahre danach, 50 Schicksale. Kriegsende in der Steiermark“. Styria 1995).

In den westlichen und südlichen Bundesländern, wo zum Teil der Nationalsozialismus sehr stark gewesen war, vollzog sich der Zusammenbruch des Regimes mehrheitlich ohne erbitterten „Endkampf“. Graz hatte sich 1938 den Ehrentitel „Stadt der Volkserhebung“ „errungen“, weil schon lange vor dem „Anschluß“ Mitte März 1938 die Macht de facto an die Nazis übergegangen war. Vom Grazer Rathaus wehte bereits am 24. Februar (!) 1938 die Hakenkreuzflagge, die Grazer Innenstadt war von da an bis zum Einmarsch der Deutschen Wehrmacht unter NS-Kontrolle. Noch am 8. Mai 1945, dem Tag der Kapitulation Hitlerdeutschlands, angekündigt u. a. über den Sender Flensburg, wollte Gauleiter Siegfried Uiberreither das Offensichtliche nicht glauben und ließ die „Kleine Zeitung“ mit der bemerkenswerten Schlagzeile „Schnelles Ende einer Lügenmeldung des Feindsenders Flensburg – Kampf im Osten geht weiter !“ erscheinen. Doch der Kampf war vorbei. Uiberreither zog es vor, nach Argentinien zu flüchten. In Graz übernahmen die Vertreter der demokratischen Parteien die die Regierungsgewalt. Die vorläufige Besetzung durch die Russen wird dann durch die von Süden heranrückenden Briten abgelöst.

In Kärnten war ebenfalls ein Supernazi Gauleiter: Friedrich Rainer. Die Kampfhandlungen in diesem Bundesland endeten relativ früh, weil die deutsche Wehrmacht in Italien bereits am 29. April eine Sonderkapitulation unterzeichnet hatte. Allerdings gab es einige Aktivitäten der Kärntner slowenischen Partisanen. Am 5. Mai taten sich die Vertreter der demokratischen Parteien zusammen und konfrontierten Gauleiter Rainer mit der neuen Realität. Er unternimmt nichts gegen sie, „regiert“ aber noch ein paar Tage parallel weiter. Am 7. Mai erkennt er endlich die Lage und tritt zurück. Gemeinsam mit Odilo Globocnik, einem der Haupttäter des Holocaust, ergibt er sich den einmarschierten Engländern. Globocnik begeht Selbstmord, Rainer wird an die Tito-Jugoslawen ausgeliefert, nachdem er noch beim Nürnberger Kriegsverbrecherprozeß ausgesagt hat und wird 1947 in Belgrad hingerichtet. Die Tito-Armee ist inzwischen am 6. Mai nach Südkärnten eingedrungen und hätte sich wohl gerne ein Stück Landes einverleibt, wenn dem die britische Armee nicht energisch entgegengetreten wäre. Am 8. Mai rollten die britischen Panzer durch Klagenfurt. Auch Kärnten wurde britische Besatzungszone.

In Tirol wurden bei Scharnitz am 1. Mai noch 40 Hitlerjungen gegen die amerikanischen Panzer in den Kampf geschickt. Die fanatisierten 15jährigen schossen zwei Panzer ab, 28 von ihnen

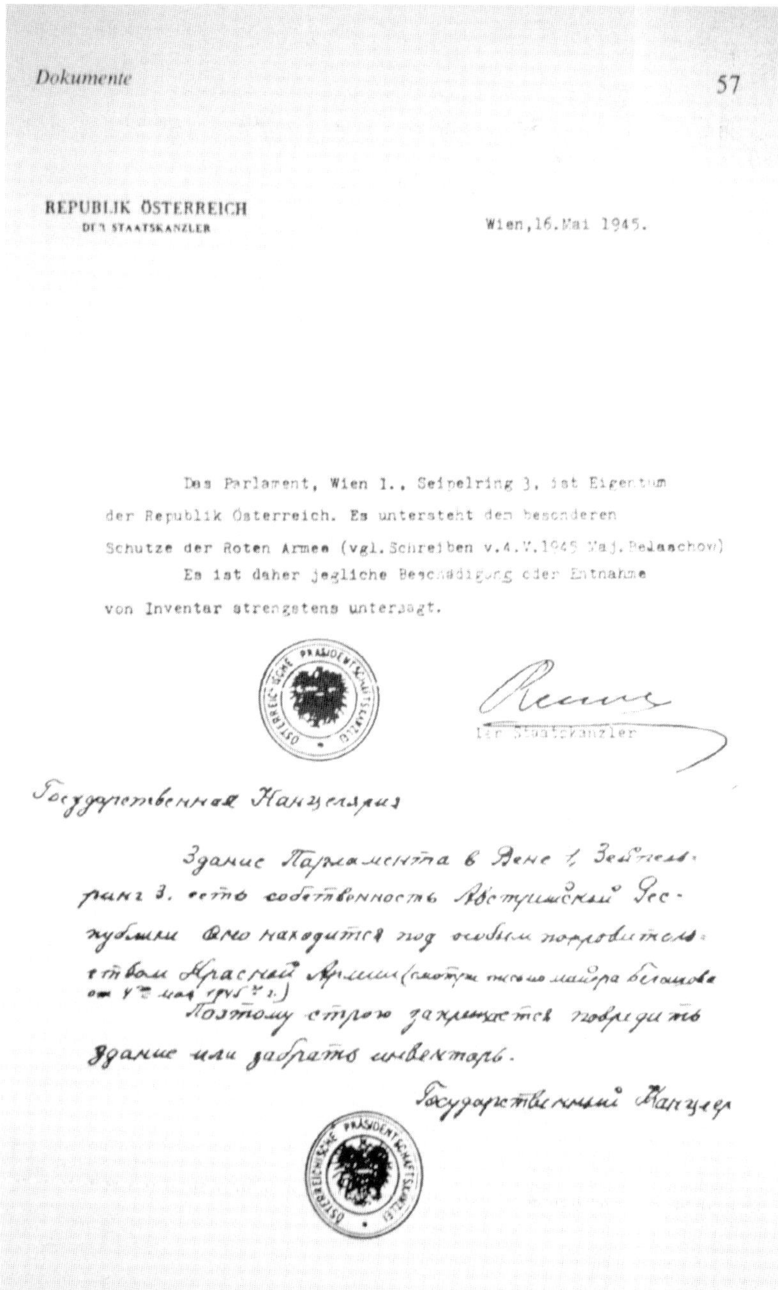
Dokumente 57

REPUBLIK ÖSTERREICH
DER STAATSKANZLER

Wien, 16. Mai 1945.

Das Parlament, Wien 1., Seipelring 3, ist Eigentum der Republik Österreich. Es untersteht dem besonderen Schutze der Roten Armee (vgl. Schreiben v. 4. V. 1945 Maj. Belaschow)

Es ist daher jegliche Beschädigung oder Entnahme von Inventar strengstens untersagt.

Renner
Der Staatskanzler

Государственная Канцелярия

Здание Парламента в Вене 1, Зейпельринг 3. есть собственность Австрийской Республики. Оно находится под особым покровительством Красной Армии (смотри письмо майора Беляшова от 4го мая 1945 г.)

Поэтому строго запрещается повредить здание или забрать инвентарь.

Государственный Канцлер

Renner erwirkte einen „Schutzbrief“ der sowjetischen Kommandantur für das Parlamentsgebäude.

fanden selbst den Tod. In Innsbruck hatte am nächsten Tag die Widerstandsbewegung, an der Spitze der spätere Außenminister Karl Gruber und Staatssekretär Ludwig Steiner mit ein paar dutzend Bewaffneten im Handstreich am 2. und 3. Mai die Macht übernommen. Nach Feuergefechten, bei denen aber niemand verletzt wurde, war die Stadt in der Hand der rapide anschwellenden Widerstandkämpfer, von denen nach der Einschätzung Grubers „die Hälfte davon wahrscheinlich Nazis“ waren, was ihm aber „im Augenblick

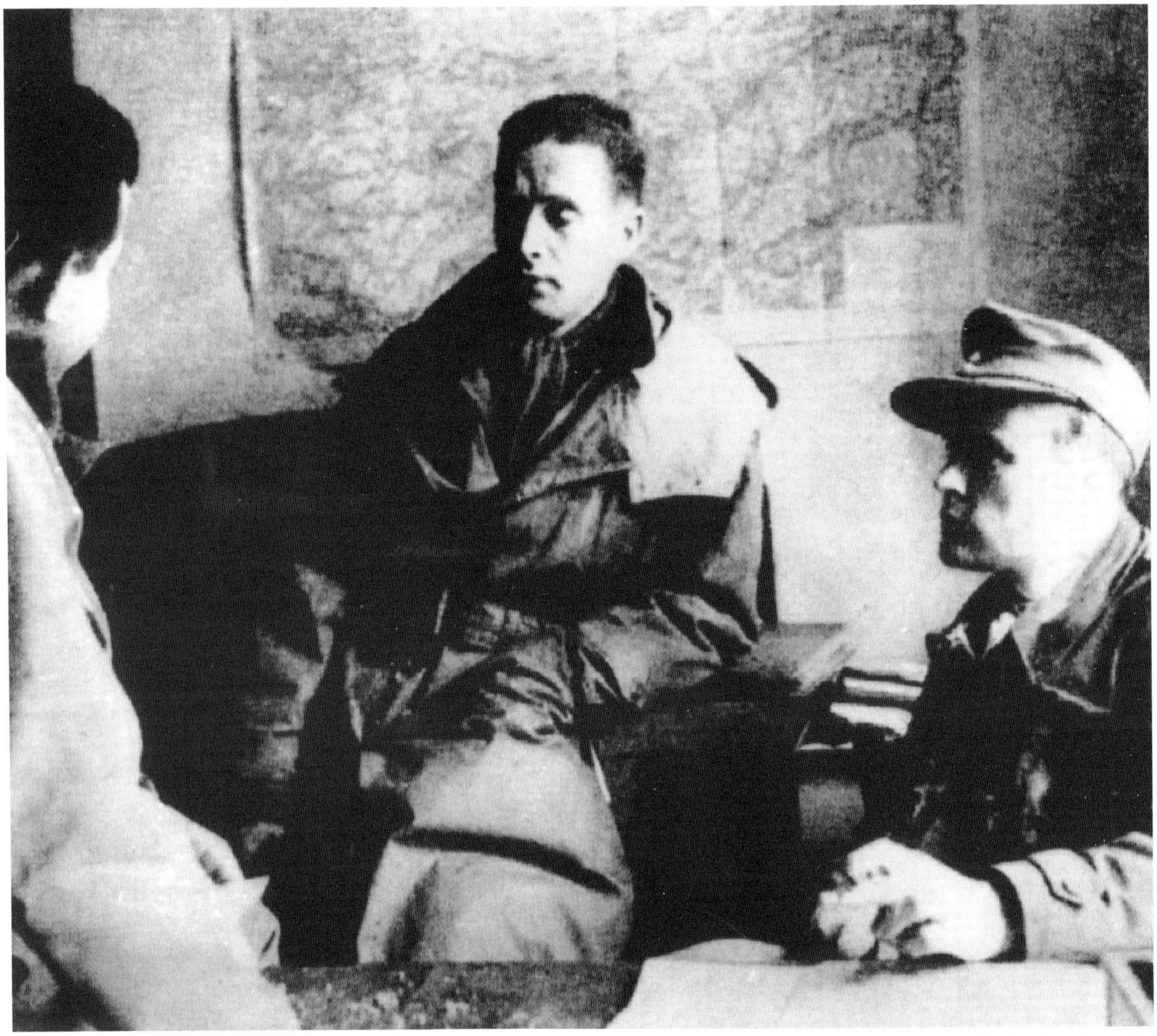

Leutnant Ludwig Steiner von der Tiroler Widerstandsbewegung mit US-Soldaten in Zirl. Tiroler Landesarchiv

egal“ war – welche entspannte Einstellung zu dem Problem, die Gruber später, viel später auch noch beibehielt. Der Tiroler Gauleiter Hofer, der noch kurz vorher seinen Führer Hitler in die „Alpenfestung“ hatte locken wollen, zog sich auf einen Hof über Innsbruck zurück.

„Ich hatte die MP umgehängt und hätte nur abzudrücken brauchen.“

Widerstandskämpfer Ludwig Steiner trifft den Denunzianten seines Vaters

Ludwig Steiner war damals Leutnant der Wehrmacht. Er marschierte mit einer weißen Armbinde den Amerikanern entgegen, um ihnen von der Übernahme zu berichten. In der Nacht vom 2. auf den 3. Mai begegnete Steiner in Innsbruck auf der Straße dem Mann, der seinen Vater bei den Nazis denunziert und ins KZ gebracht hatte: „Ich hatte die MP umgehängt und hätte nur abdrücken brauchen“, sagte er zum Autor dieses Buches. „Es hat mich auch im Finger gejuckt. Aber ich habe es dann doch nicht getan“.

Die einrückende US-Army wurde in Innsbruck mit rot-weiß-roten Fahnen und Jubel begrüßt: Gruber registrierte ebenfalls in für ihn typischer Manier, daß „auch die bildschöne, blondgelockte Margret Higgins, Korrespondentin vieler amerikanischer Blätter, malerisch auf einen Panzer hingegossen (einzog). Wir fanden, Amerika präsentiere sich mit diesem blutjungen Glamourgirl fürs erste gar nicht so schlecht, und das fanden auch die eifrigsten Parteigänger der Herren von gestern“.

Am 3. Mai betraten die Amerikaner Salzburger Boden, am 4. nahmen sie die Landeshauptstadt ein. Der Wehrmachtskommandant hatte seine Offiziere darauf vergattert, keinen Widerstand zu leisten, um die Stadt zu schonen. Auch hier rotweißrote Fahnen.

Am 6. Mai besetzten die Amerikaner Linz und Steyr, wobei der Gauleiter Eigruber im letzten

Moment noch seinen Befehl zurücknahm, die oberösterreichische Hauptstadt bis zum letzten zu verteidigen.
An diesem Tag wurde auch das Lager Ebensee im oberösterreichischen Salzkammergut, ein Nebenlager des KZ Mauthausen, von den Amerikanern befreit. Einer der damaligen Befreier, der ehemalige US-Panzersoldat Rabelt Bercenger, erinnert sich gegenüber dem KURIER: „Ich werde dieses Bild niemals vergessen. Uns wankten Elendsgestalten entgegen, es war unbeschreiblich. Überall lagen Leichen herum, wie Holzscheite geschlichtet. Viele der noch lebenden Häftlinge sind später, kurz nach der Befreiung, gestorben".
Der Zorn der Befreiten tobte sich auch an unschuldigen Zwangsteilnehmern des Hitler-Krieges aus. Der bekannte österreichische Komponist Paul Angerer, Jahrgang 1927, wurde Anfang Mai „40 km südlich von Prag von den Russen gefangengenommen. Meine Uhr habe ich dort vergraben, denn bei manchen wurde die Uhr mitsamt der Hand genommen – der Wald voll mit Toten. Fußmarsch nach Prag, wir wurden den Tschechen übergeben. Ankunft in Prag: 16. Mai 1945, mein Geburtstag. Genau ein Jahr vorher hatte ich bei Keilberth, bei den Prager Philharmonikern, Probe gespielt. In Prag einquartiert im Schlachthof, an der Moldau wurden Kinder, anscheinend Flakhelfer erschossen. Nach 14 Tagen kamen wir nach Oswiecim (Auschwitz). Wir mußten vorerst zusammenräumen ... es war furchtbar. 30.000 Gefangene, einmal Suppe, etwas Brot. am 1. September krank entlassen, durchgeschlagen, teilweise auf Eisenbahnschienen zu Fuß nach Wien, 14 Tage bewußtlos. War ich ein anständiger oder anderer Soldat? Ich bin zu alledem gezwungen worden und wollte mit 17, 18 Jahren hoffnungsvoll überleben" (Mitteilung an den Autor dieses Buches).
Die Tatsache, daß die Westalliierten die Regierung Renner zunächst nicht anerkannten, machte sogar einigen Hauptkriegsverbrechern der Nazis, wie dem nach Altaussee geflüchteteten Chef des gefürchteten Reichssicherheitshauptamtes, Ernst Kaltenbrunner, die lächerliche Hoffnung, als Chef einer Regierung der Amerikaner eingesetzt zu werden.
Am 7. Mai kapitulierten in St. Martin im Innkreis die Reste jener rund 600.000 starken „Heeresgruppe Süd" unter dem österreichischen Generaloberst Lothar Rendulic, mit 1. Mai in „Heeresgruppe Ostmark" umbenannt, die zunächst kurz Wien verteidigt, sich dann aber möglichst weit nach Westen abgesetzt hatte, um nicht in sowjetische Gefangenschaft zu fallen.
Der Diplomat Josef Schöner hatte am 5. Mai in sein Tagebuch eingetragen: „Am Ende zeigt es sich leider wieder, daß die Österreicher, soweit sie wirkliche Nazis sind, auch die ausdauerndsten Parteigänger Hitlers sind. Die reichsdeutschen Generäle kapitulieren, die Löhrs, Rendulic im Süden und Norden kämpfen weiter !"
Am 9. Mai, um ein Uhr nachts schließlich nahmen in Erlauf, an der künftigen „Enns"-Demarkationslinie ein amerikanischer und ein sowjetischer General Aufstellung, um das Zusammentreffen der amerikanischen und sowjetischen Verbündeten sowie den Waffenstillstand formell zu feiern.
Inzwischen erließ die Regierung Renner in Wien bereits die wichtigsten Gesetze. Das „Verbotsgesetz" vom 8. Mai – genau am Tag der Kapitulation – wurde die NSDAP und alle ihre Organisationen verboten und jegliche NS-Betätigung unter schwere Strafe gestellt. Alle ehemaligen Mitglieder der Partei wurden erfaßt, ihnen die politischen Rechte entzogen und eine „Sühnepflicht" auferlegt, vor allem bei der Schuttbeseitigung.
Damit war aber erst ein erster Schritt zur Bewältigung des ungeheuren Problems – was tun mit den Hunderttausenden Nazis? – getan. Die Frage beherrschte von nun an die Diskussionen im Ministerrat.
Schon in der Kabinettssitzung am 10. Mai beriet man über die Rückstellung „arisierten" jüdischen Vermögens. Unterstaatssekretär Oskar Helmer (der sich später mit dem Diktum „Ich bin dafür, die Sache – die Rückstellung und Entschädigung, Anm. – in die Länge zu ziehen" hervortat) forderte darauf, man müsse auch das 1934 eingezogene sozialdemokratische Parteivermögen rückstellen. Worauf Renner in einem typischen Fall von „unreflektiertem Antisemitismus" sagte: „... selbstverständlich. Es wäre doch ganz unverständlich, daß man jeden kleinen jüdischen Kaufmann und Hausierer für seinen Verlust entschädigt, daß man aber einer ganzen Klasse und Bewegung ...")
Hans Fürnberg, Jahrgang 1928, beschreibt das Überleben des Antisemitismus nach dem Ende des Dritten Reiches in einer Erinnerung, die er dem KURIER zur Verfügung stellte: „Meine Familie väterlicherseits lebt seit dem 15. Jahrhundert in Österreich. Einer meiner Vorfahren gründete mit dem Haus Thurn und Taxis das österreichische Postwesen. Als er sich taufen ließ, wurde

„War ich ein anständiger oder ein anderer Soldat? Ich bin zu allem gezwungen worden und wollte mit 17, 18 Jahren hoffnungsvoll überleben."

Paul Angerer, Komponist und Dirigent

US-Parade im Mai 1945 auf dem Residenzplatz in Salzburg.

Bildarchiv der ÖNB

Ausstellung im Heeresgeschichtlichen Museum. KURIER-Fotoredaktion / Sokol

„Von den Amerikanern wird nicht ein Wort erwähnt. Ich werde mich bis zur neuerlichen Befreiung gedulden. Vielleicht erlebe ich sie ja noch.“

Zeitzeuge Karl König am 25. Mai

„Diese Jugend hat keine Zeile von Heine gelesen, keinen Ton von Offenbach gehört.“

„Neues Österreich“ vom 2. Juni

er geadelt und es gibt Fürnberg-Schlösser in Melk, Purkersdorf und in Weinzirl bei Scheibbs. Es vergeht kein Tag, seit dem ich Auschwitz überlebt habe, daß ich gedanklich von dort weggekommen wäre. Wenn ich mich abends niederlege, die Augen schließe, meine blinden Augen die nichts mehr wahrnehmen können, sehe ich sie vor mir die unschuldigen kleinen Kinder, die nur kurz auf dieser Erde waren und nie wirklich gelebt haben. Im Familienlager Birkenau, meine Schwester Ruth 1½ Jahre, lag oben im 3. Stock der Holzpritsche in einer Baracke. Zwei Wochen darauf ging sie mit Tausenden darunter vielen Kindern in die Gaskammer. Ihr kurzes Leben war dahin. Diese Tatsachen haben mich Jahrzehnte davon abgehalten ein normales, unbeschwertes Leben zu führen, ein zumindest so unbehelligtes wie die Mörder von damals. Die meisten sind in ihren Berufen alte Männer geworden, haben gelebt wie normale Bürger. Am 1. Juli 1947 kam ich nach Österreich wieder zurück. Ich traf wieder auf Antisemitismus und Haß. Wir lebten damals in der Stadt Hollabrunn/NÖ, einige Tage nach meiner Ankunft ging ich mit meinem Vater Richtung Kellergasse, zwei Männer kamen uns entgegen, der Fotograf H. und der Uhrmacher S. Einer sagte zum anderen: ‚Die zwei sind uns auch durch den Rost gerutscht, nächstes Mal müssen wir es gründlicher machen‘“.

Am 29. Mai hatte die Universität Wien wieder mit den Vorlesungen begonnen. Welche Verheerungen der Nationalsozialismus aber in den Köpfen angerichtet hatte, das drückt ein Artikel im „Neuen Österreich“ vom 2. Juni treffend aus: „Der Nazismus ist zermalmt, die Trümmer sind geblieben. Und es blieb eine Jugend, sechs Jahre mit Ungeist genährt. Wer Umgang mit Achtzehn- und Zwanzigjährigen hat, braucht nicht erst in die Tiefe zu forschen, er blickt in Abgründe der Unkenntnis. Mir sind Musikstudentinnen begegnet, die den Namen Gustav Mahlers, Schauspielschülerinnen des Schönbrunner Seminars, die den Franz Molnars nicht kannten, nie gehört hatten und nur widerstrebend zur Kenntnis nahmen, daß sie hinter diesen Namen Künstler von Rang und Ansehen zu erblicken haben. Diese Jugend hat keine Zeile von Heine gelesen, keinen Ton von Offenbach gehört. Sie kennt Arthur Schnitzler ebensowenig wie Maxim Gorki, Jakob Wassermann oder Theodore Dreiser, von Hemingway gar nicht zu reden. Albert Einstein gilt ihnen nicht mehr als allenfalls das, was der neue Brockhaus über ihn aussagt: ‚Jüdischer Emigrant und Deutschenfesser in Newyork‘“.

Die westlichen Alliierten wurden in Wien, wo die Übergriffe der Russen nicht aufhörten, sehnlichst erwartet: „Daß schwere Verstimmungen im Fall Österreich unter den Alliierten sind, ist außer Zweifel“, trug Dr. Edgar König am 25. Mai in sein Tagebuch ein. „Von den Amerikanern wird nicht ein Wort erwähnt. Dabei halten sie die Ennslinie ... Ich werde mich ... bis zur neuerlichen Befreiung gedulden. Vielleicht erlebe ich sie ja noch!"

Am 26. Juni tritt ein von der Provisorischen Staatsregierung beschlossenes Gesetz „über Kriegsverbrechen und andere nationalsozialistische Untaten" in Kraft. In der vorangegangenen Diskussion im Ministerrat fällt auf, daß Staatskanzler Renner auch hier von Anfang an eine „weiche" Haltung einnahm: „Wenn wir wieder dasselbe tun und nur fortwährend nach Verfolgung und Vergeltung rufen, so besteht die Gefahr, daß die Stimmung umschlägt; wir werden genug Todesurteile zu fällen haben, daß es dem Volksgefühl genügt, wir müssen nicht eine ganze Schlächterei veranstalten, um dem Volksempfinden Rechnung zu tragen" (Sitzung vom 12. 6. 1945 – zit. nach: „Protokolle des Kabinettsrates der Provisorischen Regierung Karl Renner 1945", Band 1, Verlag Berger, Wien 1995).

Tatsächlich wurden dann sogenannte Volksgerichte eingerichtet, die bis 1957 tätig waren. Insgesamt gab es gegen 136.129 Personen Verfahren, davon wurden 23.495 mit einem Schuldspruch beendet, 13.607 mit einem Schuldspruch und teilweie sehr hohen Gefängnisstrafen. 43mal wurde das Todesurteil verhängt, 30 davon wurden vollstreckt. In dieser Zahl sind die von den Alliierten durchgeführten Verfahren nicht inkludiert.

Schon im Sommer fand der erste Volksgerichtsprozeß gegen vier SA-Leute statt, die des vielfachen Mordes an Juden im Lager vom Engerau und auf dem „Todesmarsch" nach Deutsch-Altenburg angeklagt sind. Der Diplomat Josef Schöner schrieb in sein Tagebuch: „Es handelt sich um mesquine kleine ‚Unterläufel', die wahren Anstifter sind natürlich geflohen ... Alle reden sich auf den Befehl aus – man hatte ihnen versprochen, daß sie in jedem Fall ‚gedeckt' würden. Es gibt nichts grausameres, als einen innerlich kleinen, primitiven Menschen, dem Macht über Leben und Tod gegeben wird".

Dieser Prozeß endet mit drei Todesurteilen. Hinzugefügt werden muß, daß eine beträchtliche Zahl der Gefängnisstrafen nicht allzuviele Jahre später herabgesetzt oder aufgehoben wurden. In den späten 60er- und 70er-Jahren kam es noch zu Verfahren gegen schwere NS-Verbrecher, die zum Teil in Freisprüchen endeten. Unter Kreisky und seinem Justizminister Broda wurden viele Angeklagte durch Verschleppung der Verfahren „kalt amnestiert".

Wilhelm Grabner, KZ-Kommandant aus Auschwitz wird vom Chef der Wiener Staatspolizei, Heinrich Dürmeyer, verhört.
National Archives, Washington

Blieb zu klären, wie man mit den „nicht-verbrecherischen" Nazis zu verfahren hatte. Die Positionen der Parteien waren unterschiedlich. Die ÖVP trat 1945 für eine Bestrafung der „wirklichen" Nationalsozialisten ein, aber gleichzeitig und in vorwegnehmender Anerkennung des Allzumenschlichen für eine bedingungslose Amnestie aller „Mitläufer" von Anfang an. Die SPÖ wollte, wie es ihrem Bild vom formbaren Menschen entsprach, die „Entnazifizierung" als Umerziehung verstanden wissen, nach deren Ende sie dann wieder nützliche Mitglieder der Gesellschaft werden konnten. Die KPÖ trat für strengste Bestrafung aller „Bonzen" ein, aber für Milde gegenüber den „kleinen" Nazis (Darstellung nach: Dieter Stiefel: „Nazifizierung plus Entnazifizierung = Null ?" In:„Verdrängte Schuld, Verfehlte Sühne. Entnazifizierung in Österreich 1945–1955", Verlag für Geschichte und Politik, Wien 1986).

Von den Alliierten ist zu berichten, daß die Amerikaner am intensivsten auf strengste Bestrafung drangen, gleichzeitig aber das meiste für die demokratische „Umerziehung" der Österreicher taten: mit Zeitungen, Filmen, Büchern, Lehrgängen, aber auch Einladungen von Meinungsträgern in die USA selbst. Eine ganze Generation lernte von den Amerikanern, was Demokratie ist und wie man sie handhabt. Ein einmaliges Ereignis in der Geschichte, daß ein Sieger dem Besiegten bewußt ein neues, besseres Gesellschaftssystem anbietet.

„Wir werden genug Todesurteile zu fällen haben, wir müssen nicht eine ganze Schlächterei veranstalten."

Renner am 12. 6. 1945

Nazis müssen Tote enterdigen. Bildarchiv der ÖNB

Die Briten und Franzosen zogen dabei mit, wenn auch mit deutlicherer Skepsis. Die Sowjets verfuhren so, wie es ihnen opportun erschien: einmal mit größter Härte gegen die Nazis, dann wieder mit Milde, besonders, wenn sie ihnen nützlich erschienen. Überdies wurden zahlreiche „Bürgerliche“, die oft sogar Nazi-Gegner waren, als „Nazis“ verfolgt.

Inzwischen war es am 4. Juli zum „Ersten Kontrollabkommen“ gekommen, das alliierte Kontrollsystem für Österreich mit dem Alliierten Rat als höchstem Gremium, der nur einstimmig entscheiden konnte. Am 9. Juli folgte das „Abkommen über die Besatzungszonen in Österreich und die Verwaltung der Stadt Wien“. Die Besatzungszonen: Steiermark und Kärnten für die Briten, Vorarlberg und Tirol für die Franzosen, die Amerikaner im südlichen Oberösterreich und in Salzburg und die Russen in Oberösterreich bis zur Donau, in Niederösterreich und im Burgenland. Wien wurde so geteilt: 7., 8., 9., 18. und 19. Bezirk für die Amerikaner, 3., 5., 11., 12., und 13. für die Briten, 6., 14., 15. und 16. für die Franzosen und 2., 4., 10., 20. und 21. für die Russen. Der 1. Bezirk wurde gemeinsam verwaltet.

Tatsächlich haben die Österreicher nur dank der Nahrungsmittellieferungen der Alliierten überlebt. Im September war die Kalorienzuteilung auf 1550 erhöht worden, was heute von Ärzten als Reduktionskost zum Abnehmen verschrieben wird.

Irene Bandhauer-Schöffmann und Ela Hornung beschrieben im Jahrbuch 1995 des Dokumentationszentrums des österreichischen Widerstandes ihre historischen Forschungen: „Unmittelbar nach Kriegsende, als die Sowjets mit ihrer ‚Erbsenspende‘ das Überleben der Wiener Bevölkerung sicherten, waren außer getrockneten Erbsen aus den Beständen der Deutschen Wehrmacht kaum andere Lebensmittel vorrätig. Die sogenannte ‚Stalinspende‘ war von der Sowjetunion als Kredit an die Österreicher gegeben worden. Die Bedeutung dieser Lebensmittelzuteilung für die Überlebenssicherung zeigt zum Beispiel auch die minutiöse Aufzeichnung der Zuteilungsmenge im Tagebuch der Frau K. am 11. August

Anstellen vor einem wiedereröffneten Lebensmittelgeschäft. Bildarchiv der ÖNB

1945: ‚Wir essen fast täglich Erbsen. Außer Brot bekommen wir nichts anderes, und davon sollen wir pro Tag nur 11 dkg essen.‘ … Die Erbsenzuteilung prägte sich nachhaltig ins ‚mundliche Gedächtnis‘ ein: Hungerzeit steht für Erbsenzeit. Um den Ekel vor den Würmern, die langwierige Prozedur, sie zu entfernen, und überhaupt um eintönige Erbsengerichte ranken sich die typischen Erzählungen über Hunger in der Nachkriegszeit. Es dauerte noch bis Anfang September, ehe die Westmächte in die Hauptstadt Wien einrückten. Und ein Großteil der Österreicher schwebte noch bis zum 9. August in Ungewißheit, weil das Kontrollabkommen und das Besatzungszonen-Abkommen erst am 9. August im vollen Wortlaut verlautbart wurden.

Österreich war nun offiziell „gevierteilt“, innen- und staatspolitisch aber noch zweigeteilt, weil keineswegs sichergestellt war, daß sich die westlichen Bundesländer so ohne weiteres mit Renners Regierung in der Russenzone vereinigen würden. Im Ansatz war hier auch die Möglichkeit zu einer Teilung des Landes wie in Deutschland gegeben. Am 20. August beschloß jedoch die Konferenz der westlichen Bundesländer, mit der Regierung Renner zusammenzuarbeiten und am 24. und 25. September fand – nach zum Teil abenteuerlicher Anreise – im niederösterreichischen Landhaus die Erste gesamtösterreichische Länderkonferenz statt.

Renner beschwor dabei erneut die Notwendigkeit, die Einheit des Landes zu erhalten. Gleichzeitig drang er darauf, noch in diesem Herbst, allgemeine Wahlen abzuhalten: „Zu Weihnachten dieses Jahres soll somit als Christbescherung dem österreichischen Volke die Herstellung der definitiven Ordnung des Staates zugedacht werden“. Hier zeigte der oft zu Recht Kritisierte seine staatsmännischen Qualitäten: das neue Österreich in seiner staatlichen Existenz, in ungeteilter Landeseinheit und mit dem Anspruch auf künftige Selbstregierung konnte nur schleunigst durch Wahlen legitimiert werden.

Die „Westler“, besonders der Tiroler Landeshauptmann Karl Gruber, wollten auch im Hinblick auf die Wahlen den kommunistischen Innen-

WIENER KURIER

PREIS 20 gr

Montag, 27. August 1945

Nr. 1 ★ 1. Jahrgang

Erscheint mit Ausnahme von Sonntag täglich in den Nachmittagsstunden

HERAUSGEGEBEN VON DEN AMERIKANISCHEN STREITKRÄFTEN FÜR DIE WIENER BEVÖLKERUNG

Es lebe das demokratische Österreich!

Der „Wiener Kurier“ kommt zu den Wienern am Beginn einer neuen Phase der so wechselvollen Geschichte Österreichs und seiner Hauptstadt Wien. Dieser Beginn einer neuen Phase ist dadurch gekennzeichnet, daß nun neben Marschall Konjew (Sowjetunion) auch General Mark Clark (USA), Generalleutnant Mac Creery (Großbritannien) und Generalleutnant Bethouard (Frankreich) in Wien Aufenthalt nehmen werden. Damit ist die alliierte Kommission mit dem Sitz in Wien ins Leben getreten, sie ist sogar bereits wirksam geworden, wie die Wiener aus den ersten getroffenen Maßnahmen zur Lösung der Ernährungsfrage hoffnungsfroh und dankerfüllt erfuhren. Was die Russen bisher für Wien allein leisteten, wird erst eine spätere Geschichtsschreibung voll würdigen können. Wenn Wien sich in dieser schlimmen Krisenzeit behaupten konnte, so ist das der Roten Armee zuzuschreiben: sie versorgte Wien vom April bis heute mit den notwendigsten Lebensmitteln, sie setzte Wasserleitung und Elektrizitätswerk wieder in Betrieb, sie baute Brücken innerhalb Wiens, und auch an seinem Randgebiet, um Wien von der drohenden Abschnürung zu retten, sie gab Wien durch das Neubeleben seiner Theater und Konzerte wieder den Charakter einer musischen Stadt zurück. Mit diesen Leistungen der Russen vereinen sich nun die Bestrebungen der anderen Alliierten, um Wien wieder die Grundlage seiner Existenz zu gewährleisten und es mit dem übrigen Österreich und auch der Welt wieder zu verbinden.

In diesem wahrhaft historischen Augenblick beginnt der „Wiener Kurier“ zu erscheinen. Er ist sich bewußt, eine große Aufgabe zu übernehmen, er wird seine ganze Kraft aufwenden, um vor dem Ernst und der Verpflichtung der Stunde zu bestehen. Denn um nichts anderes geht es, als daß die großen Mächte, als daß die durch die Annahme der Charta Vereinten Nationen wieder Vertrauen und Mut zu Österreich gewinnen — zu einem vom Rassenwahn und Machtanspruch des Pangermanismus befreiten Österreich, das seine wiedergewonnene Unabhängigkeit und Freiheit recht zu nutzen weiß. Und darum stehe an der Spitze unseres Blattes als unser herzinnerster Wunsch und unser leidenschaftliches Bekenntnis der Ruf: Es lebe das demokratische Österreich!

Der „Wiener Kurier“, herausgegeben von den amerikanischen Streitkräften für die Wiener Bevölkerung, wird geschrieben von Österreichern, die erfüllt sind von den Idealen der Demokratie, für Österreicher, die der Verwirklichung dieser Ideale der Demokratie auch in unserer Heimat entgegenleben.

Der „Wiener Kurier“ kämpft darum für die Freiheit und Unabhängigkeit Österreichs, gegen die Bestrebungen der letzten Überreste des Nationalsozialismus und Faschismus, wieder an die Macht zu kommen — für die demokratische Einheit des Staatswesens und des Volkes, gegen jeden totalitären Anspruch — für den Wert und die Würde des Menschen, gegen jede Entpersönlichung des Menschen und seine Gleichsetzung mit der Maschine — für eine kampfbereite Entschlossenheit, die schwer errungene Demokratie Österreichs zu stärken und zu schützen, gegen jedes Paktieren mit den Kräften des Macht- und Rassenwahns — für die Taten und Werke des Friedens, gegen die Schrekken, Zerstörungen und Glorifizierung des Krieges — für die Freude an der Verantwortung und die Zivilcourage, gegen die bequeme Verantwortungslosigkeit und die feige Liebedienerei vor der Gewalt — für den Aufstieg der Jugend und ihre Erziehung zu einer Kultur des Herzens und des Geistes, gegen den Versuch, nach Art der Nazis die Generationen gegeneinander auszuspielen, um so unser Volk zu entzweien — für die Weltoffenheit und Verbundenheit Österreichs mit den freien Nationen der Erde, gegen die geistige und wirtschaftliche Autarkie und Isolierung Österreichs.

In dieser tatbereiten Liebe zu Österreich gehen wir an unsere Arbeit. Wir wollen in Wort und Schrift dazu helfen, unsere Heimat wieder in die Welt des Friedens einzugliedern, unser Volk wieder heimzuholen in die große Familie der Völker, mit den gleichen Pflichten und den gleichen Rechten.

In seiner herrlichen Hymne „Salut au monde“ ruft Walt Whitman, der große Dichter Amerikas und seiner Demokratie, die Völker der Erde auf, um sie alle, wer immer sie seien, im Namen des freien Amerika zu grüßen und sie in die Gemeinschaft des Humanen aufzunehmen: „Jedes von uns beteiligt am ewigen Sinn der Erde, jedes von uns so göttlich hier wie irgend eins“. Walt Whitman nennt jedes Volk bei seinem Namen und gibt manchem ein Beiwort, das das betreffende Volk besonders heraushebt und zusammenfassend charakterisiert. Den Österreicher würdigt nun Whitman eines solchen Beiworts und er ruft ihn: „Du standhafter Österreicher!“ Da fühlen wir beglückt den Gruß Amerikas an uns und auch sein Vertrauen zu uns und da fühlen wir auch erkennend, was unsere beste Kraft ausmacht: Die Standhaftigkeit. Und dieser standhafte Österreicher aller Zeiten ist es, der in den „Salut au monde“ Walt Whitmans mit dem Rufe einstimmt: „Es lebe das demokratische Österreich!“

Oskar Maurus Fontana

General Clark an die Wiener

Der „Wiener Kurier“, der heute zum erstenmal erscheint, wird von den amerikanischen Streitkräften für die Wiener Bevölkerung herausgegeben. Damit wird ein neuerlicher Beweis für den guten Willen der Alliierten erbracht, dem österreichischen Volk in der Übergangsperiode jede Hilfe angedeihen zu lassen. Diese Hilfe ist nötig, um den Weg zur Schaffung einer freien und demokratischen Nation, an die sich keinerlei nazistische Bedrohung mehr heranwagen kann, zu bahnen.

Für ein freies Volk ist auch die Freiheit der Presse ein selbstverständliches Recht, ein Recht, für das wir Amerikaner uns stets mit ganzer Kraft einsetzen. Der „Wiener Kurier“ hat die Aufgabe, seine Leser mit wahrheitsgetreuen Berichten über die Ereignisse im In- und Ausland zu versorgen und sich in jeder Weise für die Einheitlichkeit der österreichischen Nation, gegründet auf Selbstrespekt und gegenseitige Toleranz, einzusetzen.

In diesem Sinne entbiete ich dem Redaktionsstab des „Wiener Kurier“ anläßlich des heutigen Starts meine besten Glückwünsche.

Mark W. Clark,

Oberkommandierender der amerikanischen Streitkräfte in Österreich

Die alliierten Truppen stehen bereit:

Morgen Landung in Japan

Die letzten Stunden vor der Besetzung des Inselreichs

New York, 27. August. Einheiten der alliierten Siegesflotte sind Sonntag früh in japanische Hoheitsgewässer eingefahren. 1300 Flugzeuge stellten den Luftschirm, 383 Kriegsschiffe aller Klassen sind zusammengezogen und stehen unter dem Befehl von Admiral Hallsey, dessen Flagge auf dem Schlachtschiff „Missouri“ gesetzt ist. Unter den Schlachtschiffen befinden sich auch die englischen Schlachtschiffe „King George V“ und „Duke of York“. Auch ein holländisches Lazarettschiff ist zur Hilfe eingesetzt.

•

Washington, 27. August. Heute früh nehmen alliierte Kriegsschiffe nur 20 Seemeilen von Oshima die Verbindung mit jenen japanischen Schiffen auf, von denen sie durch die verminten Küstengewässer in die Häfen geleitet werden, wo am Dienstag die Landung der ersten alliierten Truppen auf japanischem Boden erfolgt.

Rund 400 alliierte Kriegsschiffe, über denen weit über 1000 Bombenflugzeuge kreisen, werden in die japanischen Gewässer einfahren. Alle Vorbereitungen für die Besetzung der japanischen Küstengebiete sind getroffen sowie für die feierliche Unterzeichnung der japanischen Kapitulation, die am Sonntag, den 2. September, auf dem amerikanischen Schlachtschiff „Missouri“ in der Bucht von Tokio erfolgen wird.

Auf Okinawa, gegenwärtig der größte Flugstützpunkt der Welt, stehen Transportflugzeuge und Luftlandetruppen bereit, um an der Besetzung Japans teilzunehmen. Ein Taifun an der japanischen Küste hatte es jedoch, wie bereits gemeldet, erforderlich gemacht, die für Sonntag angesetzten ersten Landungen um zwei Tage zu verschieben.

•

Kalkutta, 27. August. In allen Teilen des bisher von Japan beherrschten ostasiatischen Großraumes vollzieht sich die Übergabe der japanischen Truppen an alliierte Streitkräfte.

In Burma, wo die Kampfhandlungen am längsten andauerten, ist die Entwaffnung der japanischen Truppen nur noch eine Frage von wenigen Tagen. In Rangoon ist der japanische Unterhändler, Generalleutnant Numato, eingetroffen, um dort die Einzelheiten der Kapitulation mit den Stabsoffizieren Admiral Louis Mountbattens zu regeln. In Singapore sind die japanischen Truppen in Lagern zusammengezogen worden, in denen sie die Ankunft der britischen Landungstruppen erwarten.

In der Mandschurei sind die Truppen und Generale der Kwantung-Armee im Gewahrsam der Russen, die bereits in der nordchinesischen Provinz Jehol vormarschieren.

In Hongkong wird der britische Konteradmiral Harcourt am 31. August die Kapitulation der japanischen Streitkräfte entgegennehmen.

Chinesische Truppen haben den Yangtsefluß überschritten und sind in Nanking eingedrungen, das bisher der Sitz einer von Japan abhängigen chinesischen Regierung à la Quisling war. Andere chinesische Truppen stehen vor den Toren von Kanton und Shanghai.

Der russische Vormarsch

Moskau, 27. August. Am Samstag rückten die sowjetischen Truppen im Fernen Osten in der bisherigen Richtung vor. Ihnen ergaben sich 70.000 japanische Soldaten und Offiziere, darunter der Befehlshaber der 4. Armee. Die Gefangennahme und Entwaffnung der japanischen Truppen wird weiter fortgesetzt.

Die Friedensstärke der USA-Flotte

Washington, 27. August. Der amerikanische Marineminister Forrestal erklärte, daß die Friedensstärke der USA-Flotte sich vermutlich auf etwa vierhundert Kriegschiffe und achttausend Flugzeuge belaufen werde. Weitere achthundert Kriegschiffe werden unbemannt, aber jederzeit einsatzbereit in Reserve gehalten werden.

Friede über dem Atlantik!

New York, 27. August. Als erstes Passagierschiff auf der Fahrt von Amerika nach Schweden seit dem Kriegseintritt der Vereinigten Staaten verließ Sonntag der schwedische 14.000-Tonnen-Dampfer „Drottingholm“ den Hafen von New York mit dem Bestimmungsort Goeteborg.

Die „Drottingholm“ war während des Krieges unter der Flagge des Internationalen Roten Kreuzes für den Austausch verwundeter deutscher und englischer Kriegsgefangener eingesetzt.

Wahlen in der Tschechoslowakei

Prag, 27. August. Präsident Dr. Benesch hat am Samstag eine Verordnung über die Wahlen einer vorläufigen Nationalversammlung erlassen. Die Nationalversammlung soll 300 Abgeordnete umfassen, darunter 100 für die Slowakei.

Es wird angenommen, daß die Nationalversammlung am 28. Oktober zum erstenmal zusammentreten wird. Die Wahlen finden in der Weise statt, daß die örtlichen Nationalausschüsse bis zum 30. September die Abgeordneten der Provinziallandtage wählen. Diese Provinziallandtage treten am 14. Oktober zusammen, um die Abgeordneten für die Nationalversammlung zu wählen.

Nachdem die Westalliierten Mitte August endlich auch nach Wien gekommen waren, erschien am 27. August die erste Nummer des „WIENER KURIER“, herausgegeben von den US-Streitkräften. Chefredakteur war Oskar Maurus Fontana. Ziel der Zeitung war es, die Entstehung eines freien, selbständigen Staates Österreich und einer Demokratie nach westlichem Muster zu fördern. 1954 ging der KURIER in private Hände über.
Bildarchiv der ÖNB

Der Schleichhandel blüht auch mit der Besatzungsmacht – Zigaretten sind Ersatzwährung. AKG

APA-Grafik: W. Longauer, Quelle: APA/Portisch, Riff: Österreich II

„Die meisten lokalen Funktionäre der ÖVP argumentieren, daß das Gesetz alle Nazis in ein Lager treiben wird.“

US-Geheimdienstbericht aus Tirol vom 21. November

minister Franz Honner nicht akzeptieren. Es kam zu Schreiduellen und Abbruchsdrohungen. Renner löste den Konflikt jedoch mit Hilfe des Linzer Bürgermeisters Ernst Koref in typisch österreichischer Weise auf: Honner bekam einen ÖVP-Staatssekretär beigegeben, Gruber wurde Unterstaatssekretär für Äußeres und die westlichen Bundesländer schickten ihre Vertreter in die Regierung. Die umfaßte nun 14 Staatssekretäre (Minister) und 25 (!) Unterstaatssekretäre. Eine österreichische Lösung, aber – zumindest in der gegebenen dramatischen Situation – keine schlechte: durch Einbeziehung des Opposition kam man zum Konsens und durch den Konsens zur Erhaltung des Staatsganzen.

Beschlossen wurde auch die Abhaltung der Wahlen am 25. November, wobei eine zweite Länderkonferenz am 9. und 10. Oktober den Ausschluß der registrierten 536.000 Nationalsozialisten von den Wahlen festlegte (auch das gegen den Widerstand in einigen Bundesländern, besonders Tirol: „Wieder wird behauptet, daß Wien die Situation in den Bundesländern vollkommen mißachtet“, schrieb OSS-Mann Edwin B. Howard in seinen Bericht. „Die meisten lokalen Funktionäre der Volkspartei ... argumentieren, daß das Gesetz ein schwerer politischer Fehler ist, da es unweigerlich alle Nazis – einschließlich der vergleichsweise schuldlosen Schwächlinge und Opportunisten – in ein Lager treiben wird“. Tatsächlich wurde bei den Wahlen 1949 das Verbot aufgehoben – die „Auffangpartei“ der Nationalsozialisten, der VdU, errang einen Sensationserfolg mit 16 Mandaten.

Inzwischen waren auch die Parteizeitungen – „Arbeiterzeitung“, „Kleines Volksblatt“ und „Volksstimme“ – zugelassen worden, am 11. September anerkannte der Alliierte Rat in seinem ersten Beschluß die SPÖ, ÖVP und KPÖ als politische Parteien an. Am 20. Oktober nahm der Alliierte Rat endlich auch die Provisorische Staatsregierung formell zur Kenntnis.

Der Wahlkampf begann nun auf Hochtouren zu laufen, wobei die Alliierten „ihre“ Parteien diskret mit Geld, Papier und Transportmitteln unterstützten. Renner verglich trotzdem die Alliierten bei einer Wahlversammlung in Salzburg mit „Vier Elefanten in einem Ruderboot“ – die

Kinder-„Verschickung“ zur Erholung und Aufpäppelung. Institut für Zeitgeschichte, Wien

Kanzler Figl: „Dieser kuriose kleine Mann ist einer der größten Politiker Europas“. Bildarchiv der ÖNB

ersten Sticheleien und Raunzereien über die Befreier kamen in der Bevölkerung bereits gut an. Der Wahlausgang selbst brachte eine zweifache Überraschung: nicht – wie erwartet – die SPÖ, sondern die ÖVP wurde (mit 49,8 Prozent) stärkste Partei; und die KPÖ schnitt mit 5,4 Prozent in einem Ausmaß katastrophal ab, das nicht nur die Sowjets, sondern auch die österreichischen Polit-Profis enorm verblüffte. Die Österreicher wählten konservativ-katholisch, sozialdemokratisch, vor allem aber anti-kommunistisch (ganz im Gegensatz etwa zur Tschechoslowakei, wo die Kommunisten später in regulären Wahlen fast 30 Prozent erreichten). Sie wollten nicht eine Diktatur gegen die andere tauschen und sie hatten die Erfahrungen der russischen Übergriffe. Besonders bemerkenswert war die Wahlbeteiligung von 94 Prozent.

Das genaue Wahlergebnis sah so aus:

Die ÖVP erreicht mit 1,602.227 Stimmen (entspricht 49,8%) 85 Mandate, die SPÖ mit 1,434.498 Stimmen (44,6%) 76 Mandate und die KPÖ mit 174.257 (5,41%) 4 Mandate.

Eine Dreiparteienkoalition mit Leopold Figl als Kanzler, Adolf Schärf als Vizekanzler, Oskar Helmer als Innen- und Karl Gruber als Außenminister gebildet und von den Alliierten sofort anerkannt.

An den neuen Kanzler Figl erinnert sich Johannes Eidlitz, Mitbegründer der Volkspartei: „Ich mußte etwas mit ihm besprechen, kam hin und er sagte: ‚Servus Eidlitz, komm setz Dich her‘, griff unter seinen Schreibtisch und holte den Doppelliter heraus“. Eine andere Andekdote, von Eidlitz referiert, gibt die Charakteristik Figls unvergleichlich wieder: „Viele Jahre später: Jubiläum des Europarates. Ich komme hin, großes Sitzungszimmer mit Journalisten, vorher waren wir noch alle eingeladen auf ein Mittagessen. Ich bin mit Figl zusammen an einem Tisch gesessen. Der war so rührend wie immer, hat aber gesoffen wie ein Loch, herrliche Weine natürlich. Er ist immer noch schwankend an das Rednerpult gekommen, gestützt worden. Er war wirklich, während er seine Rede hielt, total hinüber. Er hat ja oft in einem solchen Zustand geredet.

Ich bin in den Boden versunken, ich habe mich so geniert, denn ich habe ihn ja so gern gehabt. Dann gehen wir weg, ich stehe hinter dem englischen Außenminister, und ich höre wie er zum irischen Minister sagt: ‚Das war aber eine merkwürdiger speech, I did'nt understand anything, a very strange man'. Darauf der andere: ‚Dieser kuriose kleine Mann ist einer der größten Politiker Europas, er ist einer der ganz wenigen Menschen, der mit den Sowjets fertiggeworden ist'".

Renner, der am 14. Dezember seinen 75. Geburtstag feierte, sich jedoch noch keineswegs reif für das Ausgedinge fühlte, strebte das Amt des Bundespräsidenten an und wurde von der Bundesversammlung – also vom Nationalrat und Bundesrat, nicht vom Volk – dazu am 20. Dezember gewählt. In seiner letzten Rechenschaftsrede vor dem Nationalrat bezeichnete er die Herrschaft der Nationalsozialisten neuerlich als von außen aufgezwungen. Er setzte damit aufs neue den Ton, der Österreichs Haltung in allen Fragen von der Erringung eines Staatsvertrags über die (mangelnde) (Entschädigung für die (jüdischen) Nazi-Opfer bis herauf zur Waldheim-Affaire 1986 bestimmte: Österreich hat als Staat 1938–45 nicht existiert, es kann für nichts haftbar gemacht werden. Wie sehr diese Haltung auch von echten Anti-Nazis und österreichischen Patrioten getragen wurde, zeigt eine Tagebucheintragung des Diplomaten Schöner vom 6. August, der auf eine Rede des kommunistischen Intellektuellen und Staatssekretärs Ernst Fischer vor Auslandskorrespondenten entsetzt reagierte: „Fischer spricht gut, aber unglücklich, denn er redet zu unserem Entsetzen wieder von der angeblichen Mitschuld der Österreicher am Kriege, ihrer Verantwortung und von der Sühne, die sie zu leisten hätten – alles Dinge, die man sich denken, aber schon vom Propagandastandpunkt aus doch nicht sagen darf".

Vom 13.–20. Dezember fand die Erste Währungsreform in Österreich statt: der Schilling wird wieder gesetzliches Zahlungsmittel. Pro Kopf der Bevölkerung wurden allerdings nur 150 Reichsmark umgetauscht, der Rest wandert auf Sperrkonten.

Am 19. Dezember folgte die feierliche Eröffnung des österreichischen Parlaments. Zum ersten Präsidenten des Nationalrates wird Leopold Kunschak (ÖVP) gewählt.

Am Abend des 24. Dezember hielt Figl seine berühmt gewordene Radioansprache an die Bevölkerung. „Ich kann euch zu Weihnachten nichts geben. Ich kann euch für den Christbaum, wenn ihr überhaupt einen habt, keine Kerzen geben. Kein Stück Brot, keine Kohle zum Heizen, kein Glas zum Einschneiden. Wir haben nichts. Ich kann euch nur bitten: glaubt an dieses Österreich!" Dies war die volkspsychologische Seite. Es war in diesen düsteren Tagen und noch länger nachher keineswegs für alle ausgemacht, daß dieses Österreich eine Zukunft haben werde. Ebenso wichtig war daher das Bekenntnis zur Rolle als selbstständiger Kleinstaat mit eigener Identität, die Figl in seiner ersten Regierungserklärung am 21. Dezember abgegeben hatte: „Wenn wir immer wieder mit allem Fanatismus heimatverwurzelter Treue zu uns selbst betonen, daß wir kein zweiter deutscher Staat sind, daß wir kein Ableger einer anderen Nationalität jemals waren noch werden wollen, sondern daß wir nichts anderes sind als Österreicher, dies aber aus ganzem Herzen … dann ist dies keine Erfindung von uns, die wir heute die Verantwortung für diesen Staat tragen, sondern die tiefste Erkenntnis aller Menschen, wo immer sie auch stehen mögen, in diesem Österreich".

„… daß wir nichts anderes sind als Österreicher, dies aber aus ganzem Herzen."

Kanzler Leopold Figl in seiner ersten Regierungserklärung am 21. Dezember

Geburt einer Nation

„Nichts anderes als Österreicher", „kein zweiter deutscher Staat" wollten nun nach den Worten Figls die Bewohner der frisch gegründeten Republik sein. Figl konnte zu diesem Zeitpunkt vermutlich für die Mehrheit sprechen, aber keineswegs für alle. Auch blieb ja gar nichts anderes übrig, weil die Siegermächte eine neuerliche staatliche Einheit mit Deutschland gar nicht zugelassen hätten (wenn jemand auf diese Idee gekommen wäre). Dennoch ist als sicher anzusehen, daß die Wiedergeburt der Republik in jenen Apriltagen 1945 auch mit der Wiedergeburt eines Gedankens einer eigenen österreichischen Identität – und zwar diesmal in den Grenzen des Kleinstaates – einherging.

Der Begriff „österreichische Nation" kam jedoch in der (vom alten Großdeutschen Renner verfaßten Unabhängigkeitserklärung vom 27. April) überhaupt nicht vor, dafür 28 Mal „Österreich", „österreichisch" und „Österreicher".

Österreich war – wohl auch nach dem Verständnis der meisten, die sich darüber überhaupt Gedanken machten – eine „Staatsnation", die einfach alle umfaßte, die in diesem Staat als seine Bürger lebten. Von hier leitet sich auch der berühmte Spruch Jörg Haiders aus dem Jahre 1988 ab, wonach die österreichische Nation „eine ideologische Mißgeburt" sei. Haiders Eltern, glühende Nazis, die in der Ersten Republik nach Bayern geflüchtet waren, dachten nach dem Krieg sicher in diesem Sinn. Die Begriffe „Staat" und „Nation" waren 1945 und noch etliche Jahre später keineswegs in Deckung gebracht, das kam erst später. Vorläufig herrschte nur das Gefühl vor, daß das Abenteuer mit dem Deutschen Reich schrecklich schiefgegangen war, und man nun lieber allein weitermachen wollte, so gut es ging.

Daß die Österreicher heute sehr wohl eine Nation, nämlich eine „Willensnation" geworden sind – zu der sich die überwältigende Mehrheit bekennt – war ein längerdauernder Prozeß. Seine Grundlagen wurden allerdings bereits in der letzten Phase des Krieges und der ersten der neuen Republik gelegt. „Was aber wird mit dem wiedererweckten Österreich geschehen?", fragte zu Allerseelen 1945 der im Nürnberger Militärgefängnis inhaftierte General der Infanterie Edmund Glaise von Horstenau in seinen schriftlichen Aufzeichnungen. „Deutscher ist der Österreicher – dies unter dem Eindruck der furchtbaren Niederlage zu leugnen, wäre eine Geschichtslüge – nach seinen ganzen Lebenssäften geblieben. Trotzdem ist es einem als Österreicher im Kriege, zumal in der Fremde öfter passiert, daß man sich beim plötzlichen Zusammentreffen mit engeren Landsleuten gefragt hat, ob wir Österreicher nicht am Ende im Begriff waren, eine eigene Nation zu werden. Auch Hitler hat dergleichen in stillen Stunden mitunter besorgt."

Dies schrieb Glaise-Horstenau im Rahmen einer Rechtfertigungsschrift („Letzte Manöverkritik – Adolf Hitlers ‚Großdeutsche' Politik") als ehemaliger Vertreter des deutschnational-katholischen Lagers in Österreich. Er war einer von denen, die „irgendwie – wenn auch mit aller Reserve ‚dabei' gewesen" sind. In der Regierung Schuschnigg hatte der ehemalige k. u. k. Offizier den großdeutschen Verbinder gespielt, war aber über die „Gangster-Lösung von 1938" ehrlich entsetzt. 1941 bis 1944 war er „Deutscher Bevollmächtigter General in Kroatien", wurde aber dann wegen immer schärferer Kritik am Ustascha-Terrorregime abgelöst. In US-Gefangenschaft beging er im Sommer 1946 Selbstmord. (Alle Zitate aus: Peter Broucek: „Ein General im Zwielicht. Die Erinnerungen Edmund Glaises von Horstenau", Böhlau 1988. Die Lektüre ist auch im Hinblick auf die geschichtlichen Hintergründe des heutigen Jugoslawien-Problems hochinteressant).

Was hier ein ehemaliger Anhänger der Anschlußidee fast widerwillig registriert, tritt auch in anderen Zeitzeugnissen zutage: das Erlebnis von NS-Herrschaft und Krieg löste auch bei denen, die in der Ersten Republik nicht an die staatliche Eigenständigkeit Österreichs geglaubt und daher den Anschluß befürwortet oder zumindest akzeptiert hatten, einen Prozeß des Umdenkens aus.

Die dramatischen Tage Ende März/Anfang April 1945 bedeuteten daher nicht nur die „Wiedergeburt Österreichs" als Republik und selbständiger Staat, sondern längerfristig auch die „Geburt einer Nation".

Dennoch ist dann später der 27. April 1945 nicht zum „Staats"- oder „National"-Feiertag geworden (erst 1965 wurde aus dem seit 1957 gefeierten

Die Prinz-Eugen-Statue am Heldenplatz wird von ihrer Bombenschutzhülle befreit. Bildarchiv der ÖNB

„Tag der Fahne" ein „Nationalfeiertag"). Die Tatsache, daß die Befreiung von außen kommen mußte, daß die Wiederrichtung der Republik und die erste Regierung nur unter Duldung der Sowjets und dann der übrigen Alliierten möglich war, sprach dagegen. Ebenso die Tatsache, daß erst der Staatsvertrag von 1955 von der Bevölkerung als endgültige Befreiung wahrgenommen wurde. Aber auch da knüpfte man nicht an das Datum der Unterzeichnung des Staatsvertrages am 15. Mai 1955 an, sondern an den 26. Oktober mit seiner Doppelbedeutung: Abzug des letzten Besatzungssoldaten (Volksempfindung) und Beschluß des Parlaments (ohne Stimmen der FPÖ) über die Neutralität.

Vielleicht hat auch das Bewußtsein mitgespielt, daß der 27. April 1945 zwar sehr wohl eine eminent wichtige Phase in der „Geburt einer Nation" Österreich darstellte, aber schon die ersten Atemzüge des Neugeborenen von einer „Lebenslüge" begleitet waren.

Vor allem aus Anlaß der Affaire Waldheim ist von vielen kritischen Patrioten, zu denen sich auch der Autor dieses Buches zählt, diese Lebenslüge intensiv diskutiert worden. Sie lautete, auf einen Nenner gebracht, daß schon die Gründerväter der Republik allzu bereitwilligst die These von der ausschließlichen Opferrolle Österreichs und der Österreicher aufgriffen und instrumentierten: Österreich sei das „erste Opfer Hitlers" (Moskauer Deklaration) gewesen, habe als Staat in der NS-Zeit nicht existiert und sei daher für die Verbrechen und Greuel nicht haftbar zu machen.

Es ist inzwischen festgestellt, offiziell auch durch die Regierungserklärung von Bundeskanzler Vranitzky im österreichischen Parlament und die Rede von Bundespräsident Klestil in der israelischen Knesset, daß Österreich zwar als Staat nicht existierte, viele Österreicher jedoch massiv an den Verbrechen des Dritten Reiches beteiligt waren.

Die Frage „Warum erst jetzt?" ist berechtigt. Aber wer sich mit der Gründerzeit des wiedererstandenen Österreich beschäftigt, kommt nicht um eine Erkenntnis umhin: die Gründerväter und

wohl auch die Mehrheit der Bevölkerung konnte in der konkreten Situation gar nicht anders, als in die Verdrängung der Schuld zu fliehen.
Es fanden ja zehntausende Untersuchungsverfahren, dutzende Kriegsverbrecherprozesse und eine lebhafte Auseinandersetzung in den damaligen Medien statt. Aber die Fiktion, die etwa Renner in seiner großen Rede zum Abschied als Staatskanzler am 19. Dezember im Parlament ein weiteres Mal massiv in der Raum stellte, daß die Herrschaft der Nationalsozialisten ausschließlich von „außen aufgezwungen, die Tyrannei einer Annexionsmacht", gewesen sei, blieb noch lange allgemeine, offizielle Sprachregelung.
Der Überlebenskampf der ersten Zeit und dann noch die Aufbauarbeit der frühen Jahre war unter der Last einer eingestandenen Schuld wohl nicht möglich. „Angesichts der konkreten Handlungsoptionen des Jahres 1945 ist es wohl notwendig, Verständnis für eine Haltung der Tabuisierung aufzubringen", schrieb der Politologe Prof. Anton Pelinka kürzlich. „Tabuisierung der österreichischen Mitverantwortung; Tabuisierung der österreichischen Wurzeln des Nationalsozialismus. Renner und Schärf und Helmer, Figl und Raab und Gruber – ihnen ging es doch nicht um die Wahrheit, sondern um praktische Politik. Tabus und sonstige ‚Lebenslügen' haben eine ambivalente Schutzfunktion. Sie decken allzu schmerzliche Wunden ab, sie ermöglichen einen Heilungsprozeß durch – ritualisierte – Berührungs-, das heißt vor allem Diskussionsverbote." Die Lebenslüge war lebenswichtig.
Allerdings: „Irgendwann muß der Heilungsprozeß beendet und die ‚Wunde' geschlossen sein" (Pelinka; zit. aus: „Von der Funktionalität von Tabus. Zu den ‚Lebenslügen' der Zweiten Republik." Informationen der Gesellschaft für Politische Aufklärung, Juni 1995).
Die nachgewachsene Generation wollte spätestens 1985/86 anläßlich der Waldheim-Affaire und im Gedenkjahr 1988 die Tabuisierung nicht mehr dulden. Ob die Enttabuisierung heute, 50 Jahre später restlos und erfolgreich gelungen ist, muß offen bleiben. Unzweideutig lebt aber die gewaltige Mehrheit der heutigen Bürger bei aller Politik- und Politikerverdrossenheit im Frieden und innerem Einverständnis mit dieser Republik, die vor 50 Jahren entstand. Das schließt allerdings neuerliche Unglücksfälle nicht völlig aus. Keine Errungenschaft ist je für immer gesichert.

Namenregister

Bildnachweis

AKG: 157
AKP Pressebild Berlin: 109
APA: 125, 130
APA/Portisch, Riff: Österreich II. 158
APA/Wr. Stadt- und Landesarchiv: 29
Baldauf: 4
Bildarchiv der ÖNB: 10, 12, 14, 16, 19, 75, 85, 89, 90, 91, 96, 106, 116, 118, 119, 121, 126, 127, 134, 143, 150, 154, 155, 156, 160, 163
Bulls Press Frankfurt/Main: 110
Burgenländisches Landesmuseum: 35
Lucca Chmel: 73
Dr. Erwin Chvojka: 32, 65, 104, 105
Otto O. Croy: 50, 145
Gerhard Deutsch: 70
Globus, Wien: 22, 25, 27, 39
Heeresgeschichtliches Museum, Wien: 20, 21, 40, 54, 56, 80
Historisches Museum der Stadt Wien: 7
Heinrich Hoffmann: 92
Christiane Holler: 87
Institut für Zeitgeschichte, Wien: 13, 32, 34, 37, 49, 66, 68, 77, 81, 112, 128, 142, 159
Jewgenij Chaldej, Falter Verlag: 23, 78
Keystone-Bilddokumentation Hamburg: 46
Dr. Karl König: 11, 15, 58, 67, 71, 101
Kudrnowsky: 11
KURIER-Archiv: 28, 41, 43, 51, 52, 62, 72, 77, 83, 84, 88, 102, 152
Olga Lander: 132
Linzer Stadtarchiv: 10
National Archives, Washington: 129, 138, 153
Neues Österreich, 23. 4. 1945: 120
ÖBB-Eisenbahnmuseum Wien: 33
ORF-Fotodienst, Österreich II: 21, 136
ORF/Ali Schafler: 57
Privatbesitz: 47, 64, 94, 131
Christa R. Skrein: 97
Sokol: 17, 36, 53
Hans Techt: 99
Tiroler Landesarchiv: 124, 148
USAF 59806 A. C.: 30
Votava, Wien: 69, 74, 76, 103, 139
Weidlinger/Heeresgeschichtliches Museum, Wien: 61
Wr. Stadt- und Landesbibliothek: 24, 26, 38, 115, 117, 135
Zentralarchiv der UDSSR: 141
Gertrud Zwazek: 114

B Ö H L A U   B Ü C H E R

Herbert Friedlmeier/Gerda Mraz (Hg.)
Österreich 1945–1955
Fotos aus dem Archiv des „Wiener Kurier"
Eine Publikation des Bildarchivs der Österreichischen Nationalbibliothek, Wien.
1994. 278 S., 262 SW-Abb. Geb. m. SU.
ISBN 3-205-98316-5

Rolf Steininger
Der Umgang mit dem Holocaust
Europa – USA – Israel
(Veröffentlichungen des Instituts für Zeitgeschichte der Universität Innsbruck und des Jüdischen Museums Hohenems, Bd. 1)
1994. 498 S., 9 SW-Abb. Brosch.
ISBN 3-205-98173-1

Michael Gehler/
Rolf Steininger (Hg.)
Österreich und die europäische Integration 1945–1993
Aspekte einer wechselvollen Entwicklung
(Historische Forschungen. Veröffentlichungen, Bd. 1, hg. v. Institut für Zeitgeschichte, Universität Innsbruck. Arbeitskreis europäische Integration)
1993. 530 S. Geb. ISBN 3-205-98121-9

Klaus Hödl
Als Bettler in die Leopoldstadt
Galizische Juden auf dem Weg nach Wien
(Böhlaus Zeitgeschichtliche Bibliothek, Bd. 27)
1993. 331 S., 13 SW-Abb. Brosch.
ISBN 3-205-98151-0

Alfredo Schwarcz
Trotz allem . . .
Die deutschsprachigen Juden in Argentinien
1994. 352 S. Brosch.
ISBN 3-205-98218-5

Wolfgang Mantl (Hg.)
Politik in Österreich
Die Zweite Republik: Bestand und Wandel.
(Studien zu Politik und Verwaltung, Bd. 10, hg. von Christian Brünner, Wolfgang Mantl und Manfried Welan)
1992. XV, 1.084 S. Geb.
ISBN 3-205-05379-6

Dorit B. Whiteman
Die Entwurzelten
Neuanfang jüdischer Flüchtlinge im Exil 1933–1942
(Böhlaus Zeitgeschichtliche Bibliothek, Bd. 29, hg. von Helmut Konrad).
1995. 432 S., 8 S. SW-Abb. Geb.
ISBN 3-205-98136-7

Henry O. Leichter
Eine Kindheit
Wien–Paris–Zürich–New York
1995. 176 S. Geb.
ISBN 3-205-98236-3

Robert Kriechbaumer/
Franz Schausberger (Hg.)
Volkspartei
Anspruch und Realität
Die Geschichte der ÖVP 1945–1995
(Schriftenreihe des Forschungsinstitutes für politisch-historische Schriften der Dr.-Wilfried-Haslauer-Bibliothek, Bd. 2)
1995. Ca. 654 S., ca. 32 SW-Abb. Geb.
ISBN 3-205-98458-7

Gerald Stourzh
Um Einheit und Freiheit
Die Geschichte des österreichischen Staatsvertrages 1945–1955
4., stark überarbeitete und erweiterte Auflage. (Studien zu Politik und Verwaltung, Bd. 62, hg. von Christian Brünner, Wolfgang Mantl und Manfried Welan)
1995. Ca. 400 S. Brosch.
ISBN 3-205-98383-1

Erhältlich in Ihrer Buchhandlung !

BÖHLAU VERLAG WIEN · KÖLN · WEIMAR